东方哲学与文化

第九辑

徐小跃　主编

Eastern Philosophy
and Culture

中国社会科学出版社

图书在版编目(CIP)数据

东方哲学与文化. 第九辑 / 徐小跃主编. —北京：中国社会科学出版社，2023.12
ISBN 978-7-5227-3282-4

Ⅰ.①东… Ⅱ.①徐… Ⅲ.①东方学—丛刊 Ⅳ.①K107.8-55

中国国家版本馆CIP数据核字(2024)第054291号

出 版 人	赵剑英
责任编辑	郝玉明
责任校对	谢　静
责任印制	王　超

出　　版	中国社会科学出版社
社　　址	北京鼓楼西大街甲158号
邮　　编	100720
网　　址	http://www.csspw.cn
发 行 部	010-84083685
门 市 部	010-84029450
经　　销	新华书店及其他书店
印　　刷	北京君升印刷有限公司
装　　订	廊坊市广阳区广增装订厂
版　　次	2023年12月第1版
印　　次	2023年12月第1次印刷
开　　本	710×1000　1/16
印　　张	15.5
字　　数	225千字
定　　价	79.00元

凡购买中国社会科学出版社图书，如有质量问题请与本社营销中心联系调换
电话：010-84083683
版权所有　侵权必究

《东方哲学与文化》编委会

学术委员会(按姓氏笔画排序)：

卢国龙　朱越利　刘笑敢　杜维明（美国）
李丰楙（台湾）　李　刚　李远国　胡孚琛
洪修平　姚卫群　徐　新　傅有德　楼宇烈
赖永海　詹石窗　熊铁基

编辑委员会(按姓氏笔画排序)：

戈国龙　尹志华　刘固盛　刘鹿鸣　李建欣
杨维中　何建明　沈文华　宋立宏　张广保
陈　坚　陈　霞　郑志明（台湾）　徐小跃
郭　武　盖建民　彭国翔　程乐松

主　　编：徐小跃

执行主编：沈文华

编 辑 部：陆杰峰

主办单位：老子道学文化研究会
　　　　　　南京大学道学与东方文化研究中心

目 录

卷首语

修心与治欲
　　——儒道佛的价值取向 ············· 徐小跃（1）

道学研究

关于雷神文化与道教 ················· 袁志鸿（6）
白玉蟾道教南宗与雷法关系相关问题考析 ······· 盖建民（32）
早期上清经中的龟山信仰与宋代神霄法 ········ 刘　莉（81）
太乙派雷神信仰与图像研究 ············· 李黎鹤（92）
六朝时期的三教对话与道教的转型 ·········· 王皓月（116）
明代武当山国家祭祀研究 ·············· 王　闯（140）
图像所见梅山文化圈九子母信仰的本源与流变 ····· 李慧君（166）
《道德经》对早期道教礼仪制度的影响
　　——以《想尔注》中的道气之论为主 ······· 张红志（183）

儒学研究

论孔子对"君子"概念的革故鼎新 ·········· 张　浩　郑　林（200）
论《中庸》的逻辑向度 ··············· 代玉民（227）

《东方哲学与文化》稿约 ················ （243）

卷首语

修心与治欲
——儒道佛的价值取向

徐小跃

如果要在儒道佛三家思想中选择一个他们共同追求的价值取向，那一定是"修心与治欲"。道理也很简单，儒道佛三家学说都可以称为"心性之学"，都关注生命问题和人生问题。

一

所谓"修心"就是修养心性。在儒家那里更多地用"尽心""存心""养心""正心"等；在道家那里更多地用"虚心""静心""心斋"等；在佛家那里更多地用"明心""净心""清心"等。所谓"治欲"就是治理、处理欲望。儒家多用"寡欲"，道家有时用"寡欲"，更多时候用"无欲"，而佛家都用"无欲"。

养心与寡欲是"修身""养生"的两种形式。为什么"修身""养生"是这种形式呢？说得通俗点，我们要"修身"，我们要"养生"，那究竟如何"修"，如何"养"呢？我一向认为，要解决好这个问题，一定要知道和明白这个所要"修"的、所要"养"的"对象"是一种什么样的存在状态，或者说存在方式。说得再通俗点，如果连要"修"的"对象"是什么都不知道，那如何"修"

呢？所以在理论上弄清楚人的存在方式，或者说人的生命形态是怎样的就成为必须。

"人身"中是有诸性的物性、知性（理性）、德性的。有"饱食暖衣逸居"（《孟子·滕文公上》）之食欲之性，有"好利焉""疾恶焉""好声色焉"（《荀子·性恶》）的生理心理之性，也有"异于禽兽者几希"之"良心"的本善之性。

因为人性中有气质之性的存在，它有太多恶的成分以及可能引起恶的成分。对此儒家深深地担忧。"圣人有忧之。"（《孟子·滕文公上》）具体说来，他们俱异常担忧人身上的动物禽兽性的膨胀，即出现"则近于禽兽"（《孟子·滕文公上》），"禽兽行"（《荀子》）的情况。

在客观认知了"人性""人之有道也"的不同规定或者说人的生命两种形式以后，就要分别用不同的方式去"修行"之。儒家主张对于人之德性要光明之，"明明德"是也，"诚意正心"是也，"尽心知性"是也，存心是也，养心是也。道家老子的"虚其心"、庄子的"心斋"、佛教的"明心见性"都属于对"人之德性"的修行方式和态度。

二

对于人之生理心理构成的"气质之性"，那是要担忧之、戒惧之、中节之、克制之。否则对于人而言那将是非常危险和可怕的。大家要注意的是，主张人性本善的孟子与主张人性本恶的荀子最后都走到了一起。他们对"修道"的内容的规定都是正反两方面的。正面是"养心"；反面是"节欲"。孟子认为要"以仁存心，以礼存心"，并认为"养心莫善于寡欲"（《孟子·尽心下》）；荀子认为"积礼义而为君子"，并认为"君子养心莫善于诚"（《荀子·不苟》）。

道家、佛家都主张人正面要"养心"，反面要"无欲"。老子明确主张"虚其心，实其腹"（《老子》第三章），"虚其心"就是使人心地虚静纯洁，"实其腹"就是让人吃饱肚子。

《说文解字》说，"欲，贪欲也"①，即过度的欲望。饮食男女，人之性也。"食色，性也"，此之谓也。而过之则为"欲"也。儒道佛三家的"寡欲""少欲""无欲"的"治欲"思想都是建立在这种认知基础之上的。老子明确认为"为腹"是人性的正当需求，应当满足之；而"为目"是人性的过多的追求，应当摒弃之。

那么哪些属于"为目"的"多欲"呢？老子说："五色令人目盲，五音令人耳聋，五味令人口爽，驰骋田猎令人心发狂，难得之货令人行妨。是以圣人为腹不为目。"（《老子》第十二章）老子是在告诉人们，过度的欲望会使人颓废、腐败、堕落。"祸莫大于不知足，咎莫大于欲得"（《老子》第四十六章）。老子主张"不见可欲，使民心不乱"（《老子》第三章），"心善渊"（《老子》第八章），"致虚极，守静笃"（《老子》第十六章，达到虚寂的程度，坚守清静的状态），"见素抱朴，少私寡欲"（《老子》第十九章），"不欲以静"（《老子》第三十七章，根绝欲望，可以得到安宁），"是以圣人去甚，去奢，去泰"（《老子》第二十九章，去掉过分、奢侈、极端），"知足之足常矣"（《老子》第四十六章），"知足不辱，知止不殆，可以长久"（《老子》第四十四章）。

佛教以"贪嗔痴"为三毒，当在去除之列。对于人的那些不好的气质，例如"嫉妒心，谄曲心，吾我心，狂妄心，轻人心，慢他心，邪见心，贡高心"，在禅宗看来都属于"自性中不善心"，故而需要"除却"。（《六祖坛经·忏悔品》）

三

儒道佛都认为只有行善事才能保存住"良心""道心""佛心"。他们所奉行的善德善行可集中到一个总的德目之上，那就是"慈"德。

---

① （汉）许慎：《说文解字》，中华书局2013年版，第176页。

《说文解字》曰："慈，爱也。"① 本义有助人之心。慈对别人付出更多的爱。通俗地说，为他更好，想他更好，哪怕是牺牲自己。母爱就是这种爱。可见，所谓的"慈"是不计得失、不考虑自我的"付出"和"给予"。也即，希望别人过得好，不希望别人有灾祸。别人好了，为他们由衷地感到高兴；别人坏了，为他们由衷地感到悲伤。不讲条件的"给予"才能被称为"慈"。儒家叫"为人谋而不忠乎？"；道家老子叫"既以为人己愈有，既以与人己愈多"；佛家叫"给人以乐，拔人以苦"。儒家叫"慈厚"；道家叫"慈柔"；佛家叫"慈悲"。

我非常欣赏和赞同朱熹对"爱"的道理的概括。他说："盖仁则个温和慈爱底的道理……仁字是个生底意思。"② 现在好多人变得越来越不"温和"了。怒气太大，怨气太多，戾气太重。越来越不喜欢别人好了。嫉妒心太重，仇恨心太重，憎恨心太重。"心"处在如此状态下，"气"处在如此状态下，人是不会轻松愉快的。老子告诫我们说："心使气曰强。"（《老子》第五十五章）意思是说，让心欲支配精神就会走向自我戕害，乃至死亡。对此，不得不慎啊！

老子的"慈"恰恰就落实到了这个"柔"字上，也就是说，慈柔是老子慈爱思想最具特色的地方。"柔"乃"水"的主要属性，它有"利他"属性，而且全然地"利他"；它有"不争"的属性，特别是"付出"以后绝不求回报的那种情怀；它有"处下"的属性，"成功"以后不炫耀自己，绝不会自吹自擂自大自己的"卓越"和"优秀"，而是把希望、信心、勇气都带给别人；它有"战胜"一切的属性和能力。老子将"慈"视为他"三宝"的头一宝不是没有道理的。

就儒道佛人生哲学要得出的结论当是所谓智慧人生和幸福人

---

① （汉）许慎：《说文解字》，第217页。
② （宋）朱熹：《晦庵先生朱文公文集》卷七十四《玉山讲义》，载朱杰人、严佐之、刘永翔主编《朱子全书》，上海古籍出版社、安徽教育出版社2010年版，第24册，第3588—3590页。

生。儒道佛三家思想的终的都是指向人生幸福的。孔孟是这样，老子是这样，佛陀是这样。"悦乎""乐乎""乐山""乐水""仁者不忧""孔颜之乐""乐而忘忧""不改其乐""君子有三乐"，以上是儒家快乐之论；道家老子有"乐得之""无忧"之论；佛教有"离苦得乐""喜乐"之论。

那么，如何获得此人生快乐呢？儒道佛的共同的主张，一是知道给予别人；二是知道减少欲望；三是知道宁静安宁。简言之就是"给予""寡欲"和"宁静"。

在天地万物之中，最难按照自己原来样子去存在、去生成的"对象"就是我们人类自己。为什么会这样？源于人类的"名欲""利欲""权欲""情欲""多取""多求""多要""多捞""躁动""变动""盲动""妄动"。结果导致，人丧失其天真、本真之性，谓之"失其性"。对此，儒家提出了"复其初"，道家提出了"复归其性"，佛家提出了"恢复本来面目"。

当一个人少了私，寡了欲，见了素，抱了朴就会"静"矣！静是一种生活方式，是一种生活态度，是一种政治生态。儒家要"静"，道家要"静"，佛家也要"静"。所以我们有理由认为，儒道佛三家的共同的价值取向都指向——"静"。

判断与选择构成智慧的本旨要归，"智判慧择"是也。明明德是智慧人生之必须；少私寡欲是智慧人生之必须；给予奉献是智慧人生之必须。"治欲""节制"就会"不争"；"给予"就是"利他"。而只有做到了"不争"与"给予"才会获得心灵的宁静，如此最终才能获得快乐人生。所以智慧人生是快乐人生的前提。

[作者简介：徐小跃，《东方哲学与文化》主编、南京大学哲学系教授（江苏南京210023）]

道学研究

关于雷神文化与道教

袁志鸿

摘　要：道教尊称"雷神"为"九天应元雷声普化天尊"，以"赏善罚恶"作为雷霆文化的意蕴。晚唐至北宋间兴起了传雷法的清微派，其宗谱将其渊源上溯至原始天尊，并将上清、灵宝、天师的信仰谱系合而为一。北宋末新出符箓宗系的神霄派，以五雷法祈神禳灾，与茅山关系密切。第三十代天师张继先也是传承雷法的重要人物。
关键词：雷神；清微派；神霄派；雷法；雷霆文化
作者简介：袁志鸿，北京东岳庙住持、中国道教协会副会长（北京100020）。

引　言

雷神，从字面的角度去认识，顾名思义，就是司掌天上雷霆之神；自古及今，社会中的老百姓都习惯恭敬地称呼其为"雷公"。中国古代的典籍中，则早就有了"雷神""雷师"称呼之载文，甚至"雷神"工作的方式方法和形像也述之凿凿。汉代大学问家王充（27—约97）著《论衡》一书，在其著作中就载述当时的绘画师描绘"雷公"的工作和形像说：

> 图雷之状，累累如连鼓之形；又图一人，若力士之容，谓之雷公；使之左手引连鼓，右手推椎，若击之状。①

这种描述，使后人对"雷神"的形像和工作状态有了深刻的认识，后来信奉"雷神"的人，心目中的"雷神"就是如此在行雷执法。关于"雷神"的概念和形像，笔者认为：应该是祖先在生活过程中，从发现自然中打雷闪电那一刻起，关于"雷神"及其神威就有了认识和概念，也许在那时"雷神"就被祖先信仰崇奉了。

雷神形像和出处的渊源，可以追溯到成书于战国时期的《山海经·海内东经》，其中有记载说："雷泽中有雷神，龙身而人头。"②战国时的屈原（前340—前278）更是将之咏于诗歌，他在其著名骚体诗《离骚》中咏唱出了这种概念。屈子颂曰："鸾皇为余先戒兮，雷师告余以未具。"③译成通俗的内容就是说：凤凰在我的前面已经做好了投入战斗的准备，而这时"雷神"则说不要仓促，我们雷部的准备还没有最后完成。诗歌内容中非常形像地展现了"雷神"名号及其存在的状态。历史发展到北宋之时的宋哲宗时期（1085—1100），当时的学者洪兴祖（1090—1155）引用《春秋合诚图》注释《离骚》的"雷师"："轩辕主雷雨之神，一曰雷师，丰隆也。"④ 到后来宋徽宗在北宋之末，自称"道君皇帝"，推动"神霄派"的产生，说来是有着历史的渊薮。

一 九天应元雷声普化天尊

"九天应元雷声普化天尊"是道教对"雷神"的尊称。关于

---

① （汉）王充著，黄晖校释：《论衡校释》卷六《雷虚篇》，中华书局2010年版，上册，第263页。
② 袁珂：《山海经校注》（最终修订版），北京联合出版公司2014年版，第284页。
③ （宋）洪兴祖：《楚辞补注》卷一，中华书局1983年版，第28页。
④ （宋）洪兴祖：《楚辞补注》卷一，第29页。

"雷神"的信仰，从道教的角度来认识，则要知道"雷神"之"雷霆"之威，由信仰而产生深刻的文化内涵。

《无上九霄玉清大梵紫微玄都雷霆玉经》指出："十极至尊所以雷霆之本也。"① 何谓"十极至尊"？根据笔者对道教常识的认识："十方无极天尊"就是"十方救苦天尊"，也称"十方至尊""十极至尊"，分别是：（1）东方玉宝皇上天尊，（2）南方玄真万福天尊，（3）西方太妙至极天尊，（4）北方玄上玉宸天尊，（5）东北方度仙上圣天尊，（6）东南方好生度命天尊，（7）西南方太灵虚皇天尊，（8）西北方无量太华天尊，（9）上方玉虚明皇天尊，（10）下方真皇洞神天尊。②

《无上九霄玉清大梵紫微玄都雷霆玉经》记载，碧空"神霄"之境为：神、青、碧、丹、景、玉、琅、紫、太九个层次，其中有"九宸"大神管理，首座之神是高上神霄玉清真王长生大帝，其次则有八位大神：东极青华大帝、九天应元雷声普化天尊、九天雷祖大帝、上清紫微碧玉宫太乙大天帝、六天洞渊大帝、六波天主帝君、可韩司丈人真君、九天采访真君。以上九位大神统称为"神霄九宸"。③

关于雷神之"雷霆"的义蕴，道教南五祖之一的白玉蟾说：

> 雷者，乃天之令也，掌生生杀杀之权，动静人莫可测，万神之奉行也。④

而"霆"字在中国文化中也有说法，所谓"疾雷为霆"（《尔雅·释天》），而"阴阳相薄，感而为雷，激而为霆"（《淮南子·天文训》），因而"雷霆"二字，在中国文化中既可以合起来并用，

---

① 《无上九霄玉清大梵紫微玄都雷霆玉经》，《道藏》，文物出版社、上海书店、天津古籍出版社1988年版，第1册，第752页。
② 参见（南宋）宁全真授，（宋末元初）林灵真编《灵宝领教济度金书》卷四，《道藏》，第7册，第52—53页。
③ 参见《无上九霄玉清大梵紫微玄都雷霆玉经》，《道藏》，第1册，第752页。
④ （宋）白玉蟾：《九天应元雷声普化天尊说玉枢宝经集注》卷上，《道藏》，第2册，第569页。

又是可以拆解开来去说去用的。白玉蟾说：

> 雷者，阴阳二炁结而成雷，既有雷霆，遂有部属。九天雷祖因之剖析为五属，神霄真王用之以宰御三界，真王所居神霄玉府，其道在乎巽。①

"神霄真王"就是南极长生大帝，据称：元始天王有九子，南极长生大帝是其中之一，位列"三清"座下，"四御"尊神中之一，是协助"三清"尊神执掌人间社会寿夭祸福的神职。南极长生大帝居神霄玉清府，而于九天化身为九天应元雷声普化天尊，居玉枢府统御雷部，全称"高上神霄玉清真王长生大帝统天元圣天尊"。② 而"其道在乎巽"的这个"巽"字，是八卦之中的一个卦名，其卦象属"风"，先天卦的方位是西南，在立秋的季节；后天卦的方位是东南，在立夏的季节，这都是雷霆频繁的季节。白玉蟾说：

> 东南乃九阳之炁，结清朗光，元始父祖，化神霄玉清真王。玉府在碧霄梵炁之中，去雷城二千三百里。雷城高八十一丈，左有玉枢五雷使院，右有玉府五雷使院。天有四方四隅，分为九霄，惟此一霄，居于梵炁之中；在心曰神，故曰神霄；乃真王按治之所，天尊临莅之都。卿师使相，列职分司，主天之灾福，持物之权衡，掌物掌人，司生司杀，检押启闭，管钥生成，上自天皇，下自地帝，非雷霆无以行其令；大而生死，小而枯荣，非雷霆无以主其政。雷霆政令，其所隶焉；三清上圣，雷霆主也；十极至尊，雷霆本也。昊天玉皇上帝号令雷霆也，后土皇地祇节制雷霆也，北极紫微大帝掌握五雷也。③

---

① （宋）白玉蟾：《九天应元雷声普化天尊说玉枢宝经集注》卷上，《道藏》，第2册，第569页。
② 参见《道法会元》卷三，《道藏》，第28册，第683页。
③ （宋）白玉蟾：《九天应元雷声普化天尊说玉枢宝经集注》卷上，《道藏》，第2册，第569—570页。

雷神文化的内涵，在道教中影响很大，道教各教派都重视雷神文化的内涵。尤其是唐末之"清微"和北宋晚期之"神霄"，两个产生于唐宋期间的教派，其中雷神文化更加凸显，且北宋之后产生道教的教派，雷神文化在其中的影响更为深刻。

二　清微派

晚唐至北宋间兴起的道教"清微派"，是道教中新兴的符箓派，其在赋予自身的源起以神学依据时，也将自己的传法系统托之古远。在道派宗谱中，清微派往往将其渊源上溯至原始天尊，并将上清、灵宝、天师的信仰谱系合而为一。

现在可以见到的清微派宗谱共有六个，分别记载于如下经典之中：（1）《清微元降大法》卷一"元始清微应运"①；（2）《清微元降大法》卷八"清微传方师宝"②；（3）《清微元降大法》卷二十五③；（4）《清微斋法》卷上之首④；（5）《道法会元》卷二"清微应运师宝"⑤；（6）《清微仙谱》⑥。以上谱系中，只有《清微仙谱》是独立刊行的宗派谱系，其余清微派的宗谱均附在各道法科仪书之中。《清微仙谱》传为黄舜申（1224—?）的弟子建安陈采所撰。陈采在《清微仙谱》序中对清微派的传法系统进行了厘清：

> 其传始于元始，二之为玉晨与老君，又再一传衍，而为真元、太华、关令、正一之四派；十传至昭凝祖元君，又复合于一。继是八传，至混隐真人南公。公学极天人，仕宋为显官，遇保一真人授以至道。遂役鬼神，致雷雨，动天使，陟仙曹。

---

① 《中华道藏》，华夏出版社2004年版，第31册，第57—58页。
② 《中华道藏》，第31册，第88—92页。
③ 《中华道藏》，第31册，第164—165页。
④ 《中华道藏》，第31册，第11—15页。
⑤ 《中华道藏》，第36册，第13—15页。
⑥ 《中华道藏》，第31册，第1—6页。

晚见雷困黄先生,奇之,悉以其书传焉。

陈采的这一篇序文,作于元世祖至元三十年(1293),是目前所见的有关清微派源流和历史的最早记载。除此之外,其余的五个宗谱,皆附于各法术著作中,且在一些师派的传承上,多有含糊,莫衷一是。

通过仔细对照,还是可以发现六个清微派宗谱的一些共同之处。

(一)各宗谱一致认为清微派源于原始天尊。① 元始天尊,处于灵宝天尊和道德天尊之上,是道教的最高神,居于玉清境清微天。道教人士认为元始天尊生于太元之先,禀自然之气,将其视为宇宙万物的创造者。道教神霄派也将其源起上溯至元始天尊,认为其主尊玉清真王,本是浮黎元始天尊之子。② 神霄派与清微派同尊元始天尊为其道派之源,为后来两大雷法道派的融合,奠定了信仰上的基础。同时,清微派将自己的主神渊源上溯于道教的最高神元始天尊,无形中确立了自身道法的正统地位。

(二)各宗谱也不约而同地将上清派的祖师魏华存纳入清微派的主神系统。如:《清微元降大法》卷一"元始清微应运"将魏华存置于"上清"一系的第六位③;《清微元降大法》卷八"清微传芳师宝"不分派系,将魏华存置于祖师中的第四十五位④;《清微元降大法》卷二十五将魏华存置于"上清启图"中的第九位⑤;

---

① 如:《清微仙谱》将元始天尊称为"元始上帝",置于首位;《清微斋法》在"道宗统系"一系中将元始天尊称为"元始天王",置于第一位;《清微元降大法》卷一,在"元始"一脉中将元始天尊称为"真元妙化天帝迹恭",置于第一位;《清微元降大法》卷八则将元始天尊称为"清微真元妙化天迹恭",置于第一位;《清微元降大法》卷二十五,元始天尊被称为"玉清元始上帝",位于"清微道宗"之首。(以上分别见《中华道藏》,第31册,第2、11、57、88、164页)《道法会元》卷二"清微应运师宝"中的元始天尊,被称为"清微圣祖玉清元始妙道上帝",并被置于第一位。(《中华道藏》,第36册,第13页)
② 参见李远国《神霄雷法:道教神霄派沿革与思想》,四川人民出版社2003年版,第154—157页。
③ 参见《中华道藏》,第31册,第57页。
④ 参见《中华道藏》,第31册,第90页。
⑤ 参见《中华道藏》,第31册,第165页。

《道法会元》卷二"清微应运师宝"不分派系，将魏华存置于祖师中的第二十六位①；《清微仙谱》将魏华存置于"上清启图"中的第九位②，与《清微元降大法》卷二十五同；《清微斋法》卷上将魏华存置于"灵宝流系"的第十位③。显而易见，在清微派的传法系统中，祖师的构想在于彰显自身道派的渊源有自，进而论证该派存在的合理性。也就是说，魏华存在清微派传法系统中作为主神之存在，只不过是清微派与上清派一脉相承的象征。

清微派与上清派的深厚渊源不仅由此可见一斑，在后来的清微道法中亦有所佐证。在《道法会元》中，可以发现有多种清微道法直接以"上清"命名。例如，卷七有"上清洞明协神五应大法"，"上清镇灵福祥安土大法"，"上清司禁兴道大法"④；卷三十七有"上清武春烈雷大法"⑤；卷三十八有"上清紫庭秘法"。不仅如此，一些清微道法，还将上清派祖师魏华存列为"主法"的宗师，或是纳入行法的"师派"之中。而这一现象主要体现在清微派的后期道法《清微神烈秘法》和《道法会元》之中。对以上道法加以观照，我们还不难发现，魏华存在清微法中的"主法"位次有所差别，被列入"师派"时，其名号也并不相同⑥，但无论魏华存位于"主法"宗师的哪一个位置，也无论教内人士将之冠以哪种名号，清微

---

① 参见《中华道藏》，第36册，第14页。
② 参见《中华道藏》，第31册，第3页。
③ 参见《中华道藏》，第31册，第12页。
④ 《中华道藏》，第36册，第47—48页。
⑤ 《中华道藏》，第36册，第213—216页。
⑥ 《道法会元》，卷六"清微妙道雷法"，魏华存居于"主法"宗师的第二位；"霹雳驱蝗大法"，魏华存居于"主法"宗师的第四位。《道法会元》卷七"上清洞明协神五应大法"，魏华存位于"主法"宗师的第二位。《道法会元》卷二十九"清微祈祷奏告道法"，魏华存位于"主法"宗师的第一位。《道法会元》卷三十六"正一灵官马元帅大法"，魏华存位于"主法"宗师的第一位。《道法会元》卷三十六"蓬玄摄正雷书"，以及卷三十八"灵佑忠烈大法"，魏华存成为唯一的"主法"宗师。（以上分别见《中华道藏》，第36册，第43、44、45、164、208、212、216页）《清微神烈秘法》卷上就将魏华存列为其"师派"之首，并作为"清微教主"来看待。（《中华道藏》，第31册，第39页）《道法会元》卷三十"紫极玄枢奏告大法"，将魏华存列为"师派"之首。《道法会元》卷三十六"地祗上将阴雷大法"，也将魏华存列为"师派"之首。（以上分别见《中华道藏》，第36册，第168、211页）

派都已经接纳了其作为该派宗师的事实。

当然，应当说明的是，对上清派神系的吸纳，只是清微派认同上清派的外在表现，而在道法系统中对上清派"存思"法的沿袭，则又显示着两派之间的深层次关联。在清微派早期和晚期的道法中，处处可见诸多供行法时"存思"的雷神形象的描述。例如，在早期的道法总集《清微元降大法》卷十三"九天烟都太乙五雷"中对"六丁驰传上将"的形象，卷二十"清微冲法"对一些符使的形象均有所描绘。① 在后期的道法如《道法会元》中，这一现象同样不可避免。例如，卷六"玄一碧落大梵五雷秘法"，就将五位雷神的形象描绘得堪为周详。② 这些雷神雷将的形象，成为清微派行法时"存思"的具体依托。

（三）各宗谱都将祖舒列为会合诸派而唯一的"会道"祖师。关于祖舒的生平，各宗谱皆有所记载。③ 这些记载，虽然多有含糊，但我们还是可以得出祖舒"会道"一事的梗概。首先，诸传记之中，只有《道法会元》卷二"清微应运师宝"，认为其名肪仲，字遂道，其余皆认为其名遂道，字肪仲，想来这是流传之误。而对于祖舒的出生地，则看法较为统一，都认为是广西零陵。④ 此外，各传记都认为祖舒是唐朝人，陈采《清微仙谱》"会道"中甚至具体

---

① 参见《中华道藏》，第 31 册，第 107、141 页。
② 《道法会元》卷六："碧落玄梵太育明神五雷帝君朱清（戴天丁冠，天男相。金甲，朱衣朱履，执节，乘玉龙，即观音大士化身）；碧落玄梵大神王孔汲（火冠，青面，朱衣朱履，执斧）；碧落玄梵大神王杨霆卿（火冠，青面，朱衣朱履，仗剑）；碧落玄梵大神王曾元芳（火冠，青面，朱衣朱履，执弓矢）；碧落玄梵大神王高燧（火冠，青面，朱衣朱履，执铁简）。"（《中华道藏》，第 36 册，第 41—42 页）
③ 如《清微元降大法》卷一"元始清微应运"之"师承集要宗会"（《中华道藏》，第 31 册，第 58 页）；《道法会元》卷二"清微应运师宝"（《中华道藏》，第 36 册，第 15 页）；《清微斋法》卷上之"四派总归"（《中华道藏》，第 31 册，第 14 页）。以上三者较为简略。而《清微仙谱》"会道"一项，对祖舒的记载则最为详细（《中华道藏》，第 31 册，第 5 页）。此外，《历世真仙体道通鉴续编》卷五《祖元君》，也对祖舒有所记载（《中华道藏》，第 47 册，第 613 页）。
④ 作为"会道"祖师的祖舒，其崛起于唐代广西地区，足可证明担当正统道教之基盘的民间信仰世界，在唐朝时期的广西一带有着极其活跃的一面。而其所谓"统辖雷霆"亦可见"啸命风霆"这一民间法术在中国南部之兴盛。

到唐昭宗李晔时期（888—904）。但无论其记述具体与否，我们始终未能在传世的史书中，见到有关于祖舒的记载。此外，祖舒还有种种的"变相"。如《清微仙谱》"会道"中认为祖舒："面枣黑色，大目，身长七尺。"这里说的显然是祖舒容貌的与众不同，而所谓"性烈气肃，虽雷神亦加严励。今治清微洞昭府，主持教法，嗣教之士宜竭忠诚，稍或有违嗔责立至"①，则又是对祖舒作为会道宗师所具有的清正严肃、规范严格、铁面无私、不怒自威方面的描绘。在教内人士对祖舒神威敬仰的形象描述，在尊重前题下进行大胆发挥的表象之下，我们还是不难窥见宗教家创教神话的良苦用心。

不仅如此，各传记都将祖舒视为会合四派、五派，或更多的"会道"宗师。《清微元降大法》卷一"元始清微应运"，认为所会为五派即元始、上清、灵宝、道德、正一；《清微元降大法》卷二十五与《清微仙谱》也认为所会为五派：清微、上清、灵宝、道德、正一，即只将《清微元降大法》卷一中的"元始"换为"清微"，其余皆不变。而《清微斋法》卷上则认为祖舒所会的派系为四派即清微（即"道宗"）、灵宝、道德、正一，独缺原有之"上清"。虽然，所会的派系有所差别，但各传记都承认祖舒"会道宗师"的地位。《道法会元》卷五"清微符章经道"对祖舒的"会道"有精辟的描述：

> 清微正宗自元始上帝授之玉宸道君，玄元老君，由是道君、老君各传二派，乃分清微、灵宝、道德、正一。师师相承，元元荷泽。至唐祖元君，愿重慈深，博学约取，总四派而为一，会万法而归元。②

所谓"师师相承，元元荷泽"，显然是清微派作为一支新兴的

---

① 《中华道藏》，第31册，第5页。
② 《中华道藏》，第36册，第40页。

符箓派，认同正统的体现。而所谓"唐祖元君，愿重慈深，博学约取"，又可见后世道门中人对本派祖师的尊崇，以及借祖师之名承接道脉的殷殷之情。就此而言，祖舒会道的真正意义，就在于"总四派而为一，会万法而归元"，正因为有了祖舒的"会道"，清微派才有了承接正统的理论支持，也才能为构建自身新的嗣法系统埋下伏笔。

总体而言，清微派将自身道派的渊源上溯至道教的最高神元始天尊，其用意在于为清微派这一新兴道派的存在寻找神学上的依据，进而确立本宗派的正统地位。将魏华存纳入自身道派的传法系统，是从宗派谱系上证明了清微派与上清派的历史渊源。当然，上清派只是清微派的源头之一，祖舒"会道"即昭示着清微派乃合诸派而为一的新兴道派。在此，祖舒是合四派而为一，还是合五派而为一，已经并不重要，关键的是清微派在道教最高神元始天尊的神圣权威下，取得了重新整合道派，在道教中获取了新的生存空间的事实。

清微派是江南道教符箓三宗分衍的支派之一，是晚唐宋元博采众长发展起来的教派，其肇始于晚唐、成熟于南宋时期，历经元、明、清三朝而传承不绝。该派尊奉的主要经籍有《清微仙谱》《清微斋法》《清微神烈秘法》等。清微派道士将本派的历史托之久远，宣称传自清微天玉清元始天尊，故以清微为名。又谓其教在元始天尊传法后衍而为真元、太华、关令、正一四派，至十传乃由祖舒元君会四派而为一，始立清微宗派。下递传郭玉隆、傅央焴、姚庄……朱洞元、李少微、南毕道、黄舜申。元代陈采《清微仙谱·序》中认为，该教派始于唐昭宗年代，不过近来学界研究表明，清微派的实际创始人或系南宋末年的黄舜申。关于黄舜申，名应炎，字晦伯，福建建宁人，他师于南毕道而获授清微雷法。黄舜申在元世祖至元二十三年（1286），应诏赴阙，被授予"雷渊广福普化真人"。他收录弟子近百人，使得清微派道法大行于天下，在黄舜申的大力推动之下，道教清微派的系统才得以初步形成。现存《道藏》经籍中收录的清微派著作，大多出于黄舜申及其门人之手。明代张宇初撰《道门十规》中说：

> 清微自魏、祖二师而下，则有朱、李、南、黄诸师，传衍犹盛，凡符章、经道、斋法、雷法之文，率多黄师所衍。①

清微派在南宋以后形成系统，流布天下，信徒更为众多。郑所南《太极祭炼内法序》记载："正一法外，别有清微雷法，名逾数百。"元代之时的清微派传承中，黄舜申一系仍然占据主流，其弟子分南北两支传承：南传以福建建宁为中心、北传以湖北武当山为中心，使得清微派流传分布于大江南北。一是：南传一系始于黄舜申弟子熊道辉，其后历经彭汝励→曾贵宽→赵宜真（？—1382）→刘渊然（1350—1432）→明、道箓司左正一邵以正（？—1462）等人—后传不详。二是：北传一系始于黄舜申弟子张道贵，其后历经张守清→张悌、黄明佑、彭通微、单道安→李素希。赵宜真与刘渊然之后，有关明朝中后期的清微派南传一系大多失于记载，其传承谱系难以稽考。清微派北传一系，在单道安与李素希之后，也难以考察。另外，北传清微派的特点是兼习全真之法，通常也会拜全真道士为师。

三　神霄派

神霄派是北宋末徽宗年代道教中新出符箓宗系的教派，该道派第一创立者实际应该是当时温州永嘉人林灵素（1075—1119），姓林，原名灵蘁，字通叟，又字岁昌。据《历世真仙体道通鉴》，林灵素七岁读书"日记万字"，余暇之时还能作诗，东坡先生苏轼（1037—1101）听到社会传言，就去看望这位神童。

> 苏东坡轼来见，以历日与读，[林灵素]一览了无遗误。

---

① 《道藏》，第32册，第149页。

东坡惊异曰:"子聪明过我,富贵可立待。"先生(林灵素)笑而答曰:"我之志则异于先生矣。"东坡云:"子当如何?"先生曰:"生封侯、死立庙、未为贵也;封侯虚名,庙食不离下鬼;愿作神仙,予之志也。"①

七岁孩子讲出这样的话,确实使人难以相信,但是文史凿凿,又不得不信。其后林灵素"年将三十,博通儒道经典,志慕清虚,语论孤高,迥脱尘俗"②。据称林灵素的道术,是从一位自称是汉天师的弟子赵升道人处获得的:为十九篇《神霄天坛玉书》,此经书又称《五雷玉书》,据说林灵素"自受玉书豁然神悟,察见鬼神,诵咒书符,策役雷电,追摄邪魔,与人禁治疾苦,立见功验,驱瘟伐庙,无试不灵"③。当时林灵素已经是在社会中传播其道的高人,在基层百姓中已经有了相当的影响,但是在官方层面却位卑名微。其时的茅山刘混康(1036—1108)宗师,却正得宋徽宗尊重礼敬。《历世真仙体道通鉴》记载:

> 大观二年(1108)四月诏求天下有道之士,茅山宗师刘混康奏曰:"臣以愚蒙,无可副圣意,有在世神仙林灵蘁,生居永嘉,何下诏之晚也。"帝即遣使求之。④

此中"林灵蘁"就是林灵素⑤,从前一份史料中可知,林灵素之所以能够奉诏入京面圣陈辞,获得展示表现的机会,茅山上清刘混康宗师是他最早的赏识和推荐人。但这第一次林灵素却并未奉诏。又过去了七八年的时间,到政和六年(1116)十月宋徽宗"驾幸于太

---

① (元)赵道一:《历世真仙体道通鉴》卷五十三,《道藏》,第5册,第407页。
② (元)赵道一:《历世真仙体道通鉴》卷五十三,《道藏》,第5册,第407页。
③ (元)赵道一:《历世真仙体道通鉴》卷五十三,《道藏》,第5册,第407页。
④ (元)赵道一:《历世真仙体道通鉴》卷五十三,《道藏》,第5册,第408页。
⑤ 林灵蘁是林灵素的原名,是由宋徽宗"御书改名灵素赐号:通真达灵先生",参见《历世真仙体道通鉴》卷五《三林灵蘁》,《道藏》,第5册,第408页。

乙东宫，敕委道录徐知常"，让温州众道士报告林灵素在道院中的种种"异常"情况，所以林灵素在温州道院"累言神霄事，人莫能晓；尝作神仙谣，题于壁，今录奏皇帝，览读其文，皆神仙妙语！"宋徽宗读了林灵素《神仙谣》十分喜欢，"乃令徐知常引林灵蘁入见"。这次见面问答宋徽宗非常高兴，不仅为之御书改林灵蘁为林灵素之名，而且"赐号：通真达灵先生"，让他"非时宣召入内"，负责"删定道史经箓灵坛等事"；并且宋徽宗"以师事之"，为林灵素"特建通真宫为居"。并且"开神霄箫坛，神霄宫成"，宋徽宗率领蔡京等群臣到神霄宫庆祝，率百官游行中皇帝即兴咏曰："宣德五门来万国。"蔡京等沉思对答不出下句。徽宗问林灵素："师能对否？"林灵素应声对出："神霄一府总诸天！"宋徽宗大喜，敕旨：林灵素"修正一黄箓青醮科仪，编排三界圣位，校正丹经子书，每月初七日升座：洎亲王内贵、文武百官、皆集听讲三洞道经；或御驾亲临亦于座下。自此，东京人方知奉道也"。在宣和元年（1119），"华山因开三清殿基，巨石匣中有《雷文法书》一册"，以有种种神异，宋徽宗敕赐林灵素为"玉真教主，神霄宫林公"，赐予"金门羽客，通真达灵元妙先生，侍中大夫"①。

林灵素编排神话，得罪权臣，触及皇太子。首先是他借宋徽宗已故皇后阴魂之口说，"妾即紫虚元君阴神也，陛下即东华帝君也"，"蔡京乃北郡六洞魔王第二洞大鬼头，童贯是飞天大鬼母，林先生是神霄教主、兼雷霆大判官"。②又借西王母之口议论国政，要求宋徽宗："察奸臣，迁都长安；法太祖、太宗行事，虽见小灾，不为大祸；不然后悔无及矣！"③ 三是宋徽宗邀张继先与林灵素同宴，"宴罢同游禁中，一阁下见碑题曰《元祐奸党之碑》，先生与虚静看之，各俛首致敬！因请纸笔题诗云：'苏黄不作文章客，童蔡反为社稷臣；三十年来无定论，不知奸党是何人？'帝翌日以诗

---

① （元）赵道一：《历世真仙体道通鉴》卷五十三，《道藏》，第5册，第408—409页。
② （元）赵道一：《历世真仙体道通鉴》卷五十三，《道藏》，第5册，第409页。
③ （元）赵道一：《历世真仙体道通鉴》卷五十三，《道藏》，第5册，第410页。

示太师蔡京，京惶恐无地，乞出不允"①。林灵素有皇帝护着，权臣也奈何不了他！但是皇太子可不怕他，上殿奏曰："林灵素妖术，愿陛下诛之！"皇太子认为：不要听林灵素整天自吹自擂法力如何不可思议，如果皇帝同意，"乞宣法师等皆见在京，可与林灵素斗法，别其邪正"②。宋徽宗是一位深怀好奇心的皇帝，在他的允许之下，皇太子安排了十四位法师与林灵素在凝神殿集会，宣召皇太子、诸王、群臣观看。这一次的斗法，林灵素获得了完全的胜利，所以宣和元年（1119）正月八日，皇帝诏曰："天下僧徒并改称德士！"但这予国事何补，因此林灵素上表云："臣本山林之士，误蒙圣恩，若更改僧徒，必招众怒，乞依旧布衣还乡。"圣旨不允！皇帝说：这件事"不得再有陈请"。③

过了不多日子，林灵素又上言辞深切的乞归表文说：

> 臣初奉天命而来，为陛下去阴魔，断妖异，兴神霄，建宝录，崇大道，赞忠贤。今蔡京鬼之首，任之以重权；童贯国之贼，付之以兵卫。国事不修，奢华太甚。彗星所临，陛下不能积行以禳之；太乙离宫，陛下不能迁都以避之。人心则天之舍。皇天虽高，人心易感也，故修人事可应天心。斗玺一。大数不可逃，岂知有过期之历。臣今拟暂别龙颜，无复再瞻天表……臣灵素疾苦在身，乞骸骨还乡。④

宋徽宗降诏不允！但至冬日，全台向宋徽宗进言："林灵素妄议迁都，妖惑圣听，改除释教，毁谤大臣！"林灵素听到这样的话，将朝廷历年所有赏赐珍宝财帛登记造册，交代管理人员"回纳宫中，只唤一童子携衣被，行出国门，宣唤不回"。宣和元年（1119）八月十五，夜索纸笔书颂曰："四十五岁劳生，浮名满世峥嵘，只记神霄

---

① （元）赵道一：《历世真仙体道通鉴》卷五十三，《道藏》，第5册，第410页。
② （元）赵道一：《历世真仙体道通鉴》卷五十三，《道藏》，第5册，第410页。
③ （元）赵道一：《历世真仙体道通鉴》卷五十三，《道藏》，第5册，第410—411页。
④ （元）赵道一：《历世真仙体道通鉴》卷五十三，《道藏》，第5册，第411页。

旧路，中秋月上三更。"登坛上香一柱，时正三更，月朗风清，据说"霹雳一声"林灵素坐化远行。① 林灵素驻世，尤其是被召入朝的时间很短，但在神霄派创立的过程中，发挥了重要作用并产生了重要影响，所以在介绍和叙述神霄派的时候，笔者觉得不能缺少林灵素这样一位重要人物的事迹。

神霄派另一位重要人物，是建昌（今江西南昌）南丰人王文卿（1093—1153）。王文卿字述道，生于宋哲宗元祐八年（1093）二月十七日，少小即聪慧神异，曾作诗曰："红尘富贵无心恋，紫府真仙有志攀！"② 所以他从少小就性慕清虚，有超然物外之雅趣，唯习养素之方法。王文卿乐游灵境胜地，不恋名利尘劳。据说王文卿的"雷法"是在宋徽宗宣和初将过扬子江时遇异人授予。最早推荐王文卿给皇帝认识者则是一位重要人物，就是当时在宋徽宗座下任"侍宸"的道官林灵素。要追根问底，林灵素实际也是神霄派的始作俑者。北宋崇奉道教，宋徽宗当政之时更是崇道到了极致，当时朝廷中设有"侍宸"这种道官的职位。据说侍宸林灵素向宋徽宗说："先生（指王文卿）乃三天都史掌文吏，下生人世以赞清静之化。"于是"凡十八诏，天下搜求，不知所在。皇叔廉访使，巡历至高邮军，得病医不效，遇先生（指王文卿）求符水得愈；初隐姓名，至恳方知王文卿也！回朝首奏仙异之端"③。宣和四年（1122）七月宋徽宗派侍宸官董仲允充任采访使，具礼延聘王文卿进京入朝；王文卿到达之后以"玄化、无为、大道"之理应对，"龙颜大喜！赐馆于九阳总真宫。奉使络绎繁至，颁赐金鞍玉马，龙茶玉醴，珍玩奇果，金钱币帛，并皆表还不受"。但因其行道有术，宣和七年（1125）七月下诰文勑："冲虚妙道先生王文卿，可特授太素大夫，凝神殿校籍，视朝请大夫。"又勑："凝神殿侍宸，加同管辖九阳总真宫提举司命府事；父肇始赠承事郎，母江氏赠太宜人。""先生上表，乞还山林，徘徊靖室，混合帝一之道，讽诵大

---

① 参见（元）赵道一《历世真仙体道通鉴》卷五十三，《道藏》，第5册，第411页。
② （元）赵道一：《历世真仙体道通鉴》卷五十三，《道藏》，第5册，第412页。
③ （元）赵道一：《历世真仙体道通鉴》卷五十三，《道藏》，第5册，第412页。

洞真经，祝延睿算；上不允。"王文卿所修"混合帝一之道"，以及所咏诵《大洞真经》属上清道士的修持。其后因王文卿被宋徽宗挽留再立新功，又封"冲虚通妙先生、视太中大夫，特进微猷阁待制、主管教门公事，父再赠承议郎、母太令人，妻平氏宜人，叔王深赐承信郎，弟次卿迪功郎"，但是王文卿仍然乞求还山养老，"御批：玉府仙卿，岂宜言归，所奏不允"。宣和七年十二月二十三日（1126年1月18日），宋徽宗禅位东宫，数日后王文卿奉旨"降香出京"①，可能宋徽宗禅位也曾与王文卿有过商讨。

王文卿所创神霄派以五雷法祈神禳灾。宋徽宗宣和初年，王文卿"渡杨子江遇一异人，授以'飞章谒帝之法'，及'啸命风雷之书'，每克辰飞章默朝上帝，召雷祈雨；叱咤风云，久雨祈晴；则天即朗霁；深冬祈雪，则六花飘空；或人家妖祟为害，即遣神将驱治，俱获安迹。常隐声不誉，诗酒落魄，俗流不得而晓"②。王文卿自称得"火师汪君"（唐道士汪子华）点化传授神道，又于金陵清真洞见雷母、得雷书。该教派尊奉三清、玉皇和四御为主神，称说其符法传自元始天尊的长子——万雷总司"神霄玉清真王"，说南极长生大帝和扶桑日宫大帝即是。当时天师府张继先和林灵素都擅长雷法，他们说宋徽宗就是"神霄玉清王"应世，宋徽宗在北宋宣和七年（1125）春被尊为"教主道君太上皇帝"③。

神霄雷法南宋至元盛传江南，但该派尤须修持内丹，所谓"我身一天地"，认为行法之要在我不在他，这是将内丹与符箓相融合的特征。王文卿说："盖人居天地之中，借斗运转三才，此谓一窍通万窍通！"④ 所谓"斗"既为天穹之星斗，亦为人自身元精、元神之初性；雷法的旨趣首要在于，通过修持提升内炼道功的成就，所谓："行雷之士，须当断淫绝欲，保养元神，炼成金丹，驱役雷

---

① （元）赵道一：《历世真仙体道通鉴》卷五十三，《道藏》，第5册，第413页。
② （元）赵道一：《历世真仙体道通鉴》卷五十三，《道藏》，第5册，第412页。
③ （元）脱脱等：《宋史》卷二十二，中华书局2013年版，第417页。
④ （宋）王文卿：《冲虚通妙侍宸王先生家话》，《道藏》，第32册，第391页。

霆，祷雨祈晴，治病驱邪，无施不可。"① 按照王文卿的说法，如果道士努力修养，内炼道功，真正能够调动起自身先天之元神，并以之为枢机斡旋调理，运自身内在之元神与天地阴阳相交汇，即将自身元精、元气、元神聚之汇天地之正气，也就是能与天地雷神将帅，对应符契自然天地之外在之神将，因之即可以役使鬼神而遣使雷霆。神霄派雷法，也因此对后世社会和道教影响很大。据称王文卿亲历并参与了宋徽宗宣和七年十二月二十三日禅位东宫的事情，因宋师与金军交战败绩遂代皇帝出京降香。靖康元年（1126）四月因其累表求归，钦宗赵桓遂准其奏请；南宋高宗赵构绍兴十三年（1143）诏请不赴，绍兴二十三年（1153）八月二十三日亲与棺木题颂："我身是假，松板非真；牢笼俗眼，跳出红尘！颂毕仙化。"

关于神霄派有较为系统的传承，明张宇初（1359—1410）说：

> 神霄始于玉清真王……自汪（子华）、王（文卿）二师而下，则有张（继先）、李、白（玉蟾）、萨（守坚）、潘、杨、唐、莫（月鼎）诸师，恢弘犹至。凡天雷酆岳之文，各相师授，或一将而数派不同，或一派而符咒亦异。②

王文卿之后学雷法著名者：萨守坚开道教西河派、天山派，至今在道教中亦有影响；又有王文卿同乡人邹铁臂，得王文卿《九天雷晶隐书》，传湖州（浙江省境内）人沈震雷、莫月鼎，莫月鼎名声尤著，苏州玄妙观曾是他行道的坛场，又曾蒙元世祖召见；又有淞江人王惟一，自称得邹铁臂、莫月鼎之传，著作《道法心传》，阐发神霄派雷法。因神霄派有较大范围的传播，至今在道教中都有一定的影响。

四 张继先与雷法

天师道第三十代天师张继先真君，也是传承雷法的重要人物。

---

① （元）王惟一：《道法心传》，《道藏》，第32册，第421页。
② （明）张宇初：《道门十规》，《道藏》，第32册，第149页。

张继先（1092—1127），字嘉闻，一字道正，号翛然子。他是天师教派第二十七代张象中真君的曾孙辈，张象中有子三位：张敦复、张敦信、张敦直，其中张敦复为长子得嗣二十八代。第二十八代因膝下无子续位，遂选父亲的孙辈中名张景端为子，嗣第二十九代位；第二十九代张景端真君又因膝下无子，就以张继先为嗣。张继先九岁就嗣真君位，年龄稍长，得以传授道法。虽然是同一位曾祖，但祖父是张敦信老前辈，张敦信有子张处仁，为官临川知县。张继先宋元祐七年（1092）诞生于父亲任职地方的蒙谷庵中，据说到五岁时都不讲话，父母非常着急！一天，因雄鸡的鸣唱，竟然引得他心动而笑出声来！更使人惊异的事情是，这位五岁刚笑出声音的孩童，又竟然能随口即景赋起诗文，诗曰："灵鸡有五德，冠距不离身，五更张大口，唤醒梦中人！"① 张继先之所以被天师道第二十九代张景端真君选择为嗣子，也许就是因为他的种种神异。

张继先嗣天师道第三十代真君，并没有让大家失望！北宋崇宁三年（1104）他仅十二岁，即应诏赴阙。宋徽宗看张继先年幼，故意考核他说："卿居龙虎山，曾见龙虎否？"他机敏而坦然地应对说："居山，虎则常见，今日方睹龙颜。"徽宗知道天师道士善符咒，所以请张继先也画了一张符，但是否灵验？宋徽宗笑着问他："你画的这张符，灵从何来？"针对宋徽宗提出来的问题，张继先应对说："神之所寓，灵自从之！"宋徽宗也与历史上许多帝王一样，关心修炼、符法、金丹之类的方术方法问题，但是当年宋徽宗赵佶提出这些问题时，面对的是位年仅十二岁的天师道的当家人，少年时的张继先也回答得很得体，他说："此野人事也，非人主所宜嗜。陛下清静无为，同符尧舜，足矣！"此次会见后不久的五月份，徽宗又召见张继先，向他提出"道"与"法"异同的问题，张继先回答说："道本无为而无不为；道、体也，法、用也；体用一原，本无同异。若一者不立，二者强名，

---

① （明）张正常：《汉天师世家》卷三，《道藏》，第34册，第826页。

何同异之有？"宋徽宗听他如此答复也深以为然。① 这种与帝王得体的应对，与唐代司马承祯、李含光及同时代稍早的刘混康等道士，这些曾因应对帝王类似问题得体而著名的大师相比，年少的张继先同样毫不逊色！

第二年宋徽宗又请张继先赴京建醮祈福，甚获徽宗尊重！《续资治通鉴》记载说：

> 崇宁四年（1105）五月，赐信州龙虎山道士张继元（先）号虚靖先生，汉张道陵三十代孙也。张氏自是相袭为山主，传授法箓者，即度为道士。②

在张继先这一次赴京过程中，朝廷还赐金铸老君及汉天师像为礼相赠；在此同时，龙虎山中也得以大兴土木，迁建上清观，改为"上清正一宫"；又建靖通庵、儵然亭，建灵宝、云锦、真懿三观，改祖天师祠为演法观等。③

大观元年（1107）张继先第三次奉召赴阙，同馆而住的还有道士徐神翁，这位徐道爷也是名望很高的道士，他当时因北宋社会显现出的暮气而心中担忧；徐神翁发表议论说："世事悠悠，不如归休！"道教徒面对复杂的形势若水若风，道祖老子说，"上善若水"，所以张继先听他那样说，就直截了当地回答说："归则便归，何思何虑？"据说听到张继先这样的回答，仿佛获得开示的"神翁遂坐而逝"④。宋徽宗是有事要请教张继先，其中有两件。第一件是宫中好像有"妖"，请张继先为其"祛之"；张继先告诉宋徽宗说："臣闻邪不干正，妖不胜德，陛下修德，妖必自息。"⑤ 第二件是"遣使问道要"，张继先作《大道歌》以进，辞曰：

---

① （明）张正常：《汉天师世家》卷三，《道藏》，第34册，第826—827页。
② （清）毕沅：《续资治通鉴》卷八十九，中华书局1957年版，第2284页。
③ 参见（明）张正常《汉天师世家》卷三，《道藏》，第34册，第827页。
④ （明）张正常：《汉天师世家》卷三，《道藏》，第34册，第827页。
⑤ （明）张正常：《汉天师世家》卷三，《道藏》，第34册，第827页。

> 道不远，在身中，物则皆空性不空。性若不空和气住，气归元海寿无穷。欲得身中神不出，莫向灵台留一物。物在身中神不清，耗散精神损筋骨。神驭气，气留形，不须杂术自长生。术则易知道难悟，既然悟得不专行。所以千人万人学，毕竟终无一二成。神若出，便收来，神返身中气自回。如此朝朝还暮暮，自然赤子产真胎。①

徽宗很满意张继先此次赴京为他办的事情，所以"授太虚大夫，辞不受，御制诗以赐"②。

据《汉天师世家》记载，张继先第三次由京城返回时，其高徒鄱阳人石自方前往迎候，他因此心情高兴地赋诗《得请还山元规远迓遂成山颂》叙怀：

> 喜见石浑沦，忘言意独真；还寻石桥约，一洗客京尘；香篆丹炉静，诗篇彩笔新；高霞不孤映，携手洞门春。③

原来他的徒弟石自方，字元规，又称"石浑沦"。张继先觉得"浑沦"二字，很体现纯朴自然的道义，所以有意建修"浑沦庵"以铭志，其后他就在龙虎山中西仙源建浑沦庵，并安排弟子石自方管理其事，庵成他即常与诸弟子讲道其中；张继先常为弟子讲"死生之变"的道理，石自方不明其中之理，提问说："吾得全于天，不知好生，不知恶死，奈何得以死哉！"张继先即为之剖解说："不然，尔谓得全于天，天复得全于何？真宰不明，性识交炽，一真独露，万劫皆空，则天亦无所全。"④ 实际上，张继先为弟子所

---

① （宋）张继先撰，（明）张宇初编：《三十代天师虚靖真君语录》卷三，《道藏》，第32册，第372页。
② （明）张正常：《汉天师世家》卷三，《道藏》，第34册，第827页。
③ （宋）张继先撰，（明）张宇初编：《三十代天师虚靖真君语录》卷四，《道藏》，第32册，第374页。
④ （明）张正常：《汉天师世家》卷三，《道藏》，第34册，第827—828页。

讲的仍然是:"体即道也,用即法也,体用一源,本无同异。若一者不立,二者强名,何同异之有?"① 在这段时期中江西旴江曾为徽宗侍臣的王文卿也回到家乡,张继先"相与往来酬唱"叙怀。政和(1111—1117)间帝召以疾辞,丁未年(1127)钦宗遣使诏,赴阙至泗州(今江苏宿迁东南)天庆观,"作颂而逝",张继先仙化之日,京师陷落。

《道藏》中有《三十代天师虚靖真君语录》七卷,其中有《心说》《大道歌》《虚空歌》等内容,是天师道第三十代张继先真君的著述。在《心说》中他说:

> 夫心者、万法之宗,九窍之主,生死之本,善恶之源;与天地而并生,为神明之主宰。②

他认为,"我之本心",即"空劫以前,本来之自己"③。"心"就是"道",因为"道"也是强名之辞,他说:

> 然则果何物哉?杳兮冥兮,恍兮惚兮,不可以知知,不可以识识,强名曰道,强名曰神,强名曰性,强名曰心,如此而已。④

心的地位很"大",很高"贵","用之则弥满六虚,废之则莫知其所;其大无外,则宇宙在其间;其细无内,则入秋毫之末;而不可以象求矣"⑤。同时心邪起处,"一念萌动","天堂地狱,因果

---

① (明)张正常:《汉天师世家》卷三,《道藏》,第34册,第827页。
② (宋)张继先撰,(明)张宇初编:《三十代天师虚靖真君语录》卷一,《道藏》,第32册,第368页。
③ (宋)张继先撰,(明)张宇初编:《三十代天师虚靖真君语录》卷一,《道藏》,第32册,第368页。
④ (宋)张继先撰,(明)张宇初编:《三十代天师虚靖真君语录》卷一,《道藏》,第32册,第368页。
⑤ (宋)张继先撰,(明)张宇初编:《三十代天师虚靖真君语录》卷一,《道藏》,第32册,第368页。

之报",都在其中。所以他引用《老子》第十六章劝诫人们：要知"常"道，守"常"道，如果不知"常"道，不守"常"道而"妄作"，结果必然"凶"险！希望人们做到："谨言语，节饮食，除垢止念，静心守一，虚无恬淡，寂寞无为，收视返听，和光同尘。"努力的方式就是："斋戒以诚明其德，一真澄湛，万祸消除。"① 很明显，张继先是借老庄之学，显现"清静"精神，而以"心"喻"道"。张继先对道教的思考，对宋元及其后的道教教义、教徒的"雷法"修持，都有着重要的影响。

五　神霄派与茅山道教

神霄派与茅山道教的关系也很密切，唐代茅山上清第十三代李含光（682—769）宗师之后，第十四代韦景昭（693—785）、第十五代黄洞元（698—792）、第十六代孙智清、第十七代吴法通（825—907）、第十八代刘得常、第十九代宗师王栖霞（882—943）、第二十代宗师成延昭（912—990）、第二十一代宗师蒋元吉（？—998）、第二十二代宗师万保冲咸平元年（998）获授上清法，年九十二岁而仙逝；李含光宗师之后，历史经由盛唐转衰，晚唐至五代十国（907—979）至北宋（960—1127）的过程，茅山道教当年也与全国道教一样，处在晚唐至五代十国动荡社会和北宋之后渐次升温崇道传承发展状况之中。道教在北宋有一个较好的发展过程，第二十三代宗师朱自英（976—1029）本来在北宋之初有推动茅山道教发展良好的机遇，一是天圣七年（1029）朱自英五十三岁正是壮年之期，他却较早地仙化了，这无疑是最主要且非常可惜的因素；其二是朱自英宗师性格上的固执，造成对后世茅山道教发展的遗憾，使茅山道教浪费了这段时间宝贵的发展机遇。祖舒是唐昭宗（888—904）时期人物，称世寿132岁，创清微派，称清微元

---

① （宋）张继先撰，（明）张宇初编：《三十代天师虚靖真君语录》卷一，《道藏》，第32册，第369页。

上侍宸金阙昭凝妙道保仙元君；但祖元君所创清微派却尊上清派太师魏华存为清微教主高元宸照紫虚太初元君。清微派在道教中是很有意义的一个教派，至今于道教中都有重要的传承内容，但其于初创之时就表明其与道教上清派之间深刻的关系，很明显道教上清派对其影响很大，实际上道教上清派的教义、思想对后起许多教派都有深刻的影响。

宋代是中国历史上道教传承发展最好的时期之一，茅山道教经过第二十四代毛奉柔宗师传存至第二十五代刘混康宗师时期。刘混康宗师际遇宋哲宗、宋徽宗，再一次赢得了茅山道教发展的良好机遇。茅山刘混康宗师时期应朝廷的尊重积极参与社会政治活动，尤其在奖掖道教后学方面发挥重要作用。后来茅山上清刘混康宗师在京中仙化之后，林灵素、王文卿等人传播其道，推动了宋徽宗崇道情绪的进一步升温，以及道教神霄派在全国的传播。天师道张继先因与王文卿是道友老乡，他们在思想理论上相一致，所以自然一起推动神霄派的传播。张继先推动神霄雷法还有一个历史的因素，北宋太宗淳化五年（994）有一位叫饶洞天的人在掘地时获得一部《天心正法》的经书，并推动成立道教"天心派"，称他得到五代末、北宋初谭紫霄（823—973）这位高道就此给予的讲授点化，于是谭紫霄被尊为"天心派"初祖，号为正法功臣日直元君北极驱邪院使，其后该教派递相传授，笔者过去在茅山考察乾元观时曾见到观内刻有《天心庵记》的石碑，可见该教派曾传播到茅山道场的范围之中。据称《天心正法》本来就出自天师道经籍系列之中，"天心派"也是注重"雷法"的教派，所以张继先真君与雷法神霄的关系自然就更易于理解了。

茅山道教在北宋末年神霄派推行之时，不仅未能免俗地超然物外，反而在其中融入很深。最显著的标志就是茅山又称"三茅山"，这是对三座山峰的概括，三座山峰元延祐三年（1316）敕建主峰为"圣佑观"，二茅峰德佑观，三茅峰仁佑观；明万历二十六年（1598）在"三茅山"主峰原"圣佑观"的基础上敕建"九霄万福宫"。①《无上九霄玉清大梵紫微玄都雷霆玉经》曰：

> 元始天尊勅：九霄玉清府出符简宣传告命，付授箓告，开度生死，生身受度，死魂受炼，出离地狱，登真度命，并听九霄奉行。②

由此可见，"顶宫一炉香"其意蕴在于：在此所求与自己相关，与祖先灵魂相关。"九霄"一词是"神霄派"的标志名词，茅山主峰"敕赐九霄万福宫"显而易见与神霄派关系密切。

《无上九霄玉清大梵紫微玄都雷霆玉经》曰：

> 元始天尊勅：太清无上元君，令九州都仙太史、高明大使、判雷霆泰省事；太上玉京太极左宫仙翁、判雷霆玄省事；三天扶教辅元大法师、判雷霆都省事；复以浮丘大仙、仝书雷霆三省事。③

元始天尊请"无上元君"给四位大神，即高明大使（许逊）、太极左宫仙翁（葛玄）、三天扶教辅元大法师（祖天师张陵）、浮丘公发布任命。这其中"浮丘大仙"是上古的金阙大仙，他是黄帝七十二师之一，又称"浮丘公"。所谓"仝"字，即"皆"或"全""都"的意思，实际上就是任命"浮丘大仙"服务于高明大使（许逊）、太极左宫仙翁（葛玄）、三天扶教辅元大法师（张陵），为他们三位做书记官。这四位大神有两位大神是与句容、茅山有关联的神仙人物。

许多人到茅山都知道"印宫一颗印"的说法，因为这颗印当年是宋徽宗赐给刘混康宗师的，"印宫"（元符宫）是宋哲宗、宋徽宗当年为刘混康宗师所建，这颗印原来保存在元符宫，但时过境迁

---

① 参见（元）刘大彬《茅山志》卷四，《道藏》，第5册，第574—575页。
② 《无上九霄玉清大梵紫微玄都雷霆玉经》，《道藏》，第1册，第752页。
③ 《无上九霄玉清大梵紫微玄都雷霆玉经》，《道藏》，第1册，第752页。

这颗印现在在顶宫展示，所以现在到茅山都是要登临顶峰，请求道观让自己能看看茅山"四宝"，茅山道士于是满足信众的要求，取出"四宝"中的玉印，摇头晃脑地说：这颗印夜食四两硃砂，一印万张黄表。这其实都是不明要义地故弄玄虚！实际上是这颗"九老仙都君印"与"九霄万福宫"有神圣关系。经意：在元始天尊说法之后，玉宸大道君、无上老君都在过程中作法互动，有"九天采访使者"在互动之中，泄露其中与茅山九霄宫相关的关窍与机密。《无上九霄玉清大梵紫微玄都雷霆玉经》曰：

> 众中，太阳九龙皇君，往昔为玄都九巍、九夷、沧水使者，亦分身为南昌受炼真人，今受天尊符命、为九天采访使者，越班秉圭，翔云而出，飞乾旋巽，端圭再拜；拜已，长跪于天尊前，乃说咒曰：吾是九老仙都君，敕尔五方雷部神，五方雷神速到坛，敢有后至先灭形！急急如律令。咒已，九天采访使者，乃步九龙捲水驱云飞风之罡，而遂就坐。①

由此可见，茅山九霄宫是"九老仙都君"的道场，这不是明代时才有的布局，在宋徽宗赐这颗玉印给茅山时，就已经将茅山道场作为神霄派的重要场所考虑了。

关于茅山"四宝"，其中还有一块玉符刻"合明天帝日敕"六字阴文，"合明"已经表明是"日"和"月"合体而为"明"字。《无上九霄玉清大梵紫微玄都雷霆玉经》曰："日宫太阳帝君，雷霆赖以威。月府太阴皇君，雷霆赖以神。"② 这实际上已将"合明天帝日敕"这块符的价值和意义说清楚了。

同时笔者又要延伸到九霄宫过去的道场法会去探讨，因为这些也与"斗姥"元君有关。《无上九霄玉清大梵紫微玄都雷霆玉经》曰："北斗九皇真君，雷霆赖以枢辖。"③ 这就是当年我们九霄宫施

---

① 《道藏》，第1册，第749页。
② 《道藏》，第1册，第752页。
③ 《道藏》，第1册，第752页。

觉义老道长曾经对我们说过的，茅山道场过去自"全真教"南下之后，度亡道场五观"全真"开始做"萨祖铁罐"，而三宫，尤其是九霄宫做"仙翁科"超度道场，又称"斗姥科"的"焰口"，所以我们由此联系到"神霄派"与茅山道教之间的联系和关系，这其中还是有很多需要解读的内容，应该静心细致求得解释。

结　语

　　道教之产生，与中华文明一脉相承，仅从文化信仰的枝蔓去梳理，就是先有巫傩，而成大道，其中实以修仙养生，文化昌明，而有道教。早先稷下学宫，诸子百家，以道为先，及至后世，笔者认同东汉以降，中国文化"儒道互补"。关于"道"和"教"，就如《中庸》所定义："天命之谓性，率性之谓道，修道之谓教。"这就是说：天自然地赐予人类秉持美好的本性和能力；遵循着美好的本性和能力去做事，不仅自己修持得明明白白，而且符合天理规则；将这种道理昌明推广于大众，就是以道为教之本旨。"雷霆文化"与道教的意蕴相一致，相互间有着密切的联系，是"儒道互补"的产物，其要义更在于"赏善罚恶"的精神。经中揭露人之"业垢：贪嗔痴爱，萌于立身行已之间；杀盗邪淫，形于举心动念之际"[①]，等等。白玉蟾真人则指斥那些人世之中，"不忠不孝，不仁不义，不礼三宝，不修五常，不惜五谷"之人，雷部都要予以惩罚。[②] 其中以"道"为"教"的形式，无不透露出儒者标榜之忠孝仁义，"三纲五常"的内涵。道教"雷霆文化"表明，道教作为中国传统文化的形式，一直以来就自觉地与主流文化相融合。

---

① 《无上九霄玉清大梵紫微玄都雷霆玉经》，《道藏》，第 1 册，第 751—752 页。
② （宋）白玉蟾：《九天应元雷声普化天尊说玉枢宝经集注》卷上，《道藏》，第 1 册，第 673 页。

白玉蟾道教南宗与雷法关系相关问题考析

盖建民

摘　要：依据新判定的道书文献，可以勾勒比较完整的白玉蟾南宗雷法谱系。《道法会元》中的白玉蟾注王文卿《玄珠歌》《汪火师雷霆奥旨序》《坐炼功夫》《书符内秘》《雷霆三帅心录》《琼山紫清真人答隐芝书》《翠虚陈真人得法记》以及《法海遗珠》中的白玉蟾文献《告斗求长生法》《追鹤秘法》等都与雷法有关。白玉蟾对"九天应元雷声普化"逐字进行了注解与理论建构，从而奠定了《九天应元雷声普化天尊说玉枢宝经》的历史地位；白玉蟾对南宗雷法的"雷神"和"部隶"系统也有详尽的分析；白玉蟾从体用角度指出南宗雷法的主要功用是"彰天威，发道用"，对雷法功能作用机制多有发明与建构；白玉蟾从道教神学视角指出：雷法是道教南宗宗教伦理、戒律得以贯彻实施的一种手段。上述贡献，白玉蟾因此被后世神霄派奉为祖师之一。

关键词：白玉蟾；雷法文献；雷法传承；内炼与雷法

作者简介：盖建民，四川大学道教与宗教文化研究所教授、教育部长江学者特聘教授（四川成都610065）。

有关白玉蟾道教南宗与雷法关系，学术界前贤从文献辑存、雷法传承谱系、雷法与内炼特色等方面，均进行过有益探索，相关成果也时而可见。陈兵早在1985年发表的《金丹派南宗浅探》中就指出"与内丹融合的雷法之说"是南宗特色："南宗从陈楠起兼行雷法，即所谓内丹炼就可以'役使鬼神，呼召雷雨'。其徒白玉蟾进一步融合内丹以雷法，谓'内炼成丹，外用成法'。这里的'法'，指雷法符咒之术。"① 此说点出了南宗修炼的一大特色，内炼丹功与外用符箓雷法，获得学术界普遍认同，简称之为"内外兼用"。李远国《南宗内丹与雷法——兼及白玉蟾雷法思想》专文。② 日本铃木健郎的博士学位论文《白玉蟾にはける内丹と雷法——中国の"神秘主义"と"咒术"の理论》分七章，其中第五章"白玉蟾の内丹说"、第六章"白玉蟾の雷法说"后来单独成篇发表在《东方宗教》上，分别对白玉蟾的内丹说③和雷法说④也进行了专题讨论，铃木健郎对雷法原理的分析较为深入。其中，有关南宗文献中的雷法文献，海内外学者也注意辑存，主要有李远国著《神霄雷法：道教神霄派沿革与思想》对白玉蟾所著的雷法文献有过勾勒⑤，为我们提供了基本线索，为我们讨论白玉蟾南宗与雷法关系提供了相关文献基础；日本学者横手裕也对《道法会元》各卷散见白玉蟾文献作过勾勒，值得关注。有关雷法传承谱系，卿希泰先生主编《中国道教史》第二卷曾指出《道法会元》所收白玉蟾符法著述，"有王文卿《玄珠歌》注（卷七十）、《汪火师雷霆奥旨序》（卷七十七）、《书符内秘》、《坐炼工夫》（卷七十七），及陈楠所传《先天雷晶隐书》符箓（卷八十三），《洞玄玉枢雷霆大法》（卷一四七）、《高上景霄三五混合都天大雷琅书》（卷一零四）等亦称

---

① 陈兵：《金丹派南宗浅探》，《世界宗教研究》1985年第4期。
② 参见李远国《南宗内丹与雷法——兼及白玉蟾雷法思想》，《道韵》第5辑，台北：中华道统出版社1999年版。
③ 参见［日］铃木健郎《白玉蟾の内丹说》，《东方宗教》第102号，2003年。
④ 参见［日］铃木健郎《白玉蟾の雷法说》，《东方宗教》第103号，2004年。
⑤ 参见李远国《神霄雷法：道教神霄派沿革与思想》，四川人民出版社2003年版，第92页。

白玉蟾传"①。并据《法海遗珠》所收白玉蟾传雷法文献《洞玄秘旨》，勾勒白玉蟾所传雷法支谱。李远国《神霄雷法：道教神霄派沿革与思想》也沿用此说，认为："白玉蟾一系在元代也有传承，如《洞玄玉枢雷霆大法》即为此系所传。"② 此说是以收入《道法会元》卷一百四十七《洞玄玉枢雷霆大法·事实》为据的，笔者极为赞同。拙著《道教金丹派南宗考论：道派、历史、文献与思想综合研究》③ 在不同章节对上述问题也有过自己的辨析。近年来也陆续有文章涉及南宗与雷法问题。学术界在雷法文献辑佚、雷法传承谱系勾勒和思想内涵诠释上，虽然取得不少成果，但也存在很多可以拓展的空间。本文围绕白玉蟾道教南宗与雷法关系，从雷法文献辑佚、传承谱系和雷法丹道诠释三个方面进行系统梳理与讨论，以就教于方家。

一　有关雷法文献的辑佚

日本学者横手裕对《道法会元》各卷散见白玉蟾文献作过勾勒，但遗憾的是，对其中的一些文献未作辨析，仅仅指出卷数、篇名与题署，而且还有遗漏，例如《道法会元》卷一百四十八《洞玄玉枢雷霆大法》之《洞玄雷》也记述有白玉蟾文字："玉蟾真人曰：三五铁面，与九阳铁面一也。自纯阳而生一阳，冬至从复卦起子，故曰复阳雷。自一阳至纯阳，从乾卦，故曰天元雷。是复元雷有少阳之神主之，天元雷有九阳之神主之。"④

还必须进一步指出的是，《道法会元》收录的白玉蟾文献中，有的并非白玉蟾的散佚文献，如横手裕指出的《道法会元》卷八十

---

① 卿希泰主编：《中国道教史》（修订版）第三卷，四川人民出版社1996年版，第122页。
② 李远国：《神霄雷法：道教神霄派沿革与思想》，第117页。
③ 参见盖建民《道教金丹派南宗考论：道派、历史、文献与思想综合研究》，社会科学文献出版社2013年版。
④ 《道法会元》卷一百四十八，《道藏》，文物出版社、上海书店、天津古籍出版社1988年版，第29册，第768页。

七《木郎咒》，《道藏》本有小字注云"白玉蟾注解"①，此篇白玉蟾注解的《木郎咒》系白玉蟾运用雷法思想注释唐宋以来流传的木郎祈雨咒，最先出自《修真十书·武夷集》卷四十七中，在现存白玉蟾文集中皆有收录。因此我们还有必要在学界同行研究的基础上，对《道法会元》中的白玉蟾散佚文献进行系统稽考。

白玉蟾所注王文卿《玄珠歌》，原题"侍宸灵慧冲虚妙道真君王文卿撰，雷霆散吏紫清真人海琼白玉蟾注"②，存《道法会元》卷七十，《白玉蟾全集》编辑者亦未察，其余甲乙两种版本的白玉蟾文集均失收。《玄珠歌》为宋代神霄派始祖王文卿（1087—1153）所作，《道法会元》卷九十收入，题为《侍宸玄珠歌》③，为神霄雷法重要歌诀。为方便读者，现将白玉蟾所注《玄珠歌》全文移录备考：

> 大道无言，
> 道本无言，多言损炁。收炁存神，惜精爱己。内炼成丹，外用成法。神炁散乱，法不灵也。
> 闭息内观。
> 闭息者，外无所入，内无所出。内观者，无一毫之杂念，目视泥丸，舌挂上腭，神炁自然来往。闭息则炁聚，内观则神凝。
> 天罡运转，
> 天罡，心也。以心运诸炁，动阳则阳报，动阴则阴报。运转五行，常朝上帝。斡旋造化，颠倒阴阳，随机而应。
> 七曜芒寒。
> 七曜者，在天北斗也，在人眼耳鼻口七窍。若能关闭七窍，则七曜光芒交射，气逆浑身汗出，头脑之上亦汗炁如云，始合造化。

---

① 《道法会元》卷八十七，《道藏》，第29册，第359页。
② 《道法会元》卷七十，《道藏》，第29册，第234页。
③ 《道法会元》卷九十，《道藏》，第29册，第234页。

五星相联，

五星，金木水火土，在人乃心肝脾肺肾。闭息内观，五炁自聚，炁满泥丸，方朝上帝。

还绕泥丸。

泥丸万神会约之所，乃上帝所居。行功之际，运炁自尾间上度夹脊双阙关，直至泥丸，方得天翻地覆，晴雨随机。

水火交射，

水肾火心。水阴火阳，阴阳相剥，水火相攻，雷电交作。

金木相克。

金肺木肝。金能克木，木为震，震为雷。以西兑之金，克东震之木，故雷声也。

金肺水肾，

金能生水，水从金生。以金生水，以水克火，乃金水辅太阳，祈雨之妙也。

木火相得。

木肝火心。木能生火，火从木而生。以木生火，火乃析晴祈风之窍也。

土为意神，

金木水火，相生相克，土者不动。诸炁无土，不能聚会，不能生发。土，脾也，意也。脾神乃使者。但水年戊月不必析雨，还则本身犯祖讳也，达道者不为也。

随炁生克。

诸炁无土，不能造化。随炁生克者，如析雨金水相生，木火相得，动雷金木相克是也。

风火雷电，

风者巽也。火者心也。雷者胆炁也。电亦火也。

雨晴雪雹。

雨者肾水也。运动自己，阴海之炁，遍满天地，即有雨也。晴者，心火也。想遍天地炎炎大火，烧开自身炁宇，乃晴也。雪雹，尽用阴炁逆转。存阳先升，阴后降，方知是也。

一炁流通，

炁乃元阳真炁，随意运行，发生风云雷雨电也。

浑沦磅礴。

刚柔相摩，八卦相荡，鼓以雷霆，润以风雨，日月运行，寒暑充满之意。

散为万有，

万有者，万象也。在天成象，在地成形。周流生化，此炁之运行也。

聚为赤子，

赤子，吾身之真人。人之修炼，要神炁混合，内炼成丹，则圣胎凝结。

变为雷神，

雷神，亦元神之应化也。人知动静，则通天彻地，呼风召雷，斩戮邪妖，驱役鬼神，无施不可。即所谓将用自己元神是也。

化为自己，

自己者，真性也。寂然不动是也。盖所谓卷之则退藏于密，纵之则弥满六合。千变万化，何者非我。

先天先地一而已矣。

天得一以清，地得一以宁，神得一以灵。一者，炁也。天地以炁而升降，人身以炁而呼吸。能知守一之道，静则金丹，动则霹雳。故侍宸云：世人见一不识一，一回存想一回空。

心火为神，

心者主帅。火发神行，神篦法阐，炁宇轩昂，万神伏听。心神燚火也，红炁也。

肝怒魂惊，

肝者木也。心火发，肝神方怒，自体魂惊。我怒即上帝之怒，鬼神孰敢不惧，听令施行。肝神，辛君也，青炁也。

脾神主意，

脾中宫土也。念头急切，有感皆通，不疾而速，不行而至。动天地，感鬼神，人之至诚尚能之，况执法之士耶。脾神，使者也，黄炁也。

三帅化形。

三帅者，邓辛张是也。心为邓帅，肝为辛帅，脾为使者。意诚则使者至，肝怒则辛帅临，心火奋发则燄火降。此三帅化形也。

清浊初分，

天地既判，便有雷霆。轻清之炁为天，重浊之炁为地。天为阳，地为阴，雷为阳，霆为阴。

便有五雷。

五雷者，金木水火土，在人乃心肝脾肺肾。五炁相激剥，便有五雷。

下应五岳，

上应天之五星，中应人之五藏，下应地之五岳。

五炁往来，

五炁往来，生生化化。人能攒簇，五行之炁，应变无穷。

生旺墓克，其义玄哉。

五行生旺墓魁克，方成造化。如析雨，金水相生，动雷，金木相克也。此理玄奥，非遇明师口诀，不可得知也。

玄牝之（原本误为"人"，据《侍宸玄珠歌》改，笔者注）门，

玄牝，祖炁也。乃天地之根，性命之本。人能知此一窍，为道则真，为法则灵。乃神炁之化，坎离之精。

五炁之祖。

玄牝为五炁之祖，若要运用，须是先闭五炁，祖炁方有所养。开晴致雨，斡旋造化，须仗此发用。

泥丸天门，

头有九宫，中为泥丸，上帝所居。泥丸运用，须从三关上，直至此中，方合乾坤造化。

万神之府。

泥丸乃万神之府，又有阴神阳神之说。混合万神，尽于此中，听候驱役。

胆炁为雷，

胆在肝中，内有青炁。胆怒赤炁聚，五炁运入胆宫，水火相搏，雷声动也。胆雄肝怒，忿炁成雷。天怒大叱，雷声霹雳。

意为使者。

使者属土，居黄庭中。使者，使也，随意役用，出口便是使者。务在澄心定念，口说意行。此先天一炁也。

两肾日月，

右肾属阴为月，左肾属阳为日。云雾才起，先闭肾中日月，然后吐出，遮蔽天地。

脐轮星斗。

脐轮星斗，人身八万四千毫毛，同八万四千周天缠度，血为海潮，炁成云雾，皆是工夫实处。

心为天罡，

天罡煞炁。罡星在丑，炁冲斗牛。心怒则煞炁发。行持之际，以心大怒，紧咬牙关，忍炁忿怒而作，以北方之炁一吹，天倾地裂，雷雨大作。

水火成雷，

肾水心火相搏，雷声大作。正所谓相刑相害，而雷雨大沛。

金火掣电，

金肺火心也。以金克木，木返生火以制其金。行持之际，以两手擦起心火，顷刻屯蒙发，雷电光现矣。

水火风动，

水肝火心也。风巽方。火木相娃克，木在东，火在南。肝怒则火发，巽风大起，可嘘青炁，向巽方，狂风大发。

金水沛然，

金肺水肾。运肺液灌满肾中，方生雨露。此乃金水相生。

土为中官。

脾属土，中宫乃黄庭。木金水火，无土不能聚会。

运转五行，

诸炁才到黄庭，乃都省也，方可运转五炁，上朝帝阙。

常朝上帝，

五炁运转，朝礼上帝于泥丸宫。返为婴儿，即浮黎始祖。

泥丸之尊。

上帝乃泥丸真人，即我也。

我口是敕，随吾令行。

号召万神，无不听令。

神非外神，

神乃自己元神。存精则炁全，存炁则神全，非纸画泥塑之比。世人错认者多。五炁之精。

神乃五炁之精，精存则神灵。炁乃养精，精炁神全，何法不灵。

我炁自神，

炁全神全，自然通灵。炁乃神之主，抱元守一，神应无方。

外神不灵。

自己精炁神全，何施不可。向外求神，实非明理。空将酒物祭祀神明，真炁耗散，外神不灵。

五户不闭，

五户，眼耳口鼻。五户不闭，五炁不聚。要炁聚神凝，天地方可交合。

天地不合。

地炁升为云，天炁降为雨。天地交合，方生雨露，长养万物。

五炁不聚，

世人行罡作诀，念咒书符，不识内中造化，徒尔身衰炁竭，五炁不知攒聚，无克制，无蒸郁，五雷不动矣。

五雷不生。

炁无所聚，不知克剥，五雷不生。若金木相克，水火相搏，五雷动矣。五雷，即五藏也。

阴阳不蒸，

阴阳，水火也。先行阳火遍身，次行阴水，缩谷道，放下水火相交，引上昆仑，便有雨也。

雨从何生。

世人不知雨从何至，须水火相蒸，乾坤升降，方有雨也。

若无屯蒙，

屯蒙者，郁闭之义。如祈雨运用之时，遍身冷汗沾衣，凄惨惊寒，即大雨降。

雨从何起。

祈雨之时，冷汗先湿左臂，东方雨起；先湿右臂，西方雨起；湿于头，南方雨起；湿于肾，北方雨起。

屯蒙不发，

不合阴阳造化，屯蒙不发。先须闭谷道，运肾水，至心外，以两手擦紧心火到烦怒，电光立现。

电光不现。

无怒炁，心火不发，因此电光不现。要大怒叱咤，双目电迸，浑身冰冷，电光现矣。

此神无炁，

神炁无主，无作用，乃神无炁也。正所谓击石得火，炁壮神全，何法不灵。

何由而发。

无运用，无收闭，无取吸，不刚不强，不愆不怒，何由而发泄。所谓：有罡有诀，愚人夸说；无作无用，贤人笑杀。

心火不炎，

心火炎炽，大念大怒，性急将易降。心不急，神不降。

燄火不降。

心神，燄火也。借事激起心火，大怒大咤，燄火立降也。

肝神不怒，

心火既发，肝神必怒。大怒魂惊魄惧，即将至矣。

辛帅不临，

心火发，肝魂怒，一志向前，不摇不动，是有主也。

意无所主，使者不行（《侍宸玄珠歌》亦作"临"，笔者注）。

脾神使者所主，铁定决要如此行事，专心致志，使者立便奉行。所谓三帅化形。

水火不交，

心火肾水，一时不交，便生疾病。火无水则燥，水无火则滥。一升一降，水火均调，方神炁混合。

神无所养。

水火混融，神强炁壮。水火不交，神衰炁竭。如人无食，枯木无根，渐至倾倒也。

元神不完，

积精生炁，积炁生神。精炁耗散，神何所养。丧亡可待，何法能为。

元炁又短。

元炁者，祖炁也。神为炁子，炁为神母。神强炁壮，神弱炁衰。元神不完，元炁短也。

妄役鬼神，

神炁耗散，作用不灵，徒尔怨神骂鬼，心生疑虑，返将神将轻视，更无敬道之心。

谓法不灵。

徒尔行罡作诀，不知返求诸己。及乎无验，便谓道法不灵。此等之人，良可叹也。

书符念咒，笑杀世人。

枉自书符念咒，徒泥纸上玄文，不知身中造化。譬如爆竹，无火何以致响。达人智士，咸笑此人不知道法之妙，徒事朱墨，欲其灵验，其可得乎。

天地人物，

天地人物，无非阴阳生育。人与天地均体同炁，是可以参天地而赞化育也。

一炁相感（《侍宸玄珠歌》又作"流通"，笔者注），

天以炁下降，地以炁上升。人之呼吸，同天地之升降。

古今圣贤，

自古至今，得道贤圣，无非内积阴功，外修实行，方证仙阶。

一理贯通。

此理人人具足，个个圆成。特患不能行尔。古云：勤而不遇，终遇至人。遇而不勤，终为下鬼。

茫茫九州岛四方（《侍宸玄珠歌》又作"海"，笔者注）万里，

茫茫九州岛之远，孰得而穷焉。四方动辄万里，何处寻觅真师。弟子寻师难，师寻弟子尤难。常云：寻个好心人难得。

何处寻师，不如求己。

吾身之中，自有天地。神炁之外，更无雷霆。若向外求，画蛇添足，乃舍源求流，弃本逐末也。反求诸己，清静无为，顺神养炁，何患道不完，法不灵耶。

掌上玄机，

人能明此歌中妙用，真是乾坤归掌内，晴雨不由天。

胸中奥旨。

胸藏奥妙之机，应变无穷，即此歌中之旨。

勉乎好学，吾言毕矣。

后进好学之士，依此操修，幸勿生疑。此言决不误人，何处则去寻求。非人勿示。会得筒中之意，得真传者，莫非宿幸。得之而不修者，乃自暴自弃也。得之而自信不及，不能行者，无他，乃宿世恶业之深。急宜速修，把此心一旦改了，无不成就也。如得此文而不行，即系窥窃道法，其罪尤甚，勉之。①

---

① 《道法会元》卷七十，《道藏》，第29册，第234—239页。

《汪火师雷霆奥旨序》,《道法会元》卷七十六收入,落款"上清大洞宝箓南岳先生赤帝真人五雷副使知北极驱邪院事海琼白玉蟾序",全文如下:

> 道者,具乎天地之先,混混沌沌,无形无名;法者,出乎天地之后,亘古今而神通变化;人者,生乎天地之间,秉天一之炁而为万物之灵。故以吾言之,清明澄彻者运而行之,则足以通天地、感鬼神、调阴阳、攒化育等。上语之即丹成道备,朝昆仑、薄蓬莱亦不难矣。盖天地一身,一身天地也。其大丹法本不外乎此。失不治其本而欲理其末者,未之有也。去圣逾远,谈道者多曲学旁门,乱真者众。后之学者,无所参究,非缘后生福浅,亦由恩情爱欲一念恋着,心境不清,是非之胶扰。亦不知千经万论以求道要安在,则其去道逾远矣。或有苦心学行持而不见功者,非道负人,皆奉道之士不从明师而所受。非法或依法行持而不见功者,皆奉道之士不遵戒律而学法不验。有志于此者,苟能清心寡欲,以明道要,以悟玄机,犹当广求师资,勤行修炼,依法行持,何患法之不验哉。故《天坛玉格》云:不行修炼,将不附身;不漱华池,形还灭坏。火师又曰:凡受五雷大法,非上品仙官之职不能悟此玄机。内则修炼自己还丹,故外则馘邪治病。至人所述,非可诬也。是知非学法之为难,而澄心修炼之为难,而得遇道之尤难也。余以夙幸,得奉冲科,遍参诸方,未尽其要。迂道过罗浮,访道于祖师,翠虚真人袖中出示此篇,可将云房急写,明日送来。念汝一生希道之心,诚慕道之志切。余遂写毕,归此于祖师之前。勤而玩诵,乃至汪真君以七十二句显述于其前。朱先生以万言发明于其后,凝神默想,超悟玄微。正所谓:蕉花春风之机,梧桐秋雨之妙。碧潭夜月青山暮,云微妙深玄灿然。明白惟二宗师以方便心流传后学,以慈悯心救度群品。使后学之士得而玩之。自有悟入,如云开月皎,尘净鉴明。包诸幻而归真,总万法而归一。三元循于内而神明自朝元。依此而行,精

思不怠。乘白云而归故里，端从此始矣。上清大洞宝箓南岳先生赤帝真人五雷副使知北极驱邪院事海琼白玉蟾序①

此篇序言明确署名白玉蟾序，序中称"余以夙幸，得奉冲科，遍参诸方，未尽其要。迁道过罗浮，访道于祖师，翠虚真人袖中出示此篇"，表明白玉蟾是在罗浮山受陈楠传授此雷法经文的。如果我们再综合考虑如下因素：其一，陈楠曾得景霄大雷琅书于黎姥山神人，自称"雷部辛判官弟子"②，尝以雷法符箓驱鬼降魔曾传授；其二，陈楠与白玉蟾在罗浮山确有丹法传授；其三，《道法会元》卷七十六所收的《汪火师雷霆奥旨》明确署名"冲虚通妙先生王文卿传、上清三景法师朱执中惟一注"，原文后还有朱惟一谨识的后记③，是北宋上清派宗师朱执中所注的王文卿传的神霄派雷法经典，那么此篇言的可信度较高。白玉蟾文集甲乙丙三种均未收录，为白玉蟾散佚文献。

《坐炼功夫》，《道法会元》卷七十七收录，文末题"右赤松子尹真人述，白玉蟾注"：

两眼对两肾，认取此中间。

注云：凝神定息，舌柱上腭。心目内注，俯视丹田片时。存祖炁氤氲，绵绵不绝，即两肾中间一点明。又名破地召雷法。

忽然一声响，霹雳透泥丸。

注云：当一阳初动，存祖炁，自下丹田透过尾闾，微微凸胸，偃脊为开下关。觉自夹脊而上，运动辘轳，微微伸中为开中关。却缩肩昂头，觉过玉京，入泥丸为开上关。师云：夹脊双关透顶门，修行只此是为根。此名开天门也。

---

① 《汪火师雷霆奥旨序》，《道法会元》卷七十六，《道藏》，第29册，第262页。
② 《静余玄问》，《道藏》，第32册，第411页。
③ 《道法会元》卷七十六，《道藏》，第29册，第275页。

复运丹田，养如蜜，甜又凉。

注云：当觉津液满口，闭息合齿，微微吞咽，如石坠下丹田。师云：华池玉液频吞咽，即中理五炁，混合百神，十转回灵，万炁齐仙。刀圭橐钥，合闭工夫，皆在此矣。

有人达此者即可返仙乡。

注云：复存祖炁在中黄脾宫，结成一团金光。内有一秘字，觉如婴儿，未出胞胎之状。咽液存炼金光结聚，忘机绝念。然后剔开尾闾，涌身复自夹脊双关直上。师云：紫府元君直上奔，心目注射，胸间迸裂，自眉间明堂而开。仰视太虚，金光秘字分明，充塞宇宙，则火炎中使者现。师云：踏翻斗柄天昏黑，倒卷黄河水逆流。又云：倾翻北海万重云，卷起黄河千丈雪是也。①

从注文内容来看，是将内炼丹法运用于破地召雷的雷法之中，与白玉蟾精通内丹与雷法身份相符合，而且文末明确标明白玉蟾注。现存白玉蟾文集皆未收录，故笔者以为此篇注文当为白玉蟾散佚文献，是研究白玉蟾内丹思想与雷法融通的重要文献。

《书符内秘》，《道法会元》卷七十七收录，文末题"右上官真人述，白玉蟾注"②：

一笔分明无起止，此是雷霆玄妙理。若能念念不忘吾，三界万神咸顶礼。

注云：两手握固，目视鼎中，叩齿三通，关身四正。金闲木动，水火土雷车徐徐登玉境。火空则明，火炎则升，水流则响，水凝则永。此水火为雷之妙也。

师曰：凡行持，须备香案，面南焚香，跌坐，定息凝神。

---

① 《道法会元》卷七十六，《道藏》，第29册，第277页。
② 《道法会元》卷七十六，《道藏》，第29册，第277页。

两手雷局握固，瞑目定心。却以两目下视两肾，舌柱上腭，待炁定神凝，魂安魄妥。见吾心如太阳，大如车轮，红光赫奕，九芒交射，恍有〇〇〇三字，金光灿然。一吸入至心宫，见心如莲花状，三字在太阳莲花中，微觉玉液水生即咽下，注入心宫。自然如真晶玉露，自莲花内出，下降滴入玄府。如日月之光明，照彻五内。真水滴注，飒飒有声。水火激剥，自然火发风腾。却运自三关冲焰而起，入中宫祖炁根蒂之内。即用意一提，透上玉楼十二重过，刚风浩炁直至八宫之内。众妙之门，日月交映，遍身火热，金光朗耀，光芒四迸。此即金弹丸也。再运收入宫中，微微咽津，纳炁存注祖炁穴中，充塞中宫，永镇黄庭。金光迸耀，表里洞明。每日于子午卯酉时中运一次，如此修持，更得明师点化，玄妙渐可成也。秘之毋忽。①

此篇注文将内丹运用于书写符箓之中，将内丹与符箓之术结合起来，这与白玉蟾擅长符箓之术济世度人相吻合，而且文末有明确署名白玉蟾注，故可以肯定是白玉蟾散佚文献，今白玉蟾文集甲乙丙三种皆失收。

《雷霆三帅心录》，存《道法会元》卷八十二，三种版本白玉蟾文集均失收，移录如下：

世系（略）

事实

玄鼠夏，五日在星。海琼子读雷典于紫清福地。欻凉风生楹，香雾霏窗，神光洞融，几格炷喷。有客自中庭来，止揖予谓曰：子志心道法，掌握雷霆，议事丹章已命之矣，上古有五神火，今帝以三帅主之，神火之自出，三帅之宗源，可得闻欤。子曰：坐，我明语客。传有之曰：太昊伏牺氏，风姓，母曰华胥，感履大人之迹而生后。蛇首人身，代燧人氏以木德王

---

① 《道法会元》卷七十六，《道藏》，第29册，第277页。

天下，受龙图之瑞，以龙纪官。观天文，察地理，画八卦，分九州，造书契，制婚礼，作网罟，教佃渔，养牺牲充庖厨。在位百二十年。有子二人，长曰祝融，宇伯庸，即今南斗火官也。次曰郁光，宇伯温，即今燄火大神也。此邓帅之所自出也。炎帝神农氏，姜姓，母曰女登，感神龙而生后。牛首人身，继太昊以火德王天下，受火星之瑞，以火纪官。教种百谷，日中为市，致天下之民，聚天下之货，交易而退。持鞭味草而建医药，重八卦为六十四。在位百四十年，无嗣。黄帝有熊氏，姓公孙，名轩辕，母曰附宝，感电光绕斗枢而生后，代炎帝，以木德王天下，受景云之瑞，以云纪官。作舟楫，立栋梁，为件臼，利万民。制弧矢以威天下，战乎蚩尤。在位百年。有子二人，长曰少昊，次曰昌意。少昊金天氏，乃黄帝长子也，己姓，名挚，字青阳。母曰女节，感星如虹而生后。继黄帝，以金德王天下，受凤凰之瑞，以鸟纪官。始用度量，命四民，立四时。在位八十四年。有子一人，曰蟜极。颛顼高阳氏，黄帝之孙，昌意之子，姬姓。母曰昌仆，感星贯月而生后。继少昊以水德王天下。后不能纪远，始命官牧焉。在位八十四年。有才子八人，曰八凯、苍舒、隤敳、梼戭、大临、尨降、庭坚、仲容、叔达是也。帝喾高辛氏，黄帝曾孙，少昊之孙，蟜极之子，于颛顼为从子，继颛顼，以木德王天下。在位七十年。有二子，长曰偰，生木子八人，曰八元，伯奋、仲堪、叔献、季仲、伯虎、仲熊、叔豹、季狸是也。次曰隆延，娶陈钟氏，生扶风黑历及华甄极，此辛张二帅之所自出也。邓帅名郁光，字伯温，以功封于邓墟，因以为氏。本出风姓，故号曰风后温。世疑邓帅姓温，风后，非。盖后者氏也，犹今之王氏刘氏。木郎咒曰：流晶郁光奔祝融。显然指出名讳，而十七史温元经，则伯温为字明矣。《离骚经》曰：帝高阳氏之苗裔兮，朕皇考曰伯庸。伯庸实出太昊，至颛顼时，其后为火正，故系高阳。斯为可证也。辛帅讳汉臣，本法咒曰：真讳龙延。龙字者，岂非隆延之误乎。又曰：左华右极，真讳真名。

而《龙函经》以黤字作某字注曰：雷神名则上为华下为黤字。明在其中矣。帅本高辛氏之后，以祖之字为氏，故辛姓。汉臣者，乃黤字拆开耳。于此知辛帅正隆延第二子也。张帅讳霈，阳从日讳。阴从月讳。《十七史》曰：扶风之子曰挚收明。明字即阴阳二讳之义，故号曰曜明。以功封于张地，因以名氏，故张姓。本法有收执符，即挚收之讹耳。符上勘同字曰玛，书时默咒曰：天皇有命令随吾行，盖玛乃古草书颛字，天皇即伏羲氏内号，本君令臣之意。颛顼以水德王，取木克火之义。又于符上作用北灵黑历四字，岂非前史所载，本父命子之意。黑历乃帝喾之孙。帝喾智以木德王，取木生火之义。帅本帝喾之后，帝喾继颛顼有天下，故书颛字以制之。由是言之，雷霆三帅，本一家人也。自前至今，莫不知主帅为燚火邓伯温，判官为负风辛汉臣，使者为直符张元伯。燚火者，神首之名也。负风者，乃扶风之讹也。即以父兄之子为氏之义。直符者，主直雷霆符命之职也。邓辛皆是，而张名独非。盖元伯乃霈字之讹耳，而受法之士不究本末，因下界直符有张元伯之称而名之，不几于穿壤乎。《太玄黄庭经内传》：太乙白虎则指天皇，为南极长生大帝，华胥为元天火圣母，轩辕为紫微烟都帝君，此又主判雷霆之祖帝也。予非求奇，按诸经史，世传雷篆天章，自九天玄女流派以来今人皆非。上官先生燚火真形符，赵房州辛判官符焉，马真官张使者符，莫明祖炁，各主一见，遂拆裂而为三。殊不知独体者，妙用归一，混合同玄之意也。受法之士，但知有三帅之符，便有以为三帅妙用如此，行持不灵无怪。盖本法以邓帅在心，辛帅在胆，张帅在肾，皆按其祖所王天下之德。自天一生水，地二生火，天三生木而论，火不假土而激，岂足以济其炎。木不假水以溉，岂足以发其秀。况木能生火，土独居水火之中，实主五行。不然奚独称三帅辛独居其中。盖土初之前火耳。昔有神五人，猪首人身，又在三帅之前。即《玉经》所谓雷大雷二雷三雷四雷五曰是也。若三帅混合之后，加入此五员，以阴阳生克作用，木郎咒以盖之，运霹雳两边，合起雷火以激之，山倾谷沸，霹雳迅发，雷光奔飞。却加入鸣灭摄，直下藏阳出阴，祈晴祷雨，轰灭淫恶。复以腥烟合同加罡触发，加以钦燉火太乙真符，大煞，役使社令神祇。夫如是而取报应，颇不伟欤。言既毕，日月明，雷电耀，风雨声，大神降，都督形，使者出，躬服膺绕座三匝，共立弘誓，曰：吾等三神，素扶玄化。人心道法，杳杳莫明。间有灵者，格其诚耳。公今一旦显微关幽，历穷所据，用之既勿疑，授之顾不轻。可谓法海之砥柱，后学之津梁。符到奉行，吾当力是。倏忽之间，寂无遗响，天无浮翳，四炁朗清，神客并失。予亦大悟，因笔于牍，以示后人。

雷典曰：吾知汝名，吾知汝姓，汝若不至，骂汝祖公。此挟长而问者也。然则役召雷神可不知其所从来乎。姻都学士萧越牖访我，岭寂暇日，对评议事丹章，因及三帅心录，一生二，二生三，如指诸掌。于此始知雷霆亦有内谱。爰绣于梓，嘉与后学之士共之。抑《玉经》有云：汝名天下知。今天下知之矣。琼管（琯）紫清真人白玉蟾述。①

从《事实》开篇"海琼子读雷典于紫清福地"及文末落款"琼管紫清真人白玉蟾述"，此篇当为白玉蟾所述神霄雷法文献。

《琼山紫清真人答隐芝书》，《道法会元》卷八十四收录，全文如下：

近者吾友隐芝君来问余曰：前所授之事，盖是辨明先天、后天二炁之妙，玄关一窍之所。玄关即土釜也，黄房也，呼之根，吸之蒂，即命蒂也。正玄牝也（一寸八分乃妇人结胎之地），脐之后，肾之前，小肠之左，大肠之右，正在中间空闲一穴，阳舒阴惨，本无正形，意到即开，开阖有时，故曰天地之根本，结丹之处。先天乃父母未生时，与天地同分，此炁随

---

① 《道法会元》卷八十二，《道藏》，第29册，第328—330页。

身受用，同死同生也。其关在于鼻，鼻属肺，肺为金，缘先天之炁，出入乎鼻，聚则成水，散则成炁，到其所在，乃是西南之乡。西南为坤，坤属土。尾闾之前，膀胱之后，小肠之下，归虚之上。此乃天地逐日所到之真炁生，天道之本根（即尾闾骨起处是也），此产铅之地。夫用之法，先铅后汞，惟在土釜，和融而成大丹。盖意到则为黄婆，能作媒娉。古法取铅一百九十二度为半斤（汞亦如之），潭底日红阴怪灭（乃是铅为阳炁），山头月白药苗新（乃是汞为阴精），潭乃曲江在小肠之左右（吴公云：曲江上有个鸟飞是也）。山为鼻，在相书为岳者也。若夫乾象交感之宫，乃是大肠左右之间，玄关者土釜也，医书中乾大肠也，以上皆采药匹配交姤之道。于中则有已形三寸长，其色如玉，在土釜铅汞之中，从此行往坐卧，饮食起居，念兹在兹，乃是传送精神，敛藏魂魄，无中生有，无质生质，故能结药生丹（即饮刀圭）。千奇万妙，大要在黄婆，有以运用之也。夫生死何事，非黄婆致之哉。故采铅取汞，呼名召婴儿之时。其要虽在黄婆，遣送亦须功曹使者，以为黄婆之用也。心为功曹，眼为使者，黄婆遣功曹使者以运之于内境，有相大药克成矣。若夫前所谓眉间，为六合明堂，又为日月合璧，又为大囤一窍，此正平叔老师所谓何其肤浅也。如此但欲求合丹书，抑不思天地之道，其果若是乎。金丹之道得火候则炼成阳仙，为圣胎也。非火候则注成阴尸，为痨瘵也。其如火候真机，脱胎妙道，天实靳之。今所笔述者，乃药材玄关关二事也。果皆圣人之传，要日夜与婴儿从事，不可须臾离也。采铅龟法龟息，故能固形，非闭息也。采汞乃鹿法也，鹿运尾闾，故能大热，非吸缩也。圣人夺得造化之妙，取此以明之。则螺蠃可以祝螟蛉之子，蜣螂可以抱蝉蜩之胎，皆心意所之，精神所聚。故释氏亦曰若能制心一处，何事不办，此之谓也。犀因习月纹生角，象为闻雷花入牙，亦磁石吸铁之理。是故蚌腹生珠，石中蕴玉者也。火候、脱胎二事，事关天机，非年月日时之可印证。精神魂魄之可以契合者也，不可以文字而传在口,口心授之妙,耳提面命之真,今皆明说。丹基之要,药道之妙,胎婴之灵,而但不说火候者,虑天谴也。才一采铅则百窍具开,采汞则思虑俱泯,呼召婴儿才一二日后,则其中转动(丹成者如此之验),如妇人怀妊。然火力之后,则其灵甚于我矣,岂非圣胎乎。所说婴儿能于中时时呼之,尤易灵也。出入聚散,变化有无,与道合真,能事毕矣。紫阳百世之下,其独我乎。得之不传四海,其孰乎。夫金丹之道,在乎火药两传,乃能形神俱妙。性命两极者也,至如执著之者,既非师传又非神授,白首无成,自取老死,惜哉。虽然悟之必须修之,修之必须证之,证之乃成之也。始于片饷工夫,终于一得永得。非思存,非漱咽,非呼吸,非勒缩,非存运,非按摩,非吐纳,非闭固,非持守,此盖自然之道也。汝其得之矣。苟或不能践履,所得是与未悟者何异焉。大抵神仙之学,各有密行,非人所知。苟或耽迷酒色,倏然脱仙,或有资质生产,俄而冲举,顾所行何如耳。初不可以其迹而圣凡之。盖其心中大有不然者,孰能测之哉。①

此篇文献是白玉蟾为答友人隐芝君关于内丹传授而写,隐芝君是何人士?笔者在白玉蟾文集中发现一首《满庭芳·和陈隐芝韵》,内容如下:

百雉城旁,乱花生处,竹间一笑,双清天公,解事为我,弄阴晴雨,过槐阴绿,净女墙外,杨柳丝轻,堪嗟惜诗,尤酒瀞镜,里失青春。

清和如许,在莺莺燕燕,相与忘情。谪仙风度,命代万人英,游戏琴棋。书画人间世,别有方瀛酕醄。后玄裳效舞,所欠董双成。②

---

① 《道法会元》卷八十四,《道藏》,第29册,第346页。
② 《海琼白真人全集》卷八,载萧天石主编《道藏精华》第十集之二,台北:自由出版社1994年版,第1097页。

据此，笔者以为，此隐芝君即陈隐芝。故可以断定《道法会元》卷八十四收录的《琼山紫清真人答隐芝书》当为白玉蟾亲笔所书，今白玉蟾文集均失收，为白玉蟾散佚文献。

在《道法会元》收录的一些雷法文献中，有些虽然不是白玉蟾文献，但是其中引用了白玉蟾的某些文字，例如卷七十七《橐钥枢机说》，佚名作者称："愚昨奉度师铁壁先生邹君传授符诀咒篆秘字……未合玄理，百无一应，后得浔阳哨腿杨真人指示符窍，说破这些道理，使余如醉方醒……玉蟾曰：足摄雷门翻地轴，手持斗柄斝天河。"[1]

《翠虚陈真人得法记》，《道法会元》卷一百八《高上景霄三五混合都天大雷琅书》文末收录，文末署名"琼山白玉蟾敬书"：

> 先生姓陈，名楠，字南木，号翠虚。翁家世为琼州人，幼年师事薛道光，得太乙火夫之秘。丹道既成，复归桑梓，以箍桶为业，混迹民间。嘉定戊辰，游黎毋山，遇一道人笑谓先生曰：子得薛紫贤太乙火符之旨，但未知太乙雷霆之法亦可惜也。先生谓道人曰：某慕道而已，不欲多学以分其志。道人笑曰：子何其愚也，独善一身不能功及人物，神仙不取。是故张正一战鬼于西川，许敬之斩蛇施药，古今所传不可诬也。先生稽首而言曰：山野一贫如许，安得质信以传此法。道人首肯而言曰：得人即传又焉用利。子能信奉施功及众，即吾之功。引至岩石之下，开一石穴，取都天大雷法付之。道人告先生曰：惟五雷不可小用。元始天尊每当劫运，必命五雷君降世保劫。昔阴六为水，尧有九年之灾预期，命三山雷火君降世，生于伯鯀之家，是谓神禹火伯风霆君降世，为稷播奏五谷子，宜保之以度异时之劫。临行顾谓陈君曰：吾非凡人，即雷部都督辛忠义也。吾师汪真人亲授玉清真王付度今与汝。回首蹑身云端，目送不见其处。嘉定壬申先生不鄙以付玉蟾，今以授之鹤林，

---

[1] 《道法会元》卷七十七，《道藏》，第29册，第278页。

得人即传，非人勿示，以有天机。琼山白玉蟾敬书。①

本文是白玉蟾所写的关于其师陈楠遇师得授道法经过的文献，其内容与白玉蟾在其他文献中叙说的一致，今白玉蟾文集均未收入，为白玉蟾散佚文献。②

收入《翠虚陈真人得法记》之《高上景霄三五混合都天大雷琅书》，也有学者认为是白玉蟾所传。③ 笔者以为，此书内容颇为繁杂，收入《道法会元》卷一百四至一百八，依次有"主法""天雷部神将""地雷部神将""水雷部神将""神雷部神将""社雷部神将""所属社令""总司使者""年神""月将""五雷所主""行持次序""咒诀"及其各种符篆，"元始混灵太微玉文""天皇内文玉书""地皇内文玉书""人皇内文玉书""元始天尊催风雷隐章""元始天尊说杀鬼降魔神咒""元始天尊命景霄五雷君保制劫运大神咒""景霄灭瘟疫隐章""景霄治病保生神咒"等，以及"真王第一誓""青华大帝誓""韩君文人誓""太乙天帝誓""普化天尊誓""雷祖大帝誓""洞渊大帝誓""六波天主誓""九天采访真君誓""太乙真形符"等各种誓文。《高上景霄三五混合都天大雷琅书》是否为白玉蟾亲著，值得辨析。笔者查考其内容，卷首将"翠虚真人陈楠南木""海琼紫清真人白玉蟾"列入"主法"，位居"雷霆火师真君汪康民""传教雷霆都督辛忠义"之后④，且有在雷法科仪文书中有"欲行速效亦当选择一誓，功用者对将吏宣白神吏。惟谨……"⑤文句出现，此宣召的"白神吏"即白玉蟾神吏。

---

① 《道法会元》卷一百八，《道藏》，第29册，第483页。
② 此外，《道法会元》中还有一些声称是经过白玉蟾之手传授的道书，如卷八十三《先天雷晶隐书》、卷一百四十七《洞玄玉枢雷霆大法》、卷一零四《高上景霄三五混合都天大雷琅书》，以及《法海遗珠》卷一收入的《洞玄秘旨》。笔者以为，此类道书非白玉蟾亲作，仅仅标明白玉蟾通过陈楠等传授，故不列入散见白玉蟾雷法文献范围。
③ 李远国认为："白玉蟾所传《先天雷晶隐书》《高上景霄三五混合都天大雷琅书》《洞玄玉枢雷霆大法》《神霄十字天经》，均为神霄派的重要文献。"《神霄雷法：道教神霄派沿革与思想》，第92页。
④ 《道法会元》卷一百四，《道藏》，第29册，第452页。
⑤ 《道法会元》卷一百八，《道藏》，第29册，第482页。

据此可知，此《高上景霄三五混合都天大雷琅书》当为神霄派道徒所传雷法文献集成，其作者恐非白玉蟾。

《法海遗珠》中也散见有白玉蟾文献，稽考如下。

《告斗求长生法》，白玉蟾述，存《法海遗珠》卷十四，收入《道藏》太平部。《告斗求长生法》内容包括《派系》、《识三台法》、《求帝座法》、《追鹤秘法》（署名上清大洞法师神霄校籍节制雷霆军马海琼真人白玉蟾述①）、《师派》等。其中《派系》所述自祖师王屋山太极真人王行真至宗师琼琯先生紫清定慧真人白玉蟾的传承谱系为：

> 祖师王屋山太极真人王行真
> 祖师正阳开悟传道真君钟离权云房
> 祖师太极内辅真人郑思远
> 祖师纯阳灵宝真君吕岩洞宾
> 宗师通玄真人果老张果
> 宗师琼管（琯）先生紫清定慧真人白玉蟾。②

兹录《求帝座法》如下备考：

> 斗口二星，尊星在左，帝星在右，如日月照临有道之士，不照不善之人。有见尊星，寿三百岁。见帝星，寿六百岁。每月初三、二十七夜，候见之。须在夜间人静后，勿令人知。候二星出现，至心求道，勿与人言。若不专久精诚，轻泄漏慢，中道懈怠，无戒行之士，乃不得见。修真之士常密祝之，切勿以二星名闻于非人。可常注念在心，如有事立可称名密告之。不可向北便

---

① 《追鹤秘法》，《法海遗珠》卷十四，《道藏》，第26册，第803页。
② 《法海遗珠》卷十四，《道藏》，第26册，第802页。

涕，解衣散发，裸露星光之下，此为至戒也。每候二星，先步斗，烧香，再拜，想斗口见二星，如日月。次念咒曰：

尊帝二星，北极之灵。愿臣早见，见即长生。注臣飞仙，勾臣死名。福庆无穷，与天齐年。速超仙都，飞行上清。急急如律令。

又二拜，思二星降紫云炁，从自己泥丸宫，入灌两眼。又念咒曰：

尊帝二星，北极之灵。忽显忽现，即得长生。注臣飞仙，落臣死名。福庆无穷，与天齐年。早度三界，游行上清。急急如律令。

咒毕，再拜，少立，凝神，注目斗口，默念咒七遍，了少时退。如见，即又拜求，乞长生，愿心祷祝。仍夜夜朝礼，毋令间断。若间断，则前功俱废矣。有戒行修真之士，身能超凡入圣，上侍玉宸。上达之士行之，乃得长生，功满上升。世人行之，延寿长年。勿示非人，宜宝秘之。昔王屋山太极真人传与张果老，先生密而行之，后得飞升，为古圣仙也。①

观此内容，现今所存白玉蟾文集均未收录。但从其中《派系》所追溯的道脉谱系，可知《告斗求长生法》实为南宗白玉蟾一系的法术。

《追鹤秘法》，篇幅不长，存《法海遗珠》卷十四，前有落款"上清大洞法师神霄校籍节制雷霆军马海琼真人白玉蟾述"的引言一则，云：

鹤有数种，东城有筠鹤，罽宾有芦鹤，淮山有扬鹤，青城山有羽鹤，此乃古今之通传。如汉天师登九云之鹤，许真君驭

---

① 《法海遗珠》卷十四，《道藏》，第26册，第803页。

凌风之鹤，葛稚川飞玉霞之鹤，钟离正杨君升太霄之鹤，信果有之。谚云：鹤生三子，其一乃鹤，特胎生之鹤耳，非蓬莱之羽翎，非紫微唳天之丹霞顶也。非瑶台缟衣舞凤比也，非天枢啸烟之素裳也。洞宾纯阳君之鹤，岂徒现也。鹤之来者，则清秋而翔云，夜深而啸月。仙有乘鹤而来去者，诚有得道修真将出尘之士，获遇斯文，可以飞符召至，蹁跹而来，翱翔于空中，不特鸣于九皋皋耳。上清大洞法师神霄校籍节制雷霆军马海琼真人白玉蟾述。①

二　有关雷法传承谱系问题

前面已经揭示，南宗与宋元时期的雷法道派有密切关系，南宗传人也兼传雷法，故在南宗传法谱系中还有雷法支谱问题需要加以考辨。

卿希泰先生主编《中国道教史》第三卷曾指出《道法会元》所收白玉蟾符法著述，"有王文卿《玄珠歌》注（卷七十）、《汪火师雷霆奥旨序》（卷七十七）、《书符内秘》、《坐炼工夫》（卷七十七），及陈楠所传《先天雷晶隐书》符箓（卷八十三）、《洞玄玉枢雷霆大法》（卷一四七）、《高上景霄三五混合都天大雷琅书》（卷一零四）等亦称白玉蟾传"②。并据《洞玄秘旨》和《先天雷晶隐书》勾勒白玉蟾所传雷法支谱。③

《法海遗珠》卷一《洞玄秘旨》之"流派"也是记载白玉蟾所传雷法谱系的重要文献。

洞玄教主妙行真人神霄玉枢青霞雷霆天君辛（忠义）

---

① 《法海遗珠》卷十四，《道藏》，第26册，第803页。
② 卿希泰主编：《中国道教史》（修订版）第三卷，第122页。
③ 参见卿希泰主编《中国道教史》（修订版）第三卷，第122—123页。

> 太微侍宸洞玄高明君白（玉蟾）
> 紫霞扶风洞玄元明君马（士清）
> 洞玄通明中侍卿翁（法建）
> 洞玄元明崇侍卿薛（师淳）①

据此文献可以勾勒白玉蟾所传雷法支谱：白玉蟾→马士清→翁法建→薛师淳。

据《道法会元》卷八十三《先天雷晶隐书》之"师派"如下：

> 祖师青华帝君李（讳亚）
> 祖师雷霆启教火师白洞灵安真君汪［讳守真（当作"贞"）］
> 祖师金阙侍宸灵惠冲虚通妙真君王（文卿）
> 宗师高明君洞明白真人（讳玉蟾，号海琼）
> 颠嵩道者云中散仙金真人（讳达，字志远）
> 学仙童子方舟道者陈（讳困济，字仲济，号方舟道者）②

这一师派，笔者虽然当为后人追溯，但也可以勾勒白玉蟾所传雷法支谱：李亚（铁拐道人）→汪守贞→王文卿→白玉蟾→金逵→陈困济。

笔者在前人研究的基础上，结合新掌握的资料，将白玉蟾所传雷法支谱续补整合如下。

《道法会元》卷一百四十八《洞玄灵宝金玉九章》也称白玉蟾登于天府受于妙行真人，即得洞玄师传法：

> 洞玄师乃妙行真人，传于元始执录符典，秘于天府，囊以

---

① 《法海遗珠》卷一，《道藏》，第26册，第725—726页。
② 《道法会元》卷八十三，《道藏》，第29册，第330页。

锦笈，世莫得闻。自琼管（琯）先生登于天府，受于妙行真人。其中内典计八十一章，以应上天九九纯阳之数，告盟诸天雷霆帝君。外典共三百六十章，以应地下六六纯阴之数，告盟三界万灵。诸典文篆不一，其中有内典，得其真者，凡九章，文画有数，庶可无误。①

《洞玄灵宝金玉九章》分别为元阳火凤章、青灵合信章、元阳请进章、青灵玉笈章、元阳锦笈章，青灵大梵章、元阳金梵章、青灵玉宸章、元阳玉笈章，各有符图并文字说明。②

《道法会元》卷一百四《高上景霄三五混合都天大雷琅书》将"翠虚真人陈楠南木""海琼紫清真人白玉蟾"列入"主法"，位居"雷霆火师真君汪康民""传教雷霆都督辛忠义"之后。③

关于白玉蟾在各地收徒传法的记载，散见于道书文献和笔记史料中，尚需仔细搜索与分析。笔者在《道法会元》卷一百四十七《洞玄玉枢雷霆大法·事实》中发现了白玉蟾传法的史料，记载了白玉蟾受授洞玄玉枢雷法的经历，详细叙说了元代至元以后福建泉州、建宁等地，白玉蟾后裔"继其法者"的活动情况，为研究白玉蟾传法谱系及元代以后南宗雷法在福建等地的传播提供了有价值的证据。过去学界在研究南宗时未曾引用过，对研究白玉蟾传法谱系及元代以后南宗雷法在福建等地的传播即有文献史料价值。现全文移录如下：

> 宗师白真人，海琼人也，元姓诸葛，名猛。生而聪明，长而奇异。睹石火之无光，叹白驹之过隙，遂舍富贵而志慕神

---

① 《道法会元》卷一百四十八，《道藏》，第29册，第770页。
② 参见《道法会元》卷一百四十八，《道藏》，第29册，第770—771页。
③ 参见《道法会元》卷一百四，《道藏》，第29册，第452页。

仙，混名曰白玉蟾，盖欲隐其姓名也。足迹半天下。一日，云游至广南山路，遇一人衣服褴缕，问白君曰：子将何之。白君曰：愿见明师，参传道法。遂与之同宿大慈寺傍旅店。饮酒之余，双目火光照耀上下，褴褛之衣变为皂袍，语白君曰：吾乃雷霆猛吏辛某也。汝宿有仙骨，心存济利，吾故变相示汝。击案三声，而刘帅立现。辛君曰：此将司雷霆风雨之权，掌枢机二台之职，护帝驾出入，能救民疾苦，事无大小，叩之即应。今以授汝。其职则上殿卷帘大将军、九天云路护驾使、枢机二台节制使、神霄玉枢洞玄执律苍牙铁面刘神君，其法则名洞玄玉枢雷法。后又于海上倚玉阑干，授以洞玄之秘。白君得法于陈泥丸，得法于辛天君，皆神仙聚会，非偶然也。继其法者，泉州马居士有女，及笄，不愿有家，自幼焚香斋戒，愿遇至人。一日感召白真人至焉，付以洞玄之法。至元十八年，泉州大旱，蒲左丞命僧道祈祷无应。其门人曰：市舶司马居士有女，道法昭著，可令祈祷。蒲相带翁君诣坛一下请雨。马君曰：公自回府，但令带行令史伺候符命，前去焚于瞧坛，以三日为限。至三日，催符之际，雷风震响，电挚交横，报应非常。蒲束帛来谢，马君辞曰：妾以济人利物为心，公之所赐，妾岂敢受。但昨宵将吏与妾梦，谓公之带行令史，前世乃雷部中人，令妾以法授之。蒲相如所请。原夫翁君雷室先生，乃丹山翁状元嗣孙也。家寓建宁。至元十六年，张九万提兵入间，执拘到泉州，蒲相见其天姿粹美，词翰两优，收置幕下。得法之后，遂回故居，则城郭是而人民非矣。至元二十一年，建宁大旱，府判梅应请命祈祷，十分感应。所管建阳县亦旱，县宰申府，府官令其下县祈祷。县宰史嵩之郊迎，立坛于公馆，报应如前。一时嗣法弟子百有余人。江东则有赵菊存，时为建宁儒学教谕，捐车马竭行囊，北面而师事之。师淳至元己丑浪游闽地，仰慕高风而无汲引。是年十一月甲子良日，五福万寿宫道士刘璧峰、连乐山保举监度，蒙师付度。师淳侍度师翁君三载有余，凡士夫请命祈祷，必令相行。余见其平日所用，不过九阳、少阳、元阳真炁、熏魔等符，及洞玄九章，以之祈祷治病，如谷应声。观其付与赵菊存、丁松隐文字不同，虽有玄妙处，而无纲绪。何况丁赵二公又从而敷演之，殊失至道不繁之意。余所得洞玄九章，及太一玉笈，太一剑尖，以之参用。岁次壬辰赋式微之时，乙未重游建宁，于后山马铺侍师回北山道院。其年五月十一日，翁君召群嗣法曰：吾欲暂回雷府。雷声响，吾即往。俄顷县治之东名曰庵山，峰峦耸峭，雷声隐隐，而翁君羽化矣。群嗣法为请择地，藏剑于北山道院之傍，山水环聚，后之嗣法，必有冲举者焉。师淳坛一下嗣法五百余人，今洞玄教之昭著四方，皆翁君主教之灵也。若夫祈求感应，则在人人操修如何耳。昔翁君度人，必择性行纯谨者付之。亦有轻狂之士求而不得者，撰为《湖海新闻》以谤之。人虽欲自绝，容何伤于翁君乎。多见其不知量也。岁在丙申，嗣法弟子薛师淳谨纪其实。①

据此可以勾勒补充白玉蟾传授雷法的支谱如下：

雷霆猛吏辛某→白玉蟾→马居士之女→翁君雷室先生→ { 赵菊存
丁松隐……
薛师淳→嗣法五百余人 }

上述雷法支谱可以整合为如下谱系：

---

① 《道法会元》卷一百四十七，《道藏》，第29册，第763—764页。

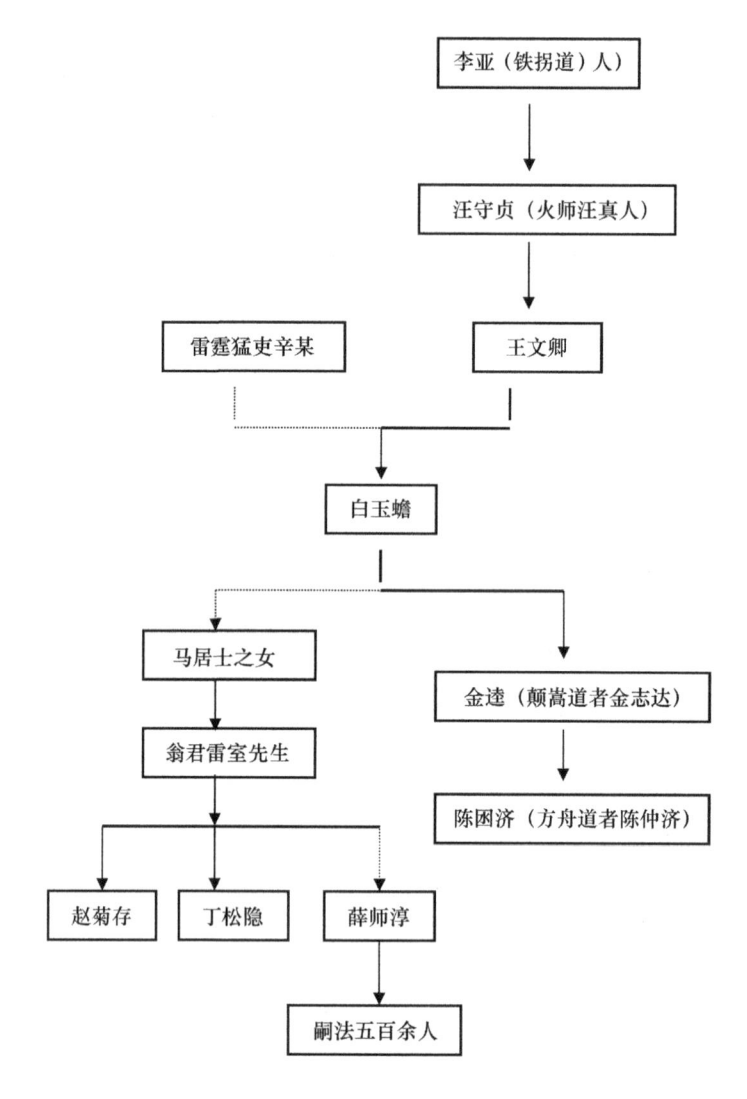

```
         李亚（铁拐道）人
                ↓
         汪守贞（火师汪真人）
                ↓
   ┌────────────┬────────────┐
 雷霆猛吏辛某              王文卿
   └──────┬─────────────────┘
              ↓
            白玉蟾
   ┌──────────┴──────────┐
 马居士之女            金遹（颠嵩道者金志达）
     ↓                      ↓
 翁君雷室先生          陈困济（方舟道者陈仲济）
   ┌──┬──┐
 赵菊存 丁松隐 薛师淳
            ↓
       嗣法五百余人
```

当然，由于雷法资料散见于藏内外道书文献，限于笔者眼力所限，白玉蟾所传雷法当有更详细的谱图，尚待进一步挖掘整理。

三　雷法与丹道诠释问题

众所周知，道教南宗以内炼丹功与外用符箓雷法相结合为特色。雷神信仰由来已久。南宗丹法融摄了道教神霄派的雷法。国内陈兵早在1985年发表的《金丹派南宗浅探》中就指出"与内丹融合的雷法之说"是南宗特色：

> 南宗从陈楠起兼行雷法，即所谓内丹炼就可以"役使鬼神，呼召雷雨"。其徒白玉蟾进一步融合内丹以雷法，谓"内炼成丹，外用成法"。这里的"法"，指雷法符咒之术。①

此说点出了南宗修炼的一大特色，内炼丹功与外用符箓雷法，获得学术界普遍认同，均称之为"内外兼用"。

白玉蟾南宗在斋醮科仪方面也有不少独到的思想与建树，其中谢显道编辑的《海琼白真人语录》和林伯谦编的《鹤林法语》集中记载了白玉蟾与众弟子关于科仪的对话和南宗科仪大要，白玉蟾也强调斋醮诸法要与内炼相结合，称："闻之曰：'丹书万卷，不如守一。'予亦谓科书万端，不如守一。苟知守一，则可因其末而究其本，因其粗而入其精。不然，徒饰其外，而喧哗绮丽，有同儿戏，去道益远矣，何以通真达灵哉？"②

限于篇幅和笔者能力，本文在前贤时彦研究的基础上，根据自己掌握的材料和理解，对南宗内丹与雷法丹道思想进行诠释。

首先，南宗道士"内外兼用"体现了道教济世度人的宗旨和宗教情怀。

南宗道士内炼丹功外用符箓雷法，一方面是出于自身修身致仙、与道合真的目的，另一方面，也是希冀以此为社会民众消除疾患、攘灾和祈求丰收。这是道教的一贯传统思想。《西山群仙会真记》即云：

> 善养寿者，以法修其内，以理验其外。修内者秘精养炁，安魂清神，形神俱妙，与天地齐年，炼神合道，超凡入圣也。

---

① 陈兵：《金丹派南宗浅探》，《世界宗教研究》1985年第4期。
② 《鹤林法语》，《海琼白真人语录》卷二，《道藏》，第33册，第122页。

验外则救贫济苦，慈物利人。孝于家，忠于国。顺于上，悯于下。害不就利，忙不求闲。凡以方便为心，勿以人我介意。①

白玉蟾在传授丹法予门人时，也将符箓之术诀要相传。《鹤林法语》有一段林时中（号紫枢）与彭耜、白玉蟾关于符水的对话颇能说明问题：

> 度师因与紫枢谈及符水一事，以谓求者未必皆敬信之。人或有试求之者，予亦试以与之，往往亦不验。
> 祖师闻之曰：不可。彼以假来，我以真受。至于验与不验，却是他事。
> 祖师又曰：不问灵不灵，不问验不验，信手行将去，莫起一切念。②

林时中，福州人，道号紫枢，在白玉蟾南宗教团中任都讲。白玉蟾往来福州时常住林时中寓所。林时中也传上清灵宝圆通法师周以宁的圆通法脉，并且"深味净明之髓"③，白玉蟾传授林时中符水的秘诀，表明南宗对符箓之术的重视。

白玉蟾所撰南宗著名的教规纲领性文件《道法九要》赖《道法会元》卷一收入而流传至今，《道法会元》卷一有两部分，其一是《清微道法枢纽》④，其二是《道法九要》。《道法会元》是一部篇幅很大的道书，有二百六十八卷，原书没有署名，从书中"会万法以归元"收录的各种清微、灵宝、正一、净明道法及序文，关于此书的编纂年代有二说，一是认为此书编于元末明初⑤，二是认

---

① 《西山群仙会真记》卷二，《道藏》，第4册，第430页。
② 《海琼白真人全集》卷九《鹤林法语》，载萧天石主编《道藏精华》第十集之二，第1322页。
③ 《海琼白真人全集》卷七，载萧天石主编《道藏精华》第十集之二，第960页。
④ 《道藏》，第28册，第673页。
⑤ 参见任继愈主编《道藏提要》，中国社会科学出版社2005年版，第588页。

为"此书成书之年代，当在赵宜真逝世之年至《正统道藏》始刊年之间"①。笔者认同后一说法。因为卷三十二清微"宗派"最末一位祖师为"浚仪原阳赵真人"②，且《道法会元》三十五卷中所收录的高道文集除了有白玉蟾、赵宜真外，还有王文卿、邹铁壁、黄舜申、萨守坚、莫月鼎等高道论文，且以元末明初清微派道士赵宜真（？—1382）之论文最多，时代也最晚；而且在卷中清微法中，已将赵宜真作为清微派一代祖师列入启请神灵中，表明编纂此书时，赵宜真已经作古。故笔者推测《道法会元》的编纂者可能是兼传清微与净明的赵真人之门徒。赵真人即赵宜真，道号原阳子，元末明初江西安福人，习清微和净明道法，故被净明和清微两派都视为本宗传人。《道法会元》首卷将《清微道法枢纽》与《道法九要》并列，由此可以看出白玉蟾在清微派中有重要影响。

《道法会元》卷八十六所载《先天雷晶隐书》，神霄派道士施行雷法时，上香启请的祖师就包括南宗宗师，即玄门传道华阳、正阳、纯阳帝君、海蟾、紫阳、杏林真人、紫贤、泥丸、海琼真人，上表文书如下：

> 师长跪，三上香，启圣：
> 伏以天鉴不违，厥灵濯濯，帝临毋二，夕惕虔虔。捻土倾心，披云稽首。具位臣某诚惶诚恐，稽首顿首再拜，谨运真香，逼空上启：
> 帝师先天无极大道生一始祖太易水火鸿蒙混沌元阳上帝，浮黎元始天尊，祖师先天混沌自本自根生天生地生佛生仙太初玄元铁师上帝……圣师高上神霄玉清真王长生大帝，东极慈尊青华大帝，九天应元雷声普化天尊，九天雷祖大帝……雷霆都司元命真君，诸司府院主法高真，玄门传道华阳、正阳、纯阳帝君、海蟾、紫阳、杏林真人、紫贤、泥丸、海琼真人，雷霆

---

① 卿希泰主编：《道教》第二卷，东方出版中心1994年版，第174页。
② 《道藏》，第28册，第863页。

启教火师白洞灵安真君，金阙侍宸灵惠冲虚通妙真君，三十代天师虚靖玄通弘悟真君，先天风雷雨部尚书一元无上真人，祖师上官二三弘道先生，祖师高明君洞明大法师，宗师云中散仙颠嵩真人，诸阶道法古今传道授业历代宗祖经籍度师列位真人……①

白玉蟾在写给"鹤林真人贤高弟"彭耜的一封信中也称：

鹤林真人贤高弟：春事秀婉，水暖花香。在途粗适，无烦介念。去年迫于除夕，遂即笔架山过，今正旦，于是申奏诸天祭飨诸神，已于当日忝受九天应元雷声普化天尊门下斜录典者签押雷霆都司鬼神公事，仍受上清驱役鬼神宝印。印文纳上，至可收寘治靖也。②

这封信透露出几个重要信息：其一，白玉蟾曾在笔架山过除夕，此笔架山乃江西境内，为白玉蟾在笔架山隐修提供了又一个证据；其二，白玉蟾在元旦之日举行正式仪式，授过雷霆神职和上清驱役鬼神宝印；其三，白玉蟾传授上清驱役鬼神宝印文给彭耜，嘱咐其运用上清驱役鬼神宝印文"收寘治靖"，在南宗教区内开展宗教活动。这方面的证据还可以举出一二，如白玉蟾在书信中后面还交代"《雷霆玉经》想已刊了，可施十本，以传江西之士"③。

白玉蟾曾应武夷山人张元瑞刊《施雷经》题词，《题无上九霄玉清大梵紫薇仙都雷霆玉经》云：

武夷张元瑞，侨寓仙城，积善之家也。刊《施雷经》，章厘其句，字求其义，遣其子著订讹于余。余谓之曰："杨柳垣

---

① 《道法会元》卷八十六，《道藏》，第29册，第354页。
② 《海琼白真人语录》卷四，《道藏》，第33册，第138页。
③ 《海琼白真人语录》卷四，《道藏》，第33册，第138页。

娥之语，此雷部隐旨也。不可不致诘，神之毋忽。"①

白玉蟾作有《冲虚侍宸王文卿像赞》和《天师侍宸追封妙济真人林灵素像赞》，对神霄派高道王文卿和林灵素都称赞有加：

醉持铁尺叫风雷，玉帝纶音召雨回。
到得人间无鬼蜮，依然长啸八西台。②

大宋天师林侍宸，飞罡蹑犯召风霆。
四十五年人事足，中秋归去月三更。③

以上种种迹象表明，白玉蟾南宗与雷法有密切关系，值得作进一步的研究。④

其次，白玉蟾对"九天应元雷声普化"逐字进行了注解与理论建构，从而奠定了《九天应元雷声普化天尊说玉枢宝经》的历史地位。《九天应元雷声普化天尊说玉枢宝经集注》是一部南宗雷法的重要典籍，题海琼白真人注，五雷使者张天君释，祖师张真君解义，纯阳孚佑帝君赞，收入《正统道藏》洞真部玉诀类。

"九者，阳数也。乃天道也，主于震宫，故东南有九炁之说也，即雷师出入之地也。天者，至大至圣无极无为之炁也。应者，无物不承天命而生也。元者，至大也，又曰万善之长也，乃四时之首也，五行之先也。雷者，乃天命也，掌生生杀杀之权，动静人莫可测，万神之奉行也。生者，生也，万物德雷震声而萌也，又曰天不言以雷代言也。普者，上天下地，四维八荒，无形

---

① 《海琼白真人全集》卷七，载萧天石主编《道藏精华》第十集之二，第953页。
② 《海琼白真人全集》卷七，载萧天石主编《道藏精华》第十集之二，第984页。
③ 《海琼白真人全集》卷七，载萧天石主编《道藏精华》第十集之二，第984页。
④ 笔者曾在由我国著名人类学家林惠祥先生创办的厦门大学人类学博物馆，看到馆内收藏有四尊不同质地的雷公象。分别为铜雷公、三彩雷公大像、玉雕雷公扁像及玉雷公各一尊，形象各异，极富艺术价值。

有形也。化者，天道阴阳运行则为化，又自无而有，自有而无则为化，万物生息则为化。"① 九天是统率三十六天之总司。始因东南九气而生，正出雷门，所以掌三十六雷之令，受诸司府院之印，生善杀恶，不顺人情。所以"九天应元雷声普化天尊"是总执掌雷法的九天大神，其下还有神霄真王、三十六神人等各负其责的雷神。白玉蟾注曰：

> 雷者，阴阳二气结而成雷。既有雷霆，遂分部隶，九天雷祖因之以剖析为五属。神霄真王用之，以宰御三界。真王所居神霄玉府，其道在乎巽。巽者，天中之地也。东南乃九阳之炁，结清郎光，元始父祖化神霄玉清真王。玉府在碧霄梵气之中，去雷城二千三百里。雷城高八十一丈，左有玉枢五雷使院，右有玉府五雷使院。天有四方，四隅分为九霄，惟此一霄居于梵炁之中。在心曰神，故曰神霄。乃真王按治之所，天尊莅临之都。卿师使相，列职分司，主天之灾福，持物之权衡。掌物，掌人。司生，司杀。检押，启闭，管钥，生成。上自天皇，下自地帝，非雷霆无以行其令。大而生死，小而枯荣，非雷霆无以主其政。雷霆政令，其所隶焉。三清上圣，雷霆祖也。十极至尊，雷霆本也。昊天玉皇上帝，号令雷霆也。后土皇地祇，节制雷霆也。北极紫薇大帝，掌握五雷也。②
>
> 雷师皓翁，乃帝臣元老卿师重臣也。玉霄府，即高上神霄，天中玉清真王府，居三十六天之上。天中有五殿，东曰蕊珠，西曰碧玉，北曰青华，南曰凝神，中曰长生。又有太一内院，可韩中司，东西二台，四曹四局，外有大梵紫薇之阁，仙都火雷之馆，皆有玉府，左玄右玄，金阙侍中，仆射上将，真仙真伯，卿监侍宸，仙郎玉郎，玉童玉女，左右司麾诸部。雷

---

① （宋）白玉蟾：《九天应元雷声普化天尊说玉枢宝经集注》卷上，《道藏》，第2册，第569页。
② （宋）白玉蟾：《九天应元雷声普化天尊说玉枢宝经集注》卷上，《道藏》，第2册，第569—570页。

神官君将吏,上统三十六天。东方八天:谓高上道寂天,高上阳歧天,高上洞光天,高上紫冲天,高上玉灵天,高上清虚天,高上微果天,高上正心天;南方八天,课上道元天,高上太皇天,高上玄冲天,高上极真天,高上梵气天,高上辅帝天,高上玄宗天,高上历变天;西方八天:高上左罡天,高上主化天,高上符临天,高上保华天,高上定精天,高上青华天,高上景琅天,高上丹精天;北方八天:谓上安土单天,高上广宗天,高上浩帝天,高上希玄天,高上庆舍天,高上禾娄天,高上变仙天,高上升玄天;东北方高上敬皇天;东南方高上移神天;西南方高上琼灵天;西北方高上升极天。下镇三十六垒,每方有九阳梵炁,以一年三十六炁。每十日一炁,上应天有一帝统治一炁。天仙神鬼,功过付于本天校勘。功者列名本天,过者囚于本天天狱。凡善恶三十六垒,皇君奏上神霄玉府而纠察也。每天各有龙神兴雷,生杀伐暴诛邪罔不由之。四府者,九霄玉清府,东极青玄府,九天应天府,洞渊玉府。六院者,太一内院,玉枢院,五雷院,斗枢院,氐阳院,仙都火雷院。诸有司者,天部霆司,蓬莱都水司,太一雷霆司,北帝雷霆司,北斗征伐司,北斗防卫司,玉府雷霆九司及诸曹院子司。凡世间亢阳为血,风雨不时,干戈妄动,饥馑荐臻,皆请命玉府,经由玉枢大布分野兼判三司将兵。三界鬼神,功过匡济,黎民应雷霆诸司院府,并佐玉枢之令,禀听施行。至于雷霆斧钺,庆尝刑威,有条不紊,悉有分司。或曰兼司行司,巡查官司,皆设曹局官僚任职。是以玉霄一府,总司五雷,天临三界也。①

据此,可以勾画出南宗的雷神系统如下:

---

① (宋)白玉蟾:《九天应元雷声普化天尊说玉枢宝经集注》卷上,《道藏》,第2册,第572页。

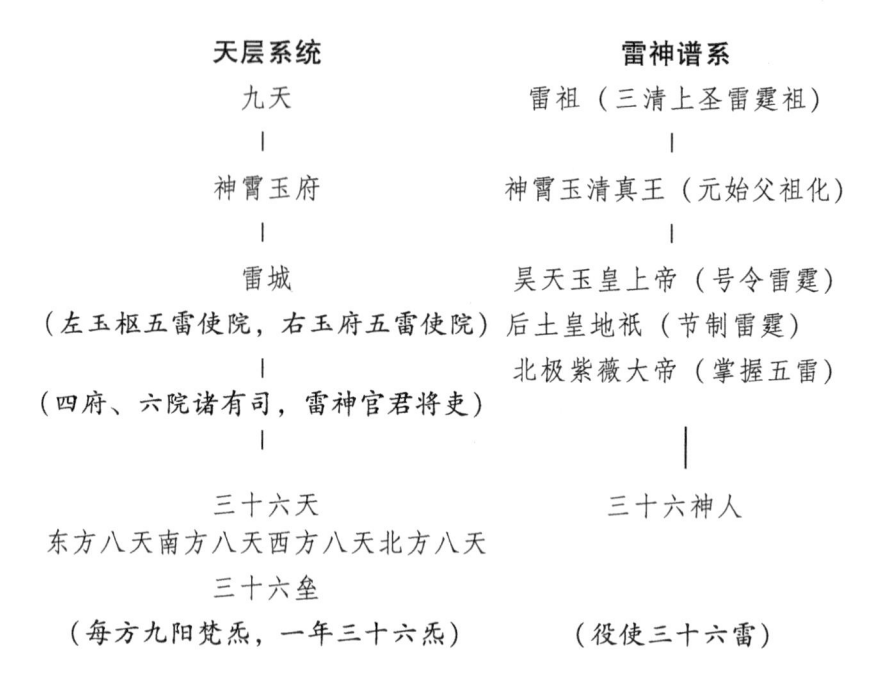

天层系统	雷神谱系
九天	雷祖（三清上圣雷霆祖）
｜	｜
神霄玉府	神霄玉清真王（元始父祖化）
｜	｜
雷城	昊天玉皇上帝（号令雷霆）
（左玉枢五雷使院，右玉府五雷使院）	后土皇地祇（节制雷霆）
	北极紫薇大帝（掌握五雷）
（四府、六院诸有司，雷神官君将吏）	
｜	｜
三十六天	三十六神人
东方八天南方八天西方八天北方八天	
三十六炁	
（每方九阳梵炁，一年三十六炁）	（役使三十六雷）

再次，白玉蟾对南宗雷法的"部隶"系统也有详尽的分析。南宗雷法的种类很多，大体上分五雷、十雷、三十六雷等。白玉蟾《雷府奏事议勋丹章》云：

> 臣闻阴阳二气，结而成雷，既有雷霆，遂分部隶。九天雷祖因之以剖折五属，神霄真王用之以宰御三界，质之于金笈，考之于玉箓，谓如五雷者，尝有疑焉。玉枢之雷书曰："一乃天雷也，二乃神霄雷也，三乃水官雷也，四乃龙雷也，五乃社雷也。"神霄之雷书曰："一乃风雷也，二乃火雷也，三乃山雷也，四乃水雷也，五乃土雷也。"大洞之雷书曰："一乃圣充威灵震动雷也，二乃震电哮吼霹雳雷也，三乃八灵八猖邵阳雷也。四乃波卷水雷也，五乃正直霹雳闪电大洞雷也。"仙都之雷书曰："一乃天雷也，二乃地雷也，三乃风雷也，四乃山雷也，五乃水雷也。"北极之雷书曰："一乃龙雷也，二乃地雷也，三乃神雷也，四乃社雷也，五乃妖雷也。"太乙之雷书曰：

"一乃东方青气木雷也,二乃南方赤气火雷也,三乃西方白气金雷也,四乃北方黑气水雷也,五乃中央黄气土雷也。"紫府之雷书曰:"一乃春雷也,二乃夏雷也,三乃秋雷也,四乃冬雷也,五乃轩辕雷也。"玉晨之雷书曰:"一乃紫微雷也,二乃酆都雷也,三乃扶桑雷也,四乃岳府雷也,五乃城隍雷也。"太霄之雷书曰:"一乃甲乙雷也,二乃丙丁雷也,三乃戊巳(疑为己,笔者注)雷也,四乃庚辛雷也,五乃壬癸雷也。"太极之雷书曰:"一乃神霄雷也,二乃地府雷也,三乃水官雷也,四乃九州岛雷也,五乃里域社庙雷也。"太上所传雷书,若夫前件十本所载各有异同。古之五雷,未审以何为正者也。世传三十六雷,犹可疑也,抑又可议也。一曰玉枢雷,二曰玉府雷,三曰天卜玉桂雷,四曰上清大洞雷,五曰火轮雷,六曰灌斗雷,七曰风火雷,八曰飞捷雷,九曰北极雷,十曰紫微王睿枢雷,十一曰神霄雷,十二曰仙都雷,十三曰太乙轰天雷,十四曰紫府雷,十五曰铁甲雷,十六曰劭阳雷,十七曰欻火雷,十八曰社令蛮雷,十九曰地祇火鸦(当为"鸣",据白玉蟾所注的《九天应元雷声普化天尊说玉枢宝经集注》改,笔者注)雷,二十曰三界雷,二十一曰斩扩雷,二十二曰大威德雷,二十三曰六波雷,二十四曰青草雷,二十五曰八卦雷,二十六曰混元鹰犬雷,二十七曰啸命风霆雷,二十八曰火云雷,二十九曰禹步大统摄雷,三十曰太极雷,三十一曰剑尖雷,三十二曰内鉴雷,三十三曰外鉴雷,三十四曰神府天枢雷,三十五曰大梵斗枢雷,三十六曰玉晨雷。此而谓之三十六雷是耶。①

白玉蟾所注的《九天应元雷声普化天尊说玉枢宝经集注》除了五雷说外,还有十雷说:"又有十雷,一曰玉枢雷,二曰紫府雷,三曰大洞雷,四曰仙都雷,五曰北极雷,六曰太乙雷,七曰紫府

---

① 《雷府奏事议勋丹章》,《修真十书·武夷集》,《道藏》,第4册,第808—809页。

雷，八曰玉晨雷，九曰太霄雷，十曰太极雷。"①

面对道教雷书中这些名目繁多的"五雷""十雷"和"三十六雷"，"质之于金笈，考之于玉函"名称不一，说法各异，让人一头雾水，不知以哪一种说法为标准。白玉蟾一方面存疑，"未审以何未正者也"；另一方面也十分感慨，"此而谓之三十六雷是耶？非耶？所谓五雷，则雷法何其多耶？抑神仙至人，役使异妙耶？抑经箓文书记录不一耶？"②

雷法名目多样不一的原因何在？究竟是不同道教经书记载的原因，还是本身雷法有多种多样，神仙"役使异妙"的缘故？

在白玉蟾看来，似乎是后一种原因。前文已谈到，因为"雷法有七十二阶"③，而且存在一个自上而下的雷神系统，南宗役使雷法的神人有三十六之多，分别为：天洞天真之神、毕火毕真之神、天乌天镇之神、威猛丁辛之神、冰轮水钵之神、流光火轮之神、滴昔喝伽之神、太乙元皇之神、咬网崔舌之神、天雷风领之神、火猪黑犬之神、火鹰腥烟之神、天关霹雳之神、铁甲飞电之神、仙都火雷之神、山雷火云之神、风火元明之神、火伯风霆之神、勾娄吉利之神、织女四歌之神、玉雷浩师之神、洞阳幽灵之神、四明公宾之神、火光流精之神、虚乘太华之神、金精清思之神、苍牙铁面之神、散烟雳黑之神、雷主阆伯之神、木狼奎光之神、欻火律令之神、邵阳火车之神、狼牙猛吏之神、六波卷水之神、飞鹰走犬之神、流金火铃之神。白玉蟾认为三十六神人掌控不同的雷法，故有三十六雷之分别，且"独以此为正"：

> 狼牙猛吏之神、六波卷水之神、飞鹰走犬之神、流金火铃之神。此之三十六神，或曰三十六雷，不容无疑焉。今而摭之

---

① （宋）白玉蟾：《九天应元雷声普化天尊说玉枢宝经集注》卷上，《道藏》，第2册，第570页。
② 《雷府奏事议勋丹章》，《修真十书·武夷集》，《道藏》，第4册，第809页。
③ （宋）白玉蟾：《九天应元雷声普化天尊说玉枢宝经集注》卷上，《道藏》，第2册，第570页。

于丹霄景书，则箕星所以掌天雷也，房星所以掌地雷也，奎星所以掌水雷也，鬼星所以掌神雷也，娄星所以掌妖雷也。天雷属箕星，故有天乌、天镇、天洞、天真之神；地雷属房星，故有雷主、阀伯、火伯、风霆之神；水雷属奎星，故有木狼、洞阳、金精、浩师之神；神雷属鬼星，故有欻火、律令、邵阳、狼牙之神；妖雷属娄星，故有丁辛、滴昔、喝娄、伽夜之神。故臣独以此为正也。①

最后，白玉蟾从体用角度指出南宗雷法的主要功用是"彰天威，发道用"，对雷法功能作用机制多有发明与建构。白玉蟾认为古今所传的雷法，不仅数量上繁多，"彰灵着验赫赫然于天下后世"，而且雷法奥妙无穷，有专门的神学功用：

雷霆者，所以彰天威，所以发道用。天威无所彰，则幽明异致，孰为之祸福也？道用无所发，则阴阳二气，孰为之生杀也？以阴阳二气而发道用，则可以彰天威；以幽明异致而彰天威，则可以发道用。是故瑕不晦赏也，眚不匿罚也。若夫毗祠列社，皆祭祀也；灵坛古迹，皆鬼神也。其间必有慈孽也。富室贱隶，皆享受也；端人诡士，皆流辈也。其间必有善恶也。鬼神有罪，则流辈何以诉之？流辈有衅，则鬼神何以鸣之？乌戏！皇天所以建雷城，设雷狱，立雷官，分雷治，布雷化，示雷刑，役雷神，统雷兵，施雷威，运雷器，是皆斡赏罚之柄，宰生杀之权。以之于阴界，可以封山破洞斩妖馘毒；以之于阳道，可以除凶诛逆伐奸戮虐。宜乎发道用也，彰天威也。②

雷霆之所以可以发彰天威、发道用，是因为有其内在雷霆之道。白玉蟾所注的《九天应元雷声普化天尊说玉枢宝经集注》云：

---

① 《雷府奏事议勋丹章》，《修真十书·武夷集》，《道藏》，第4册，第809页。
② 《雷府奏事议勋丹章》，《修真十书·武夷集》，《道藏》，第4册，第809页。

"雷者，阴阳二炁结而成雷。"① 雷霆的机制在于土地之间的阴阳二气的交互作用：

> 此阴阳二气得其施设也，幽明异致得其彰响也。天地之内，万物峙立，未有不禀阴阳而生生者也。所以有形有想者为人，无形有想者为鬼。人处于阳，鬼处于阴，以是而出入四生，循环六道。苟非天有雷霆，则何以示刑宪而订顽砭愚者乎？②

白玉蟾认为风雨雷电"皆缘炁而生"，"乃阴阳二炁之激剥"，是一种可以人工驾驭的自然现象。

> 关尹子曰："衣摇空得风，气嘘物得水，水注水即鸣，石叩石即光。"知此说者，风雨雷电皆可为之。盖风雨雷电，皆缘炁而生。炁缘心生，犹如内想大火，久而觉热；内想大水，久而觉寒。知此说者，天地之德，皆可同之。仙人谭景升《化书》云："动静相磨，所以化火也。燥湿相蒸，所以化水也。水火相勃，所以化云也。汤盎投井，所以化雹也。噀水向日，所以化虹霓也。"由是知风云可以命，霜雹可以致，阴阳可以召，五行可以役。愚尝得其说矣。因著数语，以跋法书之后，使学仙奉法之士，有所稽考无疑焉。③

白玉蟾这里引用了五代道教学者谭景升《化书》的物理学思想来说明风雨雷电形成的原理。

雷部有专门的雷神官君将吏，招考鬼神，驱禳灾病，驱除瘟疫，如九天雷公将军、五方雷公将军、八方云雷将军、五方蛮雷使

---

① （宋）白玉蟾：《九天应元雷声普化天尊说玉枢宝经集注》卷上，《道藏》，第2册，第570页。
② 《雷府奏事议勋丹章》，《修真十书·武夷集》，《道藏》，第4册，第809页。
③ 《海琼白真人全集》卷七《跋〈上清灵枢山雷火云秘法〉》，载萧天石主编《道藏精华》第十集之二，第961—962页。

者、雷部总兵等。《为武夷山道众奏名传法谢恩醮词》指出:"天心有三符二印之传,雷府有五社十变之应。所以驱禳灾病,用兹招考鬼神。"① 这方面的记述还有很多:

> 天尊言:沉疴伏枕,痼疾压身,积时弗瘳,求医罔效。五神无主,四大不收,或是五帝三官之前,泰山五道之前,日月星辰之前,山林草木之前,灵坛故迹之前,城隍社庙之前,里巷井灶之前,寺观塔楼之前,或地府三十六狱,冥官七十二司,有诸冤枉,致此牵缠,或萌诅咒,誓之所招,或债垛负偿之所致,三世结衅……皆当首谢,即诵此经。②
>
> 天尊言:天瘟地瘟,二十五瘟。天蛊地蛊,二十四瘟蛊。天瘵,三十六瘵,能诵此经,即使瘟(病字旁内皇)清静,蛊毒消除,劳瘵平复……③
>
> 注曰:凡人患瘟蛊瘵疾者,皆有所致,甚至绝灭一门,牵连六亲。若能诚心诵经,焚烧符箓,则雷司差素车白马之将以拔之,使人不陷此苦也。④

也就是说,沉疴痼疾这类药石无灵的疾病,以及瘟疫流行,还有人们误犯、冒犯了城隍社庙、里巷井灶、寺观塔楼、山川草木之处神灵所导致的疾病,诵此经咒,焚此符箓,悉得消愈也。

对于自然界的一些灾害如洪涝、干旱、地震,也可运用雷法予以消除。

> 天尊曰:亢阳为虐,雨泽愆期,稽颡此经,应时甘澍积阴

---

① 《海琼白真人全集》卷七,载萧天石主编《道藏精华》第十集之二,第1049页。
② (宋)白玉蟾:《九天应元雷声普化天尊说玉枢宝经集注》卷上,《道藏》,第2册,第578页。
③ (宋)白玉蟾:《九天应元雷声普化天尊说玉枢宝经集注》卷上,《道藏》,第2册,第580页。
④ (宋)白玉蟾:《九天应元雷声普化天尊说玉枢宝经集注》卷上,《道藏》,第2册,第581页。

> 为厉，雨水浸淫，稽颡此经，应时朗霁。祝融扇祸，飞火民居，赤鼠游城，惊热黎庶，此经可以禳之。海若失经，鱼鳖妄行洪水，稽天民生垫溺，此经可以止之。①
>
> 注曰：此章天尊爱群生之心切。久旱久阴，实天地之气不和，乃人民之业难释，以致三界震怒，水涝山崩，祝融扇祸，赤鼠兴妖，黎庶不安。若人遭此岁时，宣诵此经，焚此符篆。晴鱼得宜，人民自安也。②

为什么雷法有如此法力？南宗道士认为，雷霆是天地之枢机，雷法是天神赏罚、宰杀之权柄。

> 雷霆者，天地之枢机。天枢地机，枢阴机阳。天本阳，曰枢者，乃颠倒之理也。……如枢密院，亦朝纲之枢机也，总国之机密政务，掌杀伐之目的也。玉枢之经，乃天府之雷文也。如有不顺之人，当刳心斩首。皆在雷司之主令也。③
>
> 雷法有七十二阶，天地尚善罚恶，发生万物，皆雷也。虽阴阳之激剥，亦由神人之与动。雷鸣则雨降矣。声者，天地之仁声也。春分五日，雷乃发声，可闻百里，震九天而动九地，惊四海而翻四溟。太上曰：吾不发阴阳之声，吾之大音无以召，故鼓之以雷霆，以声召气也。雷帝之前，有雷鼓三十六面。凡行雷之时，雷帝亲击本部雷鼓一下，即时雷公雷神同发雷声也。④
>
> 雷城，按地支有十二门。雷欲发声，却随天罡。其进所指方位之门，乃发声也。且如天罡坐于未，对指丑宫，何故却有

---

① （宋）白玉蟾：《九天应元雷声普化天尊说玉枢宝经集注》卷上，《道藏》，第2册，第581页。
② （宋）白玉蟾：《九天应元雷声普化天尊说玉枢宝经集注》卷上，《道藏》，第2册，第581页。
③ （宋）白玉蟾：《九天应元雷声普化天尊说玉枢宝经集注》卷上，《道藏》，第2册，第576页。
④ （宋）白玉蟾：《九天应元雷声普化天尊说玉枢宝经集注》卷上，《道藏》，第2册，第570页。

吉凶？盖天罡正气能生能杀。若所指向之处，即是生方，故有生气。取之，则可以治病补虚，安神旺气，却祸消灾，延生度厄也。所在之处，则有杀气，用之可以斩鬼驱邪……①

中国幅员辽阔，气候条件复杂，自然灾害频繁。雷法是南宗济世的一种手段。白玉蟾本人也经常在各地进行祈雨，多有灵验。《鹤林法语》记载，白玉蟾率彭耜众弟子在鹤林靖建黄箓醮，"鹤林靖是年以去冬不雨，种麦方艰，遇此黄箓，土膏获润"②。这方面的文献记载颇多，如《闽清县治祈雨文字》乃白玉蟾在其祖籍地福建路闽清县本治所进行祈雨的文字。白玉蟾遗留有许多关于祈雨的诗文。

《修真十书·上清集》卷三十九《祈雨歌》云：

> 天地聋，日月瞽，人间亢旱不为雨，山河憔悴草木枯。天上快活人诉苦，待吾骑鹤下扶桑，叱起倦龙与一斧。奎星以下亢阳神，缚以铁扎送酆府。驱雷公，役电母，须臾天地间，风云自吞吐。欻火老将擅神武，一滴天上金瓶水，满空飞线若机木予，化作四天凉，扫却天下署。有人若饶舌告人主，未几寻问行雨仙，人在长江一声橹。③

《修真十书·武夷集》有一则内容独特的《木郎祈雨咒并注》，当为南宗进行祈雨法会时所念咒语④，同时也收入《道法会元》卷八十七，题"白王（当为玉）蟾注解"⑤。

清代乾隆辛亥年琼山王时宇重订及门林桂同校的《白真人文集》，在清末同治年间又有重刻，而以《道德经注》《指玄篇解》

---

① （宋）白玉蟾：《九天应元雷声普化天尊说玉枢宝经集注》卷上，《道藏》，第2册，第582页。
② 《海琼白真人全集》卷九《鹤林法语》，载萧天石主编《道藏精华》第十集之二，第1302页。
③ 《修真十书·上清集》卷三十九，《道藏》，第4册，第785页。
④ 参见《修真十书·武夷集》卷四十六，《道藏》，第4册，第802—803页。
⑤ 《道法会元》卷八十七，《道藏》，第29册，第359页。

《木郎祈雨咒》附刻于后。① 《木郎祈雨咒》末有署名"柳智通谨识"的说明,云:

> 唐宋以来皆颂木郎咒祈雨,然旧本错误颇多,白紫清祖师特为改正并加注释。诚心持颂,其感应必矣。唯咒本世间不多觏见。壬戌秋于道藏全书《白真人集》内得此咒本,敬付梨枣,以公同志。尤望善信之士广为流布,庶几四海永无亢旱之虞,万姓共享丰穰之乐。其功德岂可胜量哉。②

壬戌乃清同治元年(1862),此跋语略述了《木郎祈雨咒》的来历。白玉蟾对唐宋以来流传的《木郎祈雨咒》进行文字改正并加注释,而世人颂念其咒的现世功用目的十分明白,即希冀"四海永无亢旱之虞,万姓共享丰穰之乐"。正是因为白玉蟾为《木郎祈雨咒》作注释,南宗道士善于将雷法用于祈雨活动中,且多有灵验,故后来民间在举行祈雨仪式时,便将白玉蟾神位与木郎太乙三山行雨神仙和风云雷雨尊神并祀。这从"本董仲舒、张天师祈雨科仪节录"的《祈雨简便科仪》中便可窥见一二,兹录如下:

> 祈雨须分四时。春旱祈雨宜设坛东门外,东向;夏旱祈雨宜设坛南门外,南向;季夏祈雨宜设坛中央,南向;秋旱祈雨宜设坛西门外,西向;冬旱祈雨宜设坛北门外,北向。如不能设坛四门之外,则择洁净之处设坛,照上四时方向。须择水日起坛,颂咒神位供奉:
>
> 风云雷雨尊神之位
> 木郎太乙三山行雨神仙之位(居中)
> 紫清白祖仙师之位

---

① 参见《白重刻真人集叙》,载萧天石主编《道藏精华》第十集之二,第2页。
② 萧天石主编:《道藏精华》第十集之二,第1456页。

祀神以元酒清酒粢盛脯修果品为祈雨疏文一道焚之。本土城隍神前诚心斋戒颂咒，每日三次或四五次，念木郎咒四十九遍。①

这则附在白玉蟾《木郎祈雨咒并注》之后的祈雨科仪文书，是流行于明清时期民间祈雨的简便仪式，"本董仲舒、张天师祈雨科仪节录"；且其文书末还称若"三日无雨、五日五日无雨、七日七日无雨，必是乞求不诚，否则本土必有冤魂郁结，上拂天和。须请高僧超度冤魂方得甘霖"②。延僧建醮的现象，显示出明清时期，民间祈雨仪式的道儒释三教元素的融通趋向。

值得重视的是，白玉蟾从道教神学视角指出：雷法是道教南宗宗教伦理、戒律得以贯彻实施的一种手段。

雷司布令行事，疾如风火，不可停留。降泽之处有方，震雷之声有数。可旱即旱，可雨即雨，必奉帝敕。其雷司所行，鬼神何以致也。盖此等之人居尘世之上，不忠不孝，不仁不义，不礼三宝，不修无常，不展五谷，所以身没之后，听我雷司之驱役，实此等罪报也。③

天尊言：世衰道微，人无德行，不忠君王，不孝父母，不敬师长，不友兄弟，不诚夫妇，不义朋友，不畏天地，不惧神明，不礼三光，不重五谷，身三口四，大秤小斗，杀生害命，人百己千，奸私邪淫，妖诬叛逆，从微至着，三官鼓笔，太一移文，即付五雷斩勘之司，先斩其神，后勘其形。斩神诛魂，使之颠倒……④

---

① 《祈雨简便科仪》，载萧天石主编《道藏精华》第十集之二，第1457—1458页。
② 《祈雨简便科仪》，载萧天石主编《道藏精华》第十集之二，第1458—1459页。
③ （宋）白玉蟾：《九天应元雷声普化天尊说玉枢宝经集注》卷上，《道藏》，第2册，第573页。
④ （宋）白玉蟾：《九天应元雷声普化天尊说玉枢宝经集注》卷上，《道藏》，第2册，第583页。

南宗认为，救旱祈雨乃济世度人的大功德，有助修仙进阶。《修真十书·武夷集》卷四十六《木郎祈雨咒并注》就注明了这一点：

> 织女四哥心公忠（注云：织女四哥之言在雷府乃霹雳大仙。其心公忠，为民祈雨）。辅我救旱助勋隆（注云：雷神、风神、雨神、电神，助吾救旱。按《法书》云：救旱一次，以其阴功升转一阶，准活一百二十人。大旱过两旬者，迁三阶）。①

救旱一次，以其阴功升转一阶，准活一百二十人。大旱过两旬者，祈雨成功便可升迁三阶。这样的宗教神学理论必然促使南宗一系道士勤修雷法。

白玉蟾由于对雷法发展贡献良多，故也被后世神霄派奉为祖师之一，宋元之际的《先天斗母奏告玄科》系神霄派礼拜先天斗母之科仪，其科仪中焚香上章礼请的神灵中就有"祖师紫清明道白真人"②。

---

① 《修真十书·武夷集》卷四十六，《道藏》，第4册，第804页。
② 《先天斗母奏告玄科》，《道藏》，第34册，第766页。

早期上清经中的龟山信仰与宋代神霄法[*]

刘　莉

摘　要：本文主要从宇宙结构、神灵及对北斗之火的信仰三个方面来讨论早期上清经的龟山信仰与神霄法的关系。神霄法的宇宙结构来自龟山信仰中与北斗之阳有关的宇宙体系，神霄法中的欻火大神邓伯温、负风猛吏辛汉臣、金火天丁和神霄玉清真王也源于龟山信仰，神霄法的信仰核心"火"，也源于龟山经中与北斗之阳（北斗之火）有关的信仰。

关键词：上清；龟山信仰；神霄法；北斗之火

作者简介：刘莉，宁夏大学马克思主义学院副教授（宁夏银川750016）。

神霄法又称神霄雷法，是出现在北宋初的新符箓道派神霄派所传之法。在南宋以后，此法在道教中的影响逐渐增大，融入道教的主流中，并且对后世的道教具有非常大的影响。本文主要探讨龟山

---

[*] 本文系教育部人文社科基金项目"宋代道教雷法研究"（项目编号：23XJA730002）的阶段性成果。

信仰与神霄法的关系。通过对早期上清经中龟山信仰与神霄法的宇宙结构、神灵和对"火"的信仰三个方面，来考察二者的关系，从而对神霄法的起源有更清晰的认识。

一 早期上清经中的龟山信仰与神霄法的宇宙结构

（一）龟山的北斗、阴阳和九天的宇宙结构

龟山又称为西龟山，在《山海经》《越绝书》《吴越春秋》中都有相关的记载。在早期上清经中，也有一些与龟山有关的记载，并且将西王母与龟山联系在一起，建构出了一个系统的信仰体系。①

龟山又称为西龟山或西元龟山。大约出自宋元时期的《大洞玉经》收录有"西元龟山九灵真仙母青金丹皇君道经第三十九"，其中讲到"西元者，桐柏山，或云昆仑山"②，《云笈七签》也讲到，"西元龟山乃王母之所治也"，又讲到"西元龟山在昆仑之西，太帝玉妃之所在"。③ 此处讲到西元就是"昆仑山"，西元龟山又在昆仑山之西。中国古代认为昆仑山处于北斗之下，如《尚书纬》中讲到，"北斗居天之中，当昆仑之上"④，而西王母也居住于昆仑山⑤。在早期上清经中，虽然西元龟山不是昆仑山，但西元有昆仑的意思，龟山又是王母的居住之地，因此龟山实际上与昆仑山并无特别大的差别，关于这一点，罗燚英博士在她的《六朝道教龟山龟母新说再论》中就明确提到，上清派在造构龟山时，是以昆仑为原型

---

① 关于西王母信仰与龟山信仰的结合，参见李丰楙《王母、王公与昆仑、东华：六朝上清经派的方位神话》，载《仙境与游历：神仙世界的想象》，中华书局2010年版。
② 《大洞玉经》，《道藏》，文物出版社、上海书店、天津古籍出版社1988年版，第1册，第573页。
③ 《云笈七签》卷八，《道藏》，第29册，第49页。
④ （清）赵在翰辑，钟肇鹏、萧文郁点校：《七纬（附论语谶）》，中华书局2012年版，第234页。
⑤ 关于昆仑山信仰的来源、方位、昆仑与北斗西王母的关系，以及昆仑山信仰在汉代的成熟，参见王煜《昆仑、天门、西王母与天帝——试论汉代的"西方信仰"》，《文史哲》2020年第4期。

的，龟山所具备的一些特点也与昆仑相似。①

从现有的经典可以看出，龟山信仰是早期上清经中非常重要的信仰，早期上清经中有一系列与龟山信仰有关的经典，如《上清元始变化宝真上经九灵太妙龟山玄箓》《上清高上龟山玄箓》《洞真上清神州七转七变舞天经》《上清高上龟山玄箓》《上清玉帝七圣玄纪回天九霄经》《上清元始变化宝真上经》《上清玉帝七圣玄纪回天九霄经》等。这一批经典主要以龟山信仰为背景，也有与之相关的一些神灵和道法。从这些相关的记载可以看出，龟山与昆仑山一样与北斗有关。《洞真上清神州七转七变舞天经》中讲道：

> 西龟之山，一曰龙山，乃九天之根纽，万气之渊府，在天西北之角，周回四十万里，高与玉清连界。东南则接通阳之霞，上承青宫神虎之门；西北则交寒穴之野，上通金阙神仙之庭；南则极于太丹浮黎之乡，气协洞阳之光；北则指于钩陈，交关华盖，气践广灵；中央直冲玉京八达交风山顶。②

这一段经文所讲到西龟山在天之西北，因为在中国古代的信仰中，昆仑山就是在西北方。其中又讲到，龟山东南接通阳之霞、南则极于太丹浮黎之乡；西北交寒穴之野、北则指于钩陈。此处的东南、南，西北、北应该分别指阳与阴的意思。

道教这种对于北斗的认识来自古代的天文学。《史记·天官书》讲道："斗为帝车，运于中央，临制四乡。分阴阳，建四时，均五行，移节度，定诸纪，皆系于斗。"③ 在汉代，北斗之神太一也是总理阴阳的天神。上文《洞真上清神州七转七变舞天经》中的记载应该就是对北斗主统阴阳思想的继承：龟山的东南（通阳之霞、青

---

① 关于西龟山与昆仑的关系，参见罗燚英《六朝道教龟山龟母新说再论》，《广东第二师范学院学报》2013年第6期。
② （宋）白玉蟾：《上清元始变化宝真上经九灵太妙龟山玄箓》卷上，《道藏》，第34册，第177页。
③ （汉）司马迁撰，《史记》卷二十七，中华书局1959年版，第4册，第1291页。

宫神虎之门)、南(太丹浮黎之乡)是北斗之阳；龟山的西北(寒穴之野、金阙神仙之庭)、北(钩陈、关华盖)则是北斗之阴。

关于这一点，《上清元始变化宝真上经九灵太妙龟山玄箓》中也讲道：

> 王母请皓灵素章，龟山元录定真王格，以禅紫皇之号，南造朱陵大丹极炎流火之乡，太阳琼宫九层玉台。南极上元君请太丹洞元火铃七曜琼章，金真玉光，以招二景玉精，炼化七变之容，北造朔阴九玄寒乡……萧条九耀豁落七元，以披天关。①

此处所讲的王母在龟山南造朱陵大丹极炎流火之乡，北造朔阴九玄寒乡，也有这样的含义，体现出了代表着北斗信仰的龟山总理着阴、阳。其中龟山代表着北斗，龟山南方的朱陵大丹极炎流火之乡代表了北斗之阳，龟山的北方朔阴九玄寒乡代表了北斗之阴。

此外，需要注意的是，早期上清经的龟山信仰除了继承了中国古代传统的北斗信仰外，还将其与道教传统的九天说联系在一起。如上文《洞真上清神州七转七变舞天经》中就讲到西龟山是九天之根纽，这就将传统的龟山、北斗、阳阳等观念与道教的九天信仰结合在一起。在早期的上清经中，我们可以发现，九天、九霄经常与龟山信仰联系在一起。如《上清玉帝七圣玄纪回天九霄经》是与九霄有关的经典，经中讲到此文由七圣撰上玄之章，集为灵文，命龟母按笔。②《上清元始变化宝真上经九灵太妙龟山玄箓》中也讲到，西王母以开皇元年……逸邀九霄、静斋龟山等。③

(二) 神霄法对龟山信仰中北斗、阳阳和九天信仰的继承

从相关的资料可以看出，宋代神霄法继承了早期上清经龟山信

---

① 《上清元始变化宝真上经九灵太妙龟山玄箓》卷上，《道藏》，第34册，第177页。
② 参见《上清玉帝七圣玄纪回天九霄经》，《道藏》，第34册，第71页。
③ 参见《上清元始变化宝真上经九灵太妙龟山玄箓》卷上，《道藏》，第34册，第177页。

仰中与北斗、阴阳、九天有关的宇宙体系。

神霄法所信奉的主要的宇宙体系就是九霄、九天。在《九天应元雷声普化天尊说玉枢宝经集注》中对九天有非常详细的叙述，其中称九天是来自东南之炁，东南是九阳之炁：

> 九天者，乃统三十六天总司也。始因东南九炁而生，正出雷门……真王所居神霄玉府，其道在乎巽。巽者，天中之地也，东南乃九阳之炁。①

对于九霄、九天的宇宙结构，由神霄派的创始人之一林灵素所传的"神霄金火天丁法"有更为详细的记录：

> 混沌赤文太无无，元始虚皇祖劫初。虚皇一炁初无二，一炁分三炁始敷。
> 三炁因成九霄炁，三十六天周列侍。中有一天曰清微，正属虚皇神霄治。
> 霄南丹天至阳明，赤文妙化流火庭。虚皇妙帝主炼所，最上宫中扁火铃。
> 火铃玉宫院之左，有一玉神曰金火。玉光金耀结成仪，三月九日圆道果。
> ……
> 中有告斗及炼度，皆起虚皇金无祖。上彻九霄斗九皇，中通人身内九府。②

上文《九天应元雷声普化天尊说玉枢宝经集注》讲到了九天因东南九炁而生，并且东南是雷门，有九阳之炁。"神霄金火天丁法"又进一步讲到，九霄有"告斗"和"九霄斗九皇"，可见，九

---

① （宋）白玉蟾：《九天应元雷声普化天尊说玉枢宝经集注》卷上，《道藏》，第2册，第569页。
② 《道法会元》卷一百九十九，《道藏》，第38册，第133—134页。

霄与东南、北斗有关。"神霄金火天丁法"也讲到,九霄中还有"流火庭"和"火铃玉宫院""金火""扁火玲"。这些与上文上清经中的龟山信仰,尤其是北斗之阳的宇宙结构有很多相似之处。《洞真上清神州七转七变舞天经》称龟山是九天是根源,"东南则接通阳之霞,上承青宫神虎之门";《上清元始变化宝真上经九灵太妙龟山玄箓》又讲到,王母在龟山"南造朱陵大丹极炎流火之乡",南方朱陵大丹极炎流火之乡、洞元火铃七曜琼章。通过以上比较可以看出,神霄法的宇宙结构继承了早期上清经龟山信仰与北斗之阳有关的宇宙结构。

总之,神霄法与九天有关的宇宙结构中包括东南、九天、北斗、火铃、流火庭等,这些要素在早期上清经的龟山信仰中就已经出现了,属于北斗之阳的宇宙结构。

二 早期上清经的龟山信仰与神霄法的神灵

除了宇宙结构外,从相关的记载可以看出,神霄法的神灵也借鉴了早期龟山经中的神灵。

首先,神霄法中两位重要的神灵邓伯温和辛汉臣就是来自龟山的相关经典。在《上清元始变化宝化宝真上经九灵太妙龟山玄箓》收录有"欻火律令神邓伯温"和"银牙耀目神辛汉臣"两位神灵①,这两位神灵在宋代神霄法中的信仰非常兴盛,但在宋代以前只在《上清元始变化宝化宝真上经九灵太妙龟山玄箓》中出现过。

宋代的神霄法中,邓伯温和辛汉臣这两位神灵经常出现,如在《道法会元》卷六十一"高上神霄主枢斩勘五雷大法"的将班有四位神灵,其中前两位就是"元上玄皇至尊九天雷首欻火律令大仙都天元帅烟都炎云帝君大忠大孝欻火律令大神邓伯温"和"掌雷霆火光霹雳银牙耀目提点三界铁笔演法大判官辛汉臣"②;在"玉音乾

---

① 《上清元始变化宝化宝真上经九灵太妙龟山玄箓》卷中,《道藏》,第34册,第204页。
② 《道法会元》卷六十一,《道藏》,第29册,第166页。

元丹天雷法"中又有"九天运令雷王阳火欻阳邓天君"和"九天掌令判王都督阴神辛天君①。在《道法会元》中还收录有这两位神灵的专门的大法，如《道法会元》卷八十的"欻火律令邓天君大法",《道法会元》卷八十一中有"负风猛吏辛天君大法"。其他的又如在卷一百九十二中有欻火符②，"玄坛元帅秘法"有元帅本身符，其中有律令大神邓天君和银牙猛吏辛天君③等。

其次，从林灵素所传的"神霄金火天丁法"中的金火天丁神，也可以看出龟山信仰与神霄法的关系。

从"神霄金火天丁法"的名称就可以看出，此法最重要的神灵之一就是天丁神"金火天丁"。天丁是一类道教神将的称呼，在宋代以前的经典中经常出现，如早期正一经《太上正一盟威法箓》中就有上仙都天丁力士、上灵官天丁力士；《四斗二十八宿天帝大箓》中也有青衣天丁、赤衣天丁等。"神霄金火天丁法"的"金火天丁"应该也是天丁神将的一种。其以"金火"来命名，从"金火"这一词我们可以猜测，这应该与此派所信仰的"火"有关。上文讲到，神霄法信仰北斗之阳，"金火天丁神霄三炁火铃歌"中称九霄中还有"流火庭""火铃玉宫院"等。其中"火铃"又可以称为"流金火铃"，"流金火铃"也属于北斗之阳，是早期上清经中的重要信仰。④ 流金火铃与金火天丁都出现了"金火"，此处的金火应该是指与北斗之阳有关的火。

在早期龟山经典《上清元始变化宝化宝真上经九灵太妙龟山玄箓》中又有这样一段话，仙母（西王母）以八节之日时适五岳、历观河源、游盻八极，此时"五星出分，日月停光，百阳激电，流

---

① 《道法会元》卷二百十四,《道藏》，第30册，第331页。
② 《道法会元》卷一百九十二,《道藏》，第30册，第217页。
③ 《道法会元》卷二百三十三,《道藏》，第30册，第455页。
④ 关于流金火铃与北斗的关系,《洞真太上紫度炎光神元变经》讲到，"流金火铃者，九星之精，一名圆光"，《洞真太上紫度炎光神元变经》,《道藏》，第33册，第556页。关于流金火铃与北斗之阳的关系,《洞真太上紫度炎光神元变经》有"五铃登空步虚保仙上符"（有小字注解"一为火铃符"），文中讲到此符"左揽则为流金火铃，右振则冠豁落七元"，《洞真太上紫度炎光神元变经》,《道藏》，第33册，第556页。

金焕精,天丁前驱,五老杖幡"①。鉴于前文分析的此经与神霄法的关系,我们有理由猜测,"神霄金火天丁法"中的金火天丁有可能与"流金焕精,天丁前驱"的说法有关,这里的"百阳激电"也很容易使人想起雷法。

并且,在"神霄金火天丁法"中对天丁的描述是"天丁冠,美眉玉色,满月相,赤情,红锦团凤金花袍,红锦抱肚,绿风带,金锁子甲……"②《上清元始变化宝化宝真上经九灵太妙龟山玄箓》中虽然关于神灵天丁并没有特别的说明,不过其中记载了两位同样戴着天丁冠的神灵:一位是"鬼宿使者"倪章,头戴天丁冠,身穿红服;另一位是"太乙元皇",头戴小天丁冠,身穿红袍铁甲,面容紫色,双手雷匣。③ 其中神灵"太乙元皇"不但头戴天丁冠,双手还握着雷匣,这也使我们想起了雷法。

通过以上分析,我们可以推断,"神霄金火天丁法"中的金火天丁这一神灵很可能与早期龟山经典《上清元始变化宝化宝真上经九灵太妙龟山玄箓》有渊源。而鉴于此法的传授者林灵素在神霄法中的地位,我们也有理由相信神霄法受到了早期上清经中龟山信仰的影响。

除了以上两点外,神霄法中最重要的神灵神霄玉清真王似乎也受到了龟山信仰的影响。

上文讲到,《上清元始变化宝化宝真上经九灵太妙龟山玄箓》中的神灵似乎对于神霄派有很大的影响,神霄法中的邓伯温、辛汉臣以及金火天丁都与此经有渊源。《上清元始变化宝化宝真上经九灵太妙龟山玄箓》中又有"九霄真王",其中讲到这位神灵在春三月变形,"头戴九星,口衔金铃",此处既有北斗九星,又有金铃,即与北斗之阳有关的流火金铃。可见这位神灵既与九天、九霄有

---

① 《上清元始变化宝化宝真上经九灵太妙龟山玄箓》卷上,《道藏》,第34册,第177页。

② 《道法会元》卷二百二,《道藏》,第30册,第281页。

③ 《上清元始变化宝化宝真上经九灵太妙龟山玄箓》卷下,《道藏》,第1册,第578—579页。

关，也是与北斗之阳有关的神灵。宋代的神霄法最重要的神灵是神霄玉清真王，据称他是由东南九阳之炁所化①，所以这位神灵，也与九天、九霄和北斗之阳有关。加之九霄真王与神霄玉清真王有相似的名称，我们也有理由相信，神霄法中的神霄玉清真王与《上清元始变化宝化宝真上经九灵太妙龟山玄箓》中的"九霄真王"有一定的渊源关系。

由此可见，神霄法中的几位重要的神灵都受到了龟山《上清元始变化宝化宝真上经九灵太妙龟山玄箓》的影响，由此可以看出早期上清经中的龟山信仰与神霄法的渊源关系。

三 龟山信仰的北斗之火与神霄派信仰之火

在由林灵素一系所传的"神霄金火天丁法"的文末有元道士刘玉所写的序，称此法最初由火师传给林灵素。②另一位传神霄法的重要人物王文卿称他的雷法来自一位姓汪的火师，无论林灵素和王文卿的老师是不是同一人，"火师"应该表明了两位火师代表了一种相近的与"火"有关的道法。火应该也是神霄法的一个核心。上文讲到，神霄法继承了龟山信仰中与北斗之阳有关的内容，其所信仰的"火"就是北斗之火。

关于汪火师，在《道法会元》的"汪火师真君雷霆奥旨"③和《历世真仙体道通鉴续编》中都有他的生平介绍，其中讲到汪火师在南岳修道之时，紫虚元君下降至南岳"授以至道"④，此处的紫虚元君就是上清的祖师魏华存，按这种说法，那么这位汪火师所受

---

① （宋）白玉蟾：《九天应元雷声普化天尊说玉枢宝经集注》卷上，《道藏》，第2册，第568页。
② 参见《道法会元》卷一百九十八，《道藏》，第30册，第258页。
③ 《道法会元》中多次提到汪火师的传授，在卷七十六有王文卿写的"汪火师真君雷霆奥旨"，其中介绍了汪火师的生平和道法。《道法会元》卷七十六，《道藏》，第29册，第262—263页。
④ 具体见"汪火师真君雷霆奥旨"，《道法会元》卷七十六，《道藏》，第29册，第262—263页；《历世真仙体道通鉴续编》卷五，《道藏》，第5册，第446页。

的就是上清法，再结合我们此处的分析，有理由相信汪火师所传之法是与上清经中的北斗之阳火有关的信仰，即早期上清经龟山信仰中的相关道法。

从神霄法的相关记载中也可以印证这一点。神霄法表现出了对火的信仰。如"神霄金火天丁法"中讲到流火之庭和丹阳之馆是神霄玉清真王主炼之司：

> 五仙之妙在保仙，保仙之妙在西台，西台之妙在火铃，火铃之妙在天丁。曰：火铃宫在太阳之下，流火之庭，丹阳之馆，赤明之境，是玉清真王神霄大帝主炼之司。①

并且从相关的经典可以看出，其相关道法和神灵都与火有关。在《道法会元》卷一百九十八中收录有此法的将班，其中有金火天丁和火铃童子员，又有"火铃咒""玉帅悬火镜制邪品"等相关的道法。由这些都可以看出此法对"火"的信仰。

另外一部神霄法的经典《神霄玉清真王紫书大法》中也体现出了对于"火"的信仰，其中同样有很多与火有关的道法，如其中有"火罩符"：

> 火罩符
> 炎灵炎灵，火帝之精。流火万里，鬼灭无形。
> 喷天豁清，噗地永宁。噗人长生，噗鬼灭形。
> 暂离宝殿，火罩之灵。②

其中充分表现出了对于火的信仰。

《高上神霄玉清真王紫书大法》同样有很多与火有关的神灵，如卷四有九天太微南陵收魂火铃神马真、火轮烧鬼将盖兴、南斗火

---

① 《道法会元》卷一百九十八，《道藏》，第30册，第250页。
② 《高上神霄玉清真王紫书大法》卷三，《道藏》，第28册，第583页。

官、欻火大神邓伯温、霹雳火光银牙耀目威神辛汉臣、八方在元帅火雷神将等。由于相关道法与神灵数量众多，在此不一一列举。

以上这些分析都可以表明神霄法对于"火"的信仰，这些"火"无疑都是与北斗有关的火，即北斗之阳火。而神霄派对于北斗之火的信仰与早期上清经的龟山信仰有渊源关系。

总之，宋代神霄法的宇宙结构中北斗、东南、九天、金铃、流火金铃，这些都源于早期上清经中龟山信仰中与北斗之阳有关的宇宙结构。并且通过上文的分析也可以看出神霄法中的欻火大神邓伯温、负风猛吏辛汉臣，以及金火天丁和神霄玉清真王都与《上清元始变化宝化宝真上经九灵太妙龟山玄箓》这部龟山经典有关。而神霄法的信仰核心"火"就是北斗之火，这个关于北斗之火的信仰来自龟山经中与北斗之阳或北斗之火有关的信仰。

由以上的分析可以看出，宋代神霄法与早期上清经中与龟山有关的信仰有深厚的渊源关系。

太乙派雷神信仰与图像研究

李黎鹤

摘 要：太乙派肇始于唐代，创教者为冯佑。该派自称其太乙火府五雷大法出自西蜀青城，其法以丹道为基础，以符咒为运用，诀明捷要。盖西来之法，皆简而要，符无散形，咒无韵丽，与江南之法不同。有关雷神的图像相当丰富，值得研究。

关键词：太乙派；五雷；雷神；图像

作者简介：李黎鹤，四川传媒学院副教授（四川成都611745）。

一 冯佑与太乙派

太乙派肇始于唐代，创教者为冯佑。冯佑平生好道，为中唐时期的绵州太守（今四川省绵阳市）。唐玄宗天宝元年（742）七月，绵州水旱虫蝗，毒气流行，"妖邪变现，燃烛弄灯，偷财盗物，摄人淫佚，邀求祭祀"①，社会动乱。是时冯佑持诚启奏太上，夜梦北阴圣母降言："世有不忠不孝，不义不仁，造诸罪恶，好乐邪神，

---

① 《道法会元》卷一百八十八，《道藏》，文物出版社、上海书店、天津古籍出版社1988年版，第30册，第188页。

以致魔精克害，邪鬼萦缠。吾今付汝道法，普济人民。凡有水旱妖孽，立坛呼召，其神即应。"① 其后惊觉，于次日香案上得秘文一轴，视之乃太乙雷书。冯佑得之，乃依法立坛呼召，雷声大震，是时太乙元君现形于坛中应感。冯佑立即辞禄弃官，广行符咒雷法，济世有功，"蒙上帝赐为紫府真人"。后隐居青城山丈人观，有道士江元亨以师事之，三年遂授玄文。厥后吕政卿、李巨川、张伸之等皆师事之，冯佑因资授受，"区分人鬼，协赞乾坤，不可具纪"②。至五代战乱，至人多隐，故其道遂隐而无闻焉。

北宋隆兴，道教又得兴盛。"自延恩殿九真降御，道法尊而正教行。希夷陈抟先生居于华山，得其法于石室中。"③ 陈抟，道教史上一位具有相当影响的人物。他被道教界尊为"陈抟老祖"，享有极高的声誉。他师事邛州天庆观高道何昌一，学"锁鼻息飞精"之术，后隐居华山，以丹法与易学享誉社会。他上承秦汉以来《周易》象数学之绝脉，创立先天易学，开创了宋元以来易学研究的规模与传统。他以易证道，融合易学、道学为一体的内丹之学，为道教内丹派的形成奠定了理论基础。但陈抟并不擅长雷法，何以成为太乙派的宗师，显然是为依托。

其后，太乙雷书传于西蜀，有刘浩然得其法。刘浩然字仲方，讳晋，为成都青城大面山丈人观主持。《高上大洞文昌司禄紫阳宝箓》卷下："建炎末，邛州刘浩然，少读书谋进取，梦司禄真君授以文昌之箓，既觉，录以记之，遂诣龙虎山，拜谒于三十代天师，求受此箓，天师取以示之，天师曰：此箓非子成名，子当传之，度及三贵，受讫不能详其言。绍兴中，浩然行三洞法箓，符药灵显，能出神拜章，逆知人未来休咎，为当时士贵所称。"④ 赵道一《历世真仙体道通鉴续编》卷四："宋高宗绍兴中，虞允文侍其父漕潼川。父病，允文斋戒浃日，命道人刘浩然奏章请命。刘亦素以精殷

---

① 《道法会元》卷一百八十八，《道藏》，第30册，第188页。
② 《道法会元》卷一百八十八，《道藏》，第30册，第188页。
③ 《道法会元》卷一百八十八，《道藏》，第30册，第189页。
④ 《高上大洞文昌司禄紫阳宝箓》卷下，《道藏》，第28册，第520页。

著名，自子夜登坛，迟明方兴言曰：适之帝所见几上书章内两句云：乞减臣之年，增父之算。帝指示曰：虞允文至孝，可与执政。已而其父竟卒。后有十八年，允文果然参大政，以符其言。"①

时有九天魔女化一妇人，入青城丈人观中烧香作孽，道众尽外散而去。真人遂受太上之命，"收九天魔女，锁之于八角井，繇是大教愈彰。得其雷祖宗派者，孙太初、赵师古、杜昌宗、吕真人。近有刘虚正、王法进、监军赵必渥，其徒甚众，独许志高真人得法大显"②。后应高宗诏入内，劾治妖怪，"阐教于青城，赐号通玄。后一百五十岁，天书诏侍太清，飞升而去"③。

刘浩然弟子甚众，唯许志高得其真传。许志高讳翔，本阆州（今四川阆中）人氏，自幼喜爱清静。曾官任四川机宜，后弃职入青城山，拜刘浩然为师，先后伴随十三四年。值刘浩然将羽化之前，曰："汝急来，吾以法授汝，汝道南行，流传六百弟子。"④ 许志高自得法之后，出游西蜀，南巡江南，至京师内院，"有妖作孽，诸法师不能治之，真人以一符，箴妖精长丈余。蒙上帝赐号伏魔，以此号为伏魔许真人"⑤。其后云游至福建延平，收杨耕云为弟子，尽传道妙。迨至理宗宝庆元年（1225）六月六日，于江苏茅山玉晨观天市坛建醮，"就火焰中上升，但留下朱履，在火之如新，今茅山藏为至宝"⑥。许志高未羽化时，吩咐将道法及雷篆家书秘印、雷霆都司印、都天大雷火印、统天印、天宝家书印，尽数传与杨披云。

杨披云，字耕常，讳燮，为福建延平人。"其父任教授于蜀江口，见许伏魔。在后回家作纯阳会，许伏魔见其衰老，与杨教授丹药服，于妾处生一男子。在后许伏魔再到延平，带披云至西蜀、建康、茅山等处，后传与披云。"⑦ 待许志高逝世后，杨披云以其母

---

① （元）赵道一编：《历世真仙体道通鉴续编》卷四，《道藏》，第5册，第437页。
② 《道法会元》卷一百八十八，《道藏》，第30册，第189页。
③ 《道法会元》卷一百八十八，《道藏》，第30册，第190页。
④ 《道法会元》卷一百八十八，《道藏》，第30册，第190页。
⑤ 《道法会元》卷一百八十八，《道藏》，第30册，第189页。
⑥ 《道法会元》卷一百八十八，《道藏》，第30册，第189页。
⑦ 《道法会元》卷一百八十八，《道藏》，第30册，第190页。

尚健在，复回故乡延平。"有建宁府浦城县黄止堂，出守延平贰车，见披云真人驱役雷电，开现星斗，祈祷雨旸，倦舒云霓，皆在指呼。有黎君亦川人，而力荐之。以此先君止堂，令云庄拜披云为师。"① 杨披云遂收黄云庄为徒，传以雷法秘印。至淳祐年间，曾于西湖苏堤祷雨有验，朝廷锡以"清隐"，却而不受。

其弟子尚有三茅山玉晨观薛管辖、西蜀宣哥真人。黄云庄奉其道法三十余年，江湖之士慕名求者甚众，"亦然以伏魔家书付之崇奉，苟能勤恪虔恳，一达家书，亦可治病驱邪，祈晴祷雨，无不应者，而太乙火府之文，例不敢泄，非惟此法不可得遇，而江南之人闻之者亦罕矣。尝受师言，向遇西人则可授之。昨授成都碧源李拱祥，得之西矣。念云庄榆景向暮，志乐林泉，懒于出山，深虞此文湮没，他时后学无传，遂传之邑人祖审斋逢吉、黄澄心、詹山立、陈清溪等，代余之阐教也"②。

主传月孛秘法的为太乙派另一法脉。据元代神谷子讲述，月孛秘法从古有之，名目纷杂，难以具言。元大德丁未（1307）金华叶玄玄来旴，语其法诀，神谷子得之。后遇括苍王田叶，授予月塘胡真人派月孛法。至大己酉（1309）夏孟，又遇金水赵悔隐于玄妙翠微院，受之针灸二诀、剪邪罡诀及兴雷霹雳符，屡用功验。泰定乙丑（1325）次黎川，见西园刘先生，告以合神布炁之妙。丁卯（1327）秋仲，又遇阿里瓦丁回回大师于群东清和堂，蒙传五字合体之用，每获灵应。至顺壬申（1332）秋孟，临汝谢冰壶来，语及三十三字之秘，桃皮竹叶之玄，并言昔祖师龙虎俞真人九入青城，始遇邓天君授以针灸、罡诀，施用之间，百发百中。"予自幼及长，慕道益深，凡清微、灵宝、道德、正一四派之学，靡不究竟，而于太乙之文，犹属意焉。前二十八年之间，九经六师，始悉其要。"③ 可见得太乙月孛雷君秘法之不易。

---

① 《道法会元》卷一百八十八，《道藏》，第30册，第189页。
② 《道法会元》卷一百八十八，《道藏》，第30册，第189页。
③ 《太乙月孛雷君秘法》后序，《藏外道书》，巴蜀书社1994年版，第29册，第58页。

图1 辛天君 明代 纸本设色 李黎鹤藏

辛天君，即负风猛吏辛汉臣，或称雷霆三十三天大都督青帝天君、五雷都督判官、银牙猛吏辛汉臣、雷霆都督铁笔注律大神青帝帝天君。关于他的形象，大致有几种说法。红发，青面，皂帽，绿衣，风带，左手执铁簿，右手执火笔，如判官状。戴牛耳幞头，青面，银牙，绿袍束带，白裤皂靴，左手执雷簿，右手执火笔。绿衣，铁帽，执笔簿。戴牛耳幞头，朱发铁面，银牙如剑，披翠云裘，皂靴，左手执雷簿，右手执雷笔，上有火光。清顾铁卿《清嘉录》曰："（六月）二十五日，为辛天君诞辰。谓天君为雷部中主簿神，凡奉雷斋者，至日皆茹素以祈神佑。又月之辛日及初六日，俗呼三辛一板，六不御荤，谓之辛斋。"[1]

该派祖师有四位：歘火律令炎帝邓天君、钓台龙虎俞真人、叔宝左真人、月堂胡真人。宗师八位：太极董真人、玉田叶真人、中卿徐真人、德章姚先生、太初杜先生、雷谷蒋真官、鹤巢黄真人、明真程先生。他们的生平事迹难以考辨，应多为元代太乙派传人。

从冯佑肇始的太乙宗，传播太乙火府五雷大法，其派先后递传于江元亨、吕政卿、李巨川、张仲之等，再经北宋高道陈抟、西蜀刘浩然、阆州许志高、延平杨耕常、浦城黄云庄、成都李拱祥等，此宗始终以四川青城山为祖庭，已传至南宋末年，且门徒颇多，遍布西蜀、江南、福建地区。

二　太乙派的神仙谱系

太乙派的神仙谱系相当完整。有主法，有师派，有神将。太乙派的法主有三位。其一为至尊妙道大赤天宫混元上德皇帝，即太上老君。其二为法主神霄宝炼太乙祖母元君祝存，"乃月孛星君化现，红发獠牙，身出红火光，躶体跣足，手执如意"[2]。其三为法主妙

---

[1] （清）顾禄：《清嘉录·桐桥倚棹录》，来新夏、王稼句点校，中华书局2008年版，第145页。
[2] 《道法会元》卷一百八十八，《道藏》，第30册，第190页。

通丹华昭烈真君朱旷,"罗睺星君化现,为之副将"①。因其法主的不同,分传月孛、罗睺秘法。

元皇月孛秘法祖师钧台龙虎俞真人,主法九天飞罡捉祟轰雷掣电太乙月孛雷君。姓朱讳光,天人相,披发裸体,黑云掩脐,红履鞋,左手提旱魃头,右手杖剑,骑玉龙;变相青面獠牙,绯衣,杖剑,驾熊。②

所传针法非常独特:用舌尖书炓字于针上,念七字咒,请炁于针。仍先黄纸墨书一大字,令病人咳嗽三声,法师即三吸其气,吹布大字上。想如病人真身,贴在壁上,随人患处,用法针之。密念胥魃罡魒,仍以剑诀迭书此四字三次,书毕下针,三吸三吹。毕以炓字封之。③

天地宇宙之间,日月星斗之下,有蛊毒之气流行,有邪巫魇祷之术。"焦家邪,豫家邪,耿家邪,鸠里邪,鸠蛇邪,鸠卢邪,五方猕猴邪,五音白衣邪,颠倒龙树邪,阴阳男女邪,倚草附木邪,多诸巫觋,邪法流行,阴肆魇祷,以曲作直,伐庙尖神,监勒其神,取人魂命,或令人骨肉相残,夫妻反目,家道破坏,父子相离,又或令人精神恍惚,祸患缠绵,所为不成,百事错乱,以致世道败坏,妖气流行。"④ 因此道教设剪邪巫法,先备牒雷神,体察得实,方可具章,并前勘合符,上告雷君,期七日待报。

伐邪巫章表章:"臣某质秽气浊,过着功微,诚不足以感格真灵,德不足以制伏邪鬼,为此谨依师旨,建立法坛,拜贡章书,上闻雷府,伏望圣慈,允臣章奏,哀怜下苦,矜鉴中情,特赐旨命君基大神,臣基大神,民基大神,大游大神,小游大神,天乙大神,地乙大神,太乙大神,钺毒大神,飞廉大神,火雾大神,天蓬大将军,天猷大将军,栩圣大将军,佑圣大将军,太乙五雷大神,直狱建狱大神,天丁力士三十万人,天绐甲卒三十万人,北极神兵三十

---

① 《道法会元》卷一百八十八,《道藏》,第30册,第190页。
② 参见《道法会元》卷二百十五,《道藏》,第30册,第335页。
③ 参见《道法会元》卷二百十五,《道藏》,第30册,第336页。
④ 《道法会元》卷二百十五,《道藏》,第30册,第336页。

万人，五雷神兵万万人，掷火万里，流铃八冲，轰雷霹雳，收摄邪踪，已上官将神兵，一合齐降，俓下邪巫某人家，东西南北，上下十方，普天雨地，布网张罗，先行收擒邪家百二十祖，招回邪家兵马，倒枪停刃，伏地归降，令其邪巫某反火自烧，反刀自斫，一身病起，五脏毒生，天火焚烧，官司竞起，七日之内，特赐报应。"①这是召请太乙神灵，驱邪治病。

拜章之法，先须洁涤身心，注念专致，洒冷焚香，启告之后，"想变法坛为太乙离宫，存见月孛雷君俨然在上，左有阳雷马、郭、方、邓、田五使者，右有阴雷张、许、姚、雷、南五使者，共十神侍从。用关引一道，差阴阳某雷神赍捧勘合符命，并所拜章书，刻时上达。就于香炉内烈火丰香焚化，步火水未济罡，发遣而去。后至行事之时，却焚勘合符，看一七日内报应若何。其邪巫或自病，或火灾，或官事，即是报应矣。仍行牒委雷神收上师家兵马，收入兆所奉法院，俾为部属将吏。事毕，祭犒以赏其功"②。

月孛星君，道教尊为太乙华阴月孛星君，与神首罗睺星君、神尾计都星君、天一紫炁星君合称四余；与太阳星君、太阴星君、火德星君、木德星君、土德星君、金德星君、水德星君等"七政"，合称十一大曜星君。其中，罗睺星君、计都星君为逆日月而行；紫炁星君、月孛星君为顺日月而行。古人认为，有妖孽出现时，"月孛"也可以凭视觉观见，其星为彗星之属，但不同的是光芒四出，不同于一般只有一条彗尾的彗星。月孛的功用在于解释月亮迟行的原因，月亮绕行的轨道椭圆，而古人是按正圆推算，故为了解释月亮变慢的缘故，设想了一个会影响月亮运行的假想星"月孛"，认为在那段时间"月孛"刻意去阻止月亮的运行，因此也是一种凶星。

罗睺星，一名黄幡。古印度神话中的恶魔，相传为"达耶提耶王毗婆罗吉提"与"达刹之女辛悉迦"所生之子，他又被称为"行星、流星之王"，西南方的守护神；他长有四只手，下半身为

---

① 《道法会元》卷二百十五，《道藏》，第30册，第336页。
② 《道法会元》卷二百十五，《道藏》，第30册，第337页。

蛇尾，好为非作歹。据唐金俱吒撰《七曜攘灾决》卷上曰："罗睺遏罗师者，一名黄幡，一名蚀神头，一名复，一名太阳首，常隐行不见，逢日月则蚀，朔望逢之必蚀，与日月相对亦蚀。"①《太上洞真五星秘授经》曰："罗睺真君，主九天之下一切诸恶，如世人运厌逢遇，多有灾厄深重，宜弘善以迎之。其真君，戴星冠，蹑朱履，衣纯玄之衣，手执玉简，悬七星金剑，垂白玉环佩。宜图形供养，以异花珍果，净水名香，灯烛清醴，虔心瞻敬。"②

中国古代把黄道和白道的降交点叫作罗睺，升交点叫作计都，认为逢到罗睺星值年，会很不顺利。北宋李思聪《洞渊集》卷七称："罗睺神首星君，主九天之下一切诸恶，星君戴星冠，蹑朱履，衣纯玄霞云之被，执玉简，垂七星金剑，带白玉环佩。逆行天道，顺之则昌，逆之则祸。"③《上清十一大曜灯仪》："臣众等志心皈命，交初建星罗睺隐曜星君，诸灵官。臣闻：允惟神首之星，爰播聿斯之咏。号贵权而操势，循黑道以韬光。冠晨宿之威棱，亦莫余而敢侮；掌日月之薄蚀，其谁曰而不然。身御飞龙，手持宝剑，常占测乎晦朔，庶消弭乎灾殃。今醮士某恪奉威容，辄敢陈乎菲荐；虔宣隐韵，庶上彻于聪闻。稽首归依，虔诚赞咏：神首循黑道，冥冥超至灵。暗明期朔望，阳德晦阴精。高镇黄旛阙，矛戟耀霜铃。志心俟多福，稽首诵真经。"④

九曜，有时称九执，在中晚唐时期多见于佛藏密教部的经典中。一行在《大毗卢遮那成佛经疏》卷四中提到："执有九种，即是日月火水木金土七曜，及与罗睺、计都，合为九执。"⑤"九执"，是指九种执持之神。如《大孔雀咒王经》卷下记载："阿难陀，汝当忆识有九种执持天神名号，此诸天神于二十八宿巡行之时，能令

---

① （唐）金俱吒：《七曜攘灾决》卷上，《大正藏》，东京：株式会社国书刊行会1975—1989年版，第21册，第442页中。
② 《太上洞真五星秘授经》，《道藏》，第1册，第871页。
③ （宋）李思聪：《洞渊集》卷七，《道藏》，第23册，第849页。
④ 《上清十一大曜灯仪》，《道藏》，第564页。
⑤ （唐）一行：《大毗卢遮那成佛经疏》卷四，《大正藏》，第39册，第618页上。

昼夜时有增减，亦令世间丰俭苦乐预表其相。"①九执或九曜的概念，南朝时就已传入中国。《大圣妙吉祥菩萨说除灾教令法轮》曰："于真言外，应画九执大天主，所谓日天、月天、五星、蚀神、彗星。"②《诸星母陀罗尼经》曰："如是我闻，一时薄伽梵住于旷野大聚落中，诸天及龙、药叉、罗刹、乾闼婆、阿须罗、迦搂罗紧那、罗莫呼落迦诸魔，日、月、荧惑、太白、镇星、余星、岁星、罗睺、长尾星神、二十八宿诸天众等，悉皆诸大金刚誓愿之句。"③

唐代一行修述《梵天火罗九曜》中注引了一段《聿斯经》，讲的是九曜。经中系统地描述了有关九曜的祈禳仪式，表现出了一种把中外两种不同星神崇拜体系融为一体的趋势，例如经中同时也叙述了"葛仙公礼北斗法"④，这是道教祈禳仪式。

计都星君，一名豹尾，九曜中的一个凶星。《七曜禳灾诀》记载，计都一名豹尾，一名蚀神尾，一名月勃力，一名太阴首。常隐行不见，入本宫则有灾祸，或隐覆不通为厄最重。常顺行于天，行无徐疾。⑤通过对《七曜禳灾诀》中对罗睺、计都的总体描述的分析，可以确定罗睺是白道和黄道的升交点，逆行于天；计都是月球轨道的远地点，顺行于天。它们都与交蚀的推算有关。罗睺和计都并不像日月五星一样具有物理实体并发出光芒，所以它们常被称作隐曜。古人认为遇到计都星值年，生口舌是非，倒霉晦气。

《太上洞真五星秘授经》曰："计都真君，主九地之上一切罪恶，如世人运炁逢遇，多有厄难困苦之灾，宜弘善以迎之。其真君，戴星冠，蹑朱履，衣纯玄之衣，手执玉简，悬七星金剑，垂白玉环佩。宜图形供养，以异花珍果，净水名香，灯烛清醴，虔心瞻敬。"⑥北宋李思聪《洞渊集》卷七称："计都神尾星君，主九天之

---

① （唐）义净译：《大孔雀咒王经》卷下，《大正藏》，第19册，第474页上。
② （唐）尸罗跋陀罗译：《大圣妙吉祥菩萨说除灾教令法轮》，《大正藏》，第19册，第343页下。
③ （唐）法成译：《诸星母陀罗尼经》，《大正藏》，第21册，第420页上。
④ （唐）一行：《梵天火罗九曜》，《大正藏》，第21册，第462页上。
⑤ 参见（唐）金俱吒《七曜禳灾诀》卷中，《大正藏》，第21册，第446页中—下。
⑥ 《太上洞真五星秘授经》，《道藏》，第1册，第871页。

下一切罪福，多主疾病困苦之灾。星君戴星冠，蹑朱履，衣纯玄瑞云霞被，执玉简，垂七星金剑，带白玉环佩，逆行天道，不显神光。顺之则吉，逆之则凶。"①《上清十一大曜灯仪》："臣众等志心皈命，交终神尾坠星计都星君，诸灵官。臣闻：推交终于玉历，想隐曜于珠躔。爰罔克威，瞋目而仗三尺；武且有力，乘能而立九垓。允惟神首神尾之权，共掌修德修刑之变。怒摧山岳，怪出龙蛇。思能动之在诚，必转祸以为福。今醮士某启云凤之韫，只咏灵文；祈景霄之轮，下临法席。稽首归依，虔诚赞咏：处暗表阴德，豹尾镇星宫。怒指摧山岳，权凶瞋太空。龙蛇生怪状，变异忽昏蒙。主人长寿乐，禳应在恪恭。"②

紫气星君，九曜中的一星。张商英《三才定位图》："紫微垣，天皇大帝紫微帝君，北斗七星君，太阳帝君，太阴帝君，木德星君，火德星君，金德星君，水德星君，土德星君，罗喉星君，计都星君，紫气星君，月孛星君，东方七宿星君，南方七宿星君，西方七宿星君，北方七宿星君。"③《太上三十六尊经》："复有天地大谭，天地中谭，天地小谭，皆有示象。如十一曜中，惟有紫炁，不示象，则永不兴灾异。日示赤鸡，月示白兔。日遇春青龙，夏朱雀，秋白虎，冬玄武。月兔中有青桂、臼杵，四时不变。木德星君兔头，猪身，虎尾。火德星君马身，蛇尾。金德星君猴头，鸡身。水德星君黑猿，捧笔墨砚。土德星君羊角，龙头，犬耳，牛身。罗喉星君羊角，犬爪，牛尾，龙身。计都星君，龟。月孛星君，蛇。若示此正象，皆不为灾。若兴变异，昏暗不明，悉无文采，日月木金紫水皆不为灾。若遇失次，则略失明。火失次，赤发露眼；土失次，迟滞；罗、计、孛失次，皆随十二宫变相，则示灾。遇金星吉。若能依度禳之则吉。"④

九曜加上紫炁和月孛，组成十一曜。道教有十一曜星神。在多

---

① （宋）李思聪：《洞渊集》，《道藏》，第23册，第849页。
② 《上清十一大曜灯仪》，《道藏》，第3册，第564页。
③ （宋）张商英：《三才定位图》，《道藏》，第3册，第124页。
④ 《太上三十六尊经》，《道藏》，第1册，第590页。

种道经中，例如《元始天尊说十一曜大消灾神咒经》《上清十一大曜灯仪》等，都有关于利用十一曜进行祈福消灾的方法和仪式的记载。北宋大中祥符八年（1015）王钦若奉宋真宗之命编订了《罗天大醮仪》，在其中的"黄箓罗天一千二百分圣位"的第十七状中列出了十一曜真君的全部名号，他们是太阳帝君、太阴元君、木德岁星星君、火德荧惑星君、金德太白星君、水德辰星星君、土德镇星星君、神首罗睺星君、神尾计都星君、天一紫炁星君和太一月孛星君。此举可看成十一曜在道教星神体系中确立了正式地位。① 此后，道经中整齐地列出十一曜的情况亦常见了。如在《太上洞玄灵宝天尊说罗天大醮上品妙经》中述及了"罗睺星君、计都星君、木德星君、水德星君、金德星君、火德星君、土德星君、紫炁星君、月孛星君、太阳星君、太阴星君"② 十一曜星君名号。

从北宋道经中出现的情形来看，十一曜主要还是用于消灾祈福，即通过考察十一曜所临之方所主灾福，来采取相应的措施。只不过星神从九位增加到了十一位。元代马端临《文献通考·经籍考》有："《秤星经》三卷。晁氏曰：不著撰人。以日、月、五星、罗睺、计都、紫气、月孛十一曜，演十二宫宿度，以推人贵贱、寿夭、休咎，不知其术之所起，或云天竺梵学也。"③ 这里的晁公武已经不知道十一曜的起源了，只是推测可能与印度来华的天文学有关。王应麟在《困学纪闻》卷九《历数》中提到："以《十一星行历》推人命贵贱，始于唐贞元初都利术士李弥乾。"④

十一曜可分为两组：日月五星七曜为显曜，罗睺、计都、紫炁和月孛四曜是隐曜。四个隐曜后来常被叫作"四余"。道经《秤星灵台秘要经》收有火曜、木曜、土曜、暗曜的祈禳之法，"洞微限歌"开头即说："人生贵贱禀星推，限数交宫各有时。若遇罗睺金

---

① 参见（宋）吕元素《道门定制》卷三，《道藏》，第30册，第191—192页。
② 《太上洞玄灵宝天尊说罗天大醮上品妙经》，《道藏》，第28册，第371页。
③ （元）马端临：《文献通考》卷二百二十，中华书局1986年版，下册，第1781页。
④ （宋）王应麟：《困学纪闻》卷九，《景印文渊阁四库全书》，台北：台湾商务印书馆1983年版，第854册，第334页。

木曜，太阳紫炁月同随。限逢此曜加官禄，火土二星到便危。夜降土星画火曜，三方不是死无疑。此星若是三方主，虽有灾伤命不离。家宅不宁因孛至，更兼钝闷恰如痴。"① 已出现了九曜之外的"紫气"和"月孛"。

南宋初年李昌龄注《太上感应篇》"恶星灾之"一句时写道："按《十一曜大消灾神咒经》，欲界众生不修正道，不知有五行推运，十一曜照临，主其灾福。至如土火留伏，金木凌犯，罗计孛逆，日月薄蚀，乃至州县播迁，人民灾难，水火虫蝗，刀兵相犯，悉皆由也。又按《七星神咒经》，天地设位，乃建五行，巡历天下，察无道之国，观不祥之人。凡处虚域之内，蠢动含生，命系于天。星辰凌犯，彗孛冲破，遂生兵灾，水旱流离。知而逃形，可全自己。逆之遇害，凶崒微生，黎民死亡，沦沉苦海。然则人之有灾，要当自省，其可但归恶于星欤。大抵恶自人为，星因灾之。非星之恶，而人心自恶耳。"②

这里提到的《十一曜大消灾神咒经》，即《元始天尊说十一曜大消灾神咒经》。经文假托元始天尊对青罗真人讲说：下观星斗，看其行度，如有五星不顺，凌犯宫宿，照临帝土及诸分野，灾难竞起，疫毒流行，兆民死伤。速令塑绘十一曜形仪，于清净处建立道场，严备香花灯烛，请命道士，或自持念《十一曜大消灾神咒经》，一七日，二七日，或三七日，修斋行道，礼念忏悔，即得上消天灾，保镇帝土，下禳毒害，以度兆民，汝宜听信，转转教人，受持读诵。其月孛真君神咒曰："太阴光玉纬，精魄育群生。青桂黄华辅，郁罗保素灵。毛头分怪状，彗尾或潜经。舍次流灾福，斋修洞杳冥。"③

《太上三十六尊经》："诸天日月星宿，周回数度，皆主明灾福因缘，或顺或逆，或留或伏，或明或暗，或升或降，或沈或寰，或躔或度，皆主吉凶。周天二十八宿，皆历诸天。故有下方人民，皆

---

① 《秤星灵台秘要经》，《道藏》，第5册，第31页。
② （宋）李昌龄：《太上感应篇》卷一，《道藏》，第27册，第9页。
③ 《元始天尊说十一曜大消灾神咒经》，《道藏》，第1册，第868—869页。

当修崇恭敬，看其行度，祈祷禳谢，即得免离诸厄难。我今为汝演说禳度星辰之法，当严备香花灯烛，于清静堂宇塑绘十一曜仪形，二十八宿、诸金井、银河、紫堂分野、吉祥凶祸、妖孽暗昧星真形仪，看宣经文，修设醮筵，用五谷布灯，取本命年月日时所属，更用五方色彩安镇坛内，皂一尺，赤二尺，青三尺，白四尺，黄五尺，称扬法事，一切星真并皆回曜，转祸为福，变凶为祥。若有男女能依此法，而未闻如是要法，凡能修斋、建立道场之人，各宜转转教人莫生障碍，于其福德亦不可思议。若复有人无力可以修崇，能生敬信，赞叹功德，其于善根亦能增长，一切灾难亦皆消灭。若复一切善士能发大慈悲行，则于境内大施福力，建立坛宇，广崇供养，欲令一切皆承道恩。如是福德无有边际，无有穷尽。"①

值得注意的是，在杜光庭《广成集》卷九中有七处醮词中都提到了"月孛"。《李延福为蜀王修罗天醮词》："今复大游、四神，方在雍秦之野；小游、天一，仍临梁蜀之乡。地一次于坤宫，月孛行于井宿。仰兹纬候，缅彼灾蒙。深虑凤辇鸾辂，百二之关河未复；陵园寝庙，九重之城阙犹虚。惟切祷祈，伫回鉴佑。是用按依玄格，遵炼明科，修黄箓道场，设罗天大醮。九清三界，咸陈忏谢之仪；天真地灵，备展奏祈之礼。普日月星辰之域，遍山川岳渎之毕罄斋庄，周期通感。伏冀天尊降命，圣祖贻休，俯借神功，载康国步，鸿图克固，鼎祚中兴。"《罗天中级三皇醮词》："今又大游四神，在雍秦之分；小游天一，次梁蜀之乡。地十镇于坤隅，月孛行于井宿。考遵纬候，伏切忧虞。"②

十一曜的信仰广泛流行，并被融入雷法之中。黄云庄曰："太乙火府雷者，乃玉清内院之秘法，北斗真炁之化身，太乙月孛之主法也。祈祷驱邪，斩妖伏精，极有灵验。"③"九天飞罡捉祟轰雷掣电太乙月孛雷君，姓朱讳光，天人相，披发裸体，黑云掩脐，红履鞋，左手提旱魃头，右手杖剑，骑玉龙，变相青面獠牙，绯衣，杖

---

① 《太上三十六尊经》，《道藏》，第1册，第590页。
② （唐）杜光庭：《广成集》卷九，《道藏》，第11册，第272—273页。
③ 《道法会元》卷一百八十八，《道藏》，第30册，第188页。

剑，驾熊。"①

　　太乙派祖师华山处士希夷真人陈抟，头戴上清冠，青法服，足穿朱履。

　　太极上相通玄真人刘浩然，顶道冠，三须高颊，着褐道衣。

　　中天枢相伏魔真人许志高，顶七星冠，肥白面长，薄髭须，皂缘，紫道衣，穿履。

　　披云清隐真人杨耕常，戴道冠，面白微笑，三须，着青衲头。

　　火府主法都雷总管太乙元君李清夫，女人相，铁冠，青氅衣，皂鞋黄裙，左手雷函，右手仗剑。变相则三目，赤面朱发，扫天碧衣，皂缘红裙，朱履，左手仗剑，右手握雷局。

　　主将威光掌令总监大神丘青，枣青赤色，颧骨岩，大面，三角眼，三牙须，顶帽，内掩心甲，外皂团凤花袍，开襟看带，左肩有黄结带，两条皂履。

　　副将震雷霹雳行令大神王成之，戴朝天冠，美貌，凤眼，三牙须，如孙真人状，柘红袍，碧玉带，皂靴。

　　散云飞雾掌令大神陈一言，顶牛耳唐帽，白面，大耳，目腮边有须，柘红袍带，上有小黄结缨，缠定垂下，叉手统袖，皂履。

　　运风变化青雷大神李德用，项皂帽，美貌，似灵官状，红袍，掩心甲，绿靴，手执铁棒铁砖。

　　诛魔杀鬼馘首大神孔明辉，顶牛耳唐帽，美貌，腮下有须，紫袍，束带，皂靴，捧玉历。

　　火雷伐恶大神崔实，顶牛耳唐帽，面圆白，老相，垂角眼，尖鼻，婆子相，青黄色掩心甲，绿袍，上红团花，裹肚垂带，左手托火轮，右手持铁鞭，皂靴。

---

① 《道法会元》卷二百十五，《道藏》，第30册，第335页。

水雷洞耀诛伐大神周明静,顶无耳唐帽,赤面,天神相,或裹吕仙巾,悬两带,尖鼻,两腮起,无髭须,青袍,肩上有黄飞带,执水火镜,足穿朱履。

雷光普照飞火大神纪茂卿,项牛耳帽,赤枣色,粗眉大眼,上牙嵌下唇,连腮须胡,紫袍,绿带,又垂黄带,统袖,足穿皂履。

驱雷致雨黑雷大神刘道明,翻项牛耳帽,赤黑面,三角眼,露两齿,上唇无须,连腮胡,淡红袍,上有团花锦抱肚带四条,在上下中有一条,左手掐巳文,右手仗剑,皂靴。

飞雷急捉主律大神林庆子笑,牛耳帽,面白,眉遮过目,老人相,紫袍,统袖,执铁鞭,皂靴,此将充泰玄省直符。

玄省直符驱雷大神白伸,短帽,横骨,面红白色,金觜,有须,白袍,掩心甲,鹿皮护膊腿裙,拿铁锤,或叉手,白靴。

三天持奏使者谢祐,交脚幞头,赤面,圆眼,三牙须,掩心甲,红花袍,虎皮腿裙,叉手,佩家书黄装,足穿皂靴。此元帅后身香火,在南剑州,宋朝封灵惠将军。

以上十二帅将,分别当值子日、丑日、寅日、卯日、辰日、巳日、午日、未日、申日、酉日、戌日、亥日。

此外,还有主持雷雨晴风的五方雷公、电母风伯。

东方雷公朱靖,鸠头,青丝发,垂耳,黑体,褐青锦花袍,绯裤青裙,叉手,悬铁方杖。

西方雷公刘汉祥,黄牛相,黑袍,掩心甲,皂汗跨绯裤,左手持砧,右手执斧,跣足。又云,人相,黑发,白面,交脚帽,金甲,飞带,白靴。

南方雷公朱德茂,赤马面,红袍,虎皮掩心,汗跨绯裤,左手雷斧,右手金锤,赤脚。又云,执瓢,出雷火,穿皂靴。

北方雷公张永公,白赤狗相,白发,垂耳,有须,青袍,绯裤,叉手,悬双斧,跣足。此雷神主煞伐黑霆。

中央雷公杨元升,如神农相,豹皮掩心,鸦皮汗跨,黄袍,叉手当心,披发赤脚。又云,执鞭,花裙,皂靴。

雷公大神孟胜，猪貌，青黑色，项牛耳帽，皂衣，紫袍，白裤，捧雷簿，皂靴，似判官状。

电母大神黄法彰，颜如四五旬妇人，面无皱，紫包巾，耳环，青道服，两手袖中出电光，似冯夷相。

风伯大神马雀，紫黑色查，皱鬼面，眼大，口开，鼻阔两孔，戴两层冠，青抹额，内黄衣，外紫袍，风袋，右手五指开袋口，青抱肚，黄看带，白裤，褐靴。

雨师大神陈元庆，美貌慈颜，端严，戴冠，披紫服，方符珂佩前结，项上有拥带，左擎青碧壶，右手执杨枝，类紫炁星状。

移云掩日四丁大神，丁文广、丁文义、丁文通、丁文莹，鳖头鳖甲，人身，手足肉甲，进出金光，仗剑乘云，各骑黄龙，立四方听令。

开坛听令四大神将，高刀，牛耳幞头，青袍，金甲，莲子面，三角眼，黑色卷须，合口，皂靴，执雷函。陶嗣，四方面，凤眼，五牙须，赤面，兜鍪金甲，腰带符，手执剑。崔亮，大眼，枣色面，曲脚幞头，黄抹额，金甲，飞带，皂靴，执铁斧。赵公明，面黑色，须胡，穿皂靴，金甲皂袍，手执铁鞭。

直日功曹符使十二人：刘康，章保，吴景，范龙，李保，史兴，焦云，郑敏，陈通，吕宣，一本讳育。张显，孟康。①

《太乙火府奏告祈禳仪》中详细地讲述了太乙派的神仙谱系。

第一阶为三清，玉清圣境元始天尊、上清真境灵宝天尊、太清仙境道德天尊。

第二阶为四御，昊天至尊玉皇上帝、星主北极紫微大帝、太微天皇大帝、承天效法后土皇地祇。

第三阶为九宸，神霄真王长生大帝、东极青华大帝、九天应元

---

① 《道法会元》卷一百八十九，《道藏》，第30册，第191页。

雷声普化天尊、九天雷祖大帝、上清紫微碧玉宫太乙大天帝、六天洞渊大帝、六波天主帝君、可韩司丈人真君、九天采访使真君。

第四阶为十极高真，五方五老天尊、十方灵宝天尊、三十二天帝君、诸天上帝高真、十极十华真宰。

第五阶为诸天星君，斗父北极龙汉天君、斗母紫光金真圣德天后、中天北斗九皇道君、北斗纲极宫太尉贪狼星皇君、北斗灵关宫上帝、巨门星皇君、北斗紫极。宫司空禄存星皇君、北斗运天宫游击文曲星皇君、北斗帝席宫斗君、廉贞星皇君、北斗上尊宫大帝、武曲星皇君、北斗关会宫上帝、破军星皇君、洞阳宫大帝、天尊外辅星皇君、隐元宫大帝真人、内弼星皇君、中天大圣北斗九皇延生夫人斗中帝座星君、北斗九皇夫人内妃、擎羊陀罗二仙使者、斗中神仙灵官将吏、天罡大圣万真节度星君、日宫月府星君、五方五德星尹、玄都四曜星君、南斗六司星君、东西中三斗星君、三台华盖星君、二十八宿星君、十二宫分星君、普天玄象星宰、南极长生注生大帝、南极福禄寿星君、西台金真万炁元君、本命元辰福禄寿星君、大小运限禄马星君、当生流年照临星宰。

第六阶为院省真君，三元三官大帝、北极天蓬苍天上帝、北极天猷丹天上帝、北极翊圣皓天上帝、北极佑圣玄天上帝、天曹太皇万福真君、天曹玉历上生真君、天曹掠剩大夫真君、天曹注福注禄注寿真君、天曹会上无边真宰、九天生神大帝、九天储福定命真君、九天司命上卿真君、九天监生大神、九天卫房圣母元君、九天朝元诸司真宰、星河桥塔生化神祇、五雷院使真君、雷霆都司元命真君、北极驱邪使泰玄都三省真君、俞书三省使真君、灵宝五师真君。

第七阶为火府传教祖师，紫府冯真人、希夷陈真人、通玄刘真人、中天枢相伏魔许真人、清隐上仙披云杨真人、云庄黄真人、西台风雨令玉田叶真人、火府演振流芳历代师真。

第八阶为火府主法将帅，都雷总管李元君、显顺大将军丘元帅、灵变大将军王元帅、雷枢大神陈元帅、雷机大神李元帅、雷卫大神孔元帅、雷烈大神崔元帅、雷光大神周元帅、雷令大神纪元帅、雷阵大神刘元帅、雷威大神林元帅、驱督家书白元帅、通奏直符谢元帅。

第九阶为坛场神祇，开坛听令四大雷神，九凤破秽大将军，八方大力威神，乾罗怛那洞罡太玄使者，五方五龙神君，华池文浴夫人，沧水绣衣使者，吞魔食鬼将军，铜头铁面骑吏，本佩法箓仙灵，解秽合干将吏，诸阶法中官将吏兵，水府土司无边真宰，阳间岳渎祀典神祇，名山洞府得道神仙，雷府瘟司列职真宰，行年太岁至德尊神，内廷五杞之神，京都城隍之神，京畿庙貌祀典神祇，坛靖所奉香火明神，日分功曹使者，虚空来往神仙，所启无边真宰。①

以上诸神，便为太乙火府五雷大法的神真系统。凡行使太乙雷法者，可依章设坛，依序上表、诵咒、步罡、告斗、飞神、蹑景、书符、祈祷、召役诸神，以消灾解厄，济世度人。

太乙派传有各种道法，其道法拥有不同的神班，以执行不同的任务。如太乙炎明五雷，又名太乙威化火府神元雷。师曰："太乙之法，总一十二门。随方运转，散六十宫，主六十甲子所生灾福。所谓炎明者，辉煌洞明。天地之中，无所不烛，有感必通。昭著其灵，神威莫测云。"②

神位："太乙荧令火光震华天君朱朗，又名庄耀；火星，火星状，执剑或执火车。太乙玄运飞空轰雷真君苟广，又名朱飙；字星，天冠，三目，绿面，金甲，黄衣，着履，左执火珠，右仗剑。太乙五雷主将元帅武翘。太乙五雷流光上将朱兴。"③

> 紫皇太乙神捷飞空霹雳符使王烈，通天幞头，黄抹额，美貌，金甲，绿靴，大袖，执斧铁。
> 紫皇太乙神捷轰雷传令符使吕进卿，玄冠，赤面金甲，青衣，皂履，执火轮。
> 张孚，玄冠，白面，金甲，朱衣，皂履，执斧。

---

① 参见《太乙火府奏告祈禳仪》，《道藏》，第3册，第603页。
② 《清微元降大法》卷二十，《道藏》，第4册，第245页。
③ 《清微元降大法》卷二十，《道藏》，第4册，第245—246页。

申明，玄冠，青面，金甲，玄衣，皂履，执刀。

郑清，玄冠，紫棠色，金甲，白衣，皂履，仗剑。已上三人，并佩弓矢。

紫皇太乙神捷符使韩俊，太乙神捷通元符使苟况，冲天幞头，红抹额，面金色，金甲，朱衣，绿靴，执马翎刀。

紫皇太乙神捷飞天功曹郭杰，披发，童颜，天男相，银甲，朱衣，朱履，仗火剑，乘玉龙。①

雷霆祈祷秘诀中记载了祈祷晴雨时所招请的神灵，"檄请五方传音飞捷报应使者六乙天喜旸谷张神君，火急依时关告主雷欻火邓天君，雷霆副帅辛尚书，驱雷程雍二元帅，主副康刘二元帅，上坛九将，下坛九将，九天啸命一风雷吕使者，雷门苟毕二雷神，太极霹雳雷王，天地人三十六位雷公，三劫列宿灵官，七星雷王，二十八宿雷王，二十四炁雷王，十二时令雷王，太乙天章阳雷霹雳专司上将，左右龙虎魏薛二大元帅，太乙所部三司二院内外两坛诸大雷神，神霄火犀雷府主管。不信道法朱将军，副帅沈使者，号黑、历黑陈钱二大雷神，斩勘蒋、璧、华、雷、陈五大雷王，郭亮、邓元皇、何思全，九子真威天公，雷公江赫冲，电母秀文英，雨师陈华夫，风伯方道彰，使者卫日新，六十甲子出宫风云雷雨电五大雷神，太岁地司雷霆，白虎黄矑豹尾火轮燥霹甘泽流火雷王，五岳下诛邪伐恶雷王，暗天暗地雷王，飞沙走石雷王，火丑将军，火急闭阳使者，婆猛邓兴娘，三千六伯部署邵元君，调发三十六雷鼓力士，摽纤使者，莫赚大神，撼山倒海等使，川源潭洞龙王，酆都行司关元帅，张李牛头狱主，东岳温元帅，东平威烈通天大元帅，张、萧、黄、刘、王五大元帅，今年当季行风布雨龙雷部众，城隍社令山川潭洞龙王，一切雷王所隶社令妖雷，六毒蛮雷，一切神吏，各各承令，遵奉今来祈祷事理，定限某月某日时，各各同心协力，诛剪旱虹，部领风云雷雨电前来，以俟当职登坛。先期驱动阳

---

① 《清微元降大法》卷十六，《道藏》，第4册，第230页。

雷，大轰霹雳，飞沙走石，卷水扬波，移山拔树，蔽日兴云，行风布雨，遍澍人世，普救焦枯。悉得禾稻丰登，百物滋茂，明彰报应，次显神威"①。

温琼，浙江温州人。七岁习禹步天罡，十岁通晓儒、释、道及百家之言，十九岁科举不中，二十六岁进士不第，长叹曰："吾生不能致君泽民，死当为泰山神，以除天下恶厉耳。"② 见苍龙坠珠于前，拾而吞之，变为青面赤发，手握法器，召为佑岳神将。玉帝封为亢金大神，并赐玉环一只，琼花一朵，刻有无拘霄汉的金牌一面，可自由出天门，驱邪伐妖，慈惠民物。宋代，被封为翊昭武将军正佑侯、正福显应威烈忠靖王。道教把农历五月初五定为其诞辰日。其形象：顶盔贯甲，青面虬髯，左手持玉环，右手握狼牙棒，英毅勇猛。

紫皇炎光飞神太乙五雷法，为太乙派所传。

帅班：

> 太乙端灵洞曜炎光霹雳风雷元帅许彦昌，天冠，王者服。金甲，青衣，朱履，执节。
>
> 紫灵炎光风雷追风使者虞仲，执风轮。
>
> 追云使者孔皋臣，仗剑。追雷使者储烈，执铁钻，佩雷车。追电使者张巨元，执双斧。追雨使者师铸，佩水车。追龙使者汤坚，执大斧。追催使者方俊，执铁策。以上使者，并交脚幞头，青面，朱发，金甲，朱衣，皂靴。
>
> 太乙月孛流光冲元符使朱兴，金兜鍪，面碧色，三目，金甲，朱衣，红履，执戟。
>
> 太乙五雷传令使者丘亮，玄冠，赤面，金甲，绿衣，朱履，执钺。右太乙炎光雷神十万，佐时行令，辅道济人。③

---

① 《道法会元》卷一百三十二，《道藏》，第29册，第648页。
② （明）宋濂：《温忠靖王庙堂碑》，《宋濂全集》，浙江古籍出版社2012年版，第2册，第394页。
③ 参见《清微元降大法》卷二十四，《道藏》，第4册，第271页。

紫皇太乙玄初五雷法，为太乙派所传。
将班：

　　太乙月孛流光上将华阴天君朱兴，金凤翅，兜鍪，绿面，三目，赤发，满月相，金甲，朱衣，朱履，左手执火珠，右手执戟。
　　紫皇太乙玄初霹雳天君显信元帅武翘，天冠，王者相，金甲，朱衣，朱履，乘玉龙，执节。
　　东方九炁冲和大神汲昌，龙冠，青面，赤发，全身金甲，青衣，朱履，执斧。
　　南方三炁妙玄大神汤原，火冠，赤面，黄发，金甲，朱衣，朱履，仗火剑。
　　西方七炁丹元大神龙钦，天冠，美貌，金甲，白衣，朱履，执雁翎刀。
　　北方五炁广宏大神松臣卿，天冠，紫棠色，金甲，玄衣，朱履，执戟。
　　中央一炁运灵大神宋行东，天冠，金容，金甲，黄衣，朱履，执镜。
　　玄初霹雳雷火兴震符使王烈，鲁芳，雷炎，伍阜，需端，木机。并交脚幞头，威貌，金甲，黄衣，皂履，手执雁翎刀。①

飞神谒斗法：

　　师俯伏于地，存真人在兆身内。次集身中神，尽在黄庭，金童玉女引从前后，左右有二真人，身驾龙车，自脾中出，左右捧章二人，捧所陈章表在前，自中宫引出西北门，夹道光明，日月朗然。身离下丹田，念下界魔王章，此名欲界也。直至心上，诵色界魔王章，至十二层楼，此名罡风浩炁也。魔王

---

① 参见《清微元降大法》卷二十五，《道藏》，第4册，第274页。

来迎，诵无色界意，此名无色界也。上至无色界泥丸宫中，九皇各处一官而坐。复见天上七星光灿。师以舌拄上腭，化桥一道，五藏出五色云炁五道，乘桥而上，横亘斗中。即呼擎羊、陀罗通事舍人，略白事意。次见二使，从斗中而下，度桥而过，入兆泥丸之内，后于一室之中，检较毕，复入斗中。但见九皇乘云，自桥降下兆身泥丸，倏然相合。杳冥之际，大赤金光之中，想见祖师引兆及捧章官吏，朝见斗真，具奏所事，以表通呈，上览表奏。此时正宜物我两忘，以俟祖师请恩判允。竚待报应如何，后身心礼谢而退。①

斗中受医：

师存斗母天后在上，九皇星君，擎羊、陀罗俨然。却想引领信人同在斗光中，见星君吐玉色琉璃光炁，灌入本人泥丸宫中。存患身如琉璃，内外莹彻。当此时际，师亦自觉内外如一，灵津满口甘香，但觉祥风庆云，蔼然如春。却以天医符、斗母符，化于净茶或枣汤内，与病者服之，随患治疗任用。②

太乙火府内旨：

下工须在寅时上四刻，入室，用眼观心，呵出秽炁三口，然后鼻引元始清炁，舌拄上腭，搅华池神水，同清炁咽入丹田。后想两肾中间一点之明，遂瞑目，想左眼为日，右眼为月，阴阳二炁互相交姤，下入丹田清炁之中。寂然无为，任炁自然上升于心，后归于肾。少顷，二炁相会于黄庭，结成一团金光，如火炼金丹丸相似，似非我有。但见五炁从五脏出，而拥此一团金光，上升泥丸。忽见金光裂开，有一真人，如我本

---

① 《道法会元》卷一百八十九，《道藏》，第30册，第194页。
② 《道法会元》卷一百八十九，《道藏》，第30册，第197页。

形，合我为一。少顷，方想真人从泥丸出，一炁化分三清八境，诸天上帝，及本法中将吏，方随意祝其行事。事毕，寂然无为，只化一团金光，遂吸入黄庭之内。如后行事，复如前想。所谓元始一炁化生诸天者也。①

如此庞大的雷神系统，充分显示了太乙派对雷神的信仰，给我们研究雷神信仰及其图像，提供了极其丰富的史料。

---

① 《道法会元》卷一百九十三，《道藏》，第30册，第220页。

六朝时期的三教对话与道教的转型

王皓月

摘 要: 从六朝时期儒释道三教对话的过程来看,三教走向融合是从一开始就注定的结果。从某种意义上说,以大乘佛教为主流的中国佛教是佛道儒教化的结果,而作为三教之一的道教则是天师道佛教化和儒教化的结果。换言之,佛道二教都选择了与官方仪式形态的儒教相协调的发展之路,这是三教合一最初的基础所在。正是在三教对话的过程之中,佛教率先完成了道法佛教向经教佛教的转型,其称呼由无上正真之道变为佛教,道教也受到佛教影响,随之由道法道教转型为经教道教,其称呼也由正一盟威之道变为道教。同时,道教的社会作用也从主要针对个人的治病、长生、解厄,变为"护国度人",获得了上至政权下至百姓的信仰。

关键词: 宗教中国化;宗教对话;六朝;道教

作者简介: 王皓月,中国社会科学院世界宗教研究所副编审(北京100732)。

宗教对话是当今世界宗教发展的重要途径,特别是基督教与佛教、基督教与伊斯兰教的对话成为宗教领域中的热点。在哲学家、神学家雷蒙·潘尼卡、天主教神学家保罗·尼特等人的推动之下,宗教对话的理念于20世纪兴起，其背景是一些基督宗教神学家对基督教的绝对真理和普适性进行了反思，宗教多元论得到了更多人的认可。特别是在全球化时代，传统的区域信仰版图不断变化，宗教间的交流和碰撞增多，单一宗教显然无法应对复杂化的人类社会问题。但事实上，不同宗教间的对话随着不同宗教的相遇而出现，很多已经为我们展示了宗教对话的显著结果。相比当今宗教对话面临的"宗教对话无用"等质疑，对历史的分析有助于我们理解宗教对话的实质。

宗教多元论在中国一直处于主流，在古代儒教、佛教、道教被合称为三教，从三国时期至宋代之前，三教论衡是中国思想史上的常见事件，其中既有对其他宗教的质疑，也有关于三教互补并行和殊途同归的论调。这种三教论衡与宗教对话本质类似，其不变的主角是作为外来宗教的佛教。佛教先是围绕孝道等问题与儒教论战，主张沙门的行为没有破坏中国社会伦理，反而在更高的层面上实现了儒教的理想。刘宋开始，佛教又将主要的矛头指向了道教，指责道经抄袭了佛经的内容。而儒教和道教之间更多时候处于互补的关系，二者矛盾并不突出。其中主要的原因，应该是佛教作为外来文化，与中国本土文化之间存在天然的差异，所以也引发了中国社会更多的排斥和警惕。从表面上看，这是佛教为了维护自己的地位而作出的辩解和诘难，但换一个角度来说，我们完全可以认为佛教从客观上促成了古代中国的"宗教对话"。尽管这种对话常常充满对抗色彩，与当今宗教对话的氛围似乎背道而驰，但我们不能否认论战也是宗教对话的重要组成部分。而且，儒、佛、道三教的宗教对话呈现了对抗、影响、融合的过程，与当今宗教对话的出发点不同，但反而以另一种道路走到了宗教对话的目的地，即不同宗教之间的共存与互鉴。

如果我们从三教对话的过程来看，三教走向融合几乎是从一开始就注定的结果。从某种意义上说，以大乘佛教为主流的中国佛教是佛道儒教化的结果，而作为三教之一的道教则是天师道佛教化和儒教化的结果。换言之，佛道二教都选择了与官方意识形态的儒教相协调的发展之路,这是三教合一的最初的基础所在。正是在三教宗教对话的促进之下,佛教率先完成了道法佛教向经教佛教的转型,道教也随之由道法道教转型为经教道教。下面,本文将结合三教的形成过程与对话的内容,揭示三教对话对于道教转型的重要意义。

一 早期儒佛二教对话的焦点

在绝大多数时期,儒教和道教之间很少发生论战,两者相安无事,因为儒教和道教从一开始就有不同的定位,儒教伦理用来处理社会关系,而道教思想则更侧重为个人提供精神家园,这种差异性让双方在现实之中基本上没有大的冲突。佛教兴盛之前,道家思想一度为处于精神苦恼中的士大夫提供另一种人生答案。但是,当道家思想已经无法满足更深层的精神需求之时,人们便开始在佛教中寻找答案。

佛教自西汉传入中国之后,经过400多年的发展,在东晋时期已经吸引了大批的士大夫。随着佛教的影响力扩大,剃发出家制度等各种宗教行为被视为破坏传统儒教伦理的因素。对此,佛教的支持者进行了辩解,最具代表性的是东汉牟融的《理惑论》和东晋孙绰的《喻道论》。[1]

《理惑论》之中,牟融直面了社会上以沙门剃发为不孝的说法,列举了齐人救父、泰伯祝发、聂政破面等例子,指出大义为孝,剃发还远不如这些人对身体的毁伤,不能说是不孝。所谓:

> 苟有大德不拘于少。沙门捐家财弃妻子不听音视色。可谓让之至也。[2]

---

[1] 关于六朝时期儒佛论战的具体分析,参见[日]小林正美《六朝佛教思想研究》,王皓月译,齐鲁书社2013年版,第45—79页。
[2] (梁)僧祐:《弘明集》卷一,《大正藏》,东京:株式会社图书刊行会1975—1989年版,第52册,第3页上。

六朝时期的三教对话与道教的转型

东晋孙绰（314—371）《喻道论》以《孝经》"立身行道，扬名于后世，以显父母，孝之终也"的说法为据，为佛教辩解说：

> 故孝之为贵，贵能立身行道，永光厥亲。①

佛教让人立身行道，这也就是最大的尽孝。还说：

> 佛有十二部经，其四部专以劝孝为事。殷勤之旨，可谓至矣。②

可以说，儒教和佛教之间最早出现的论战，就是围绕出家与孝道展开的。正是因为儒教主要侧重社会伦理，所以儒教作为率先发难的一方，将交涉的"主战场"选定为自己所熟悉和擅长的领域。

还有，沙门不敬王者问题也是另一个早期儒、佛二教论战的典型案例。东晋的成帝、康帝之时，反佛教派的庾冰与佛教支持派的何充之间就沙门可否礼敬王者进行了争论。安帝元兴年间，同是反佛教派的桓玄认为，帝王有生生之德，沙门也每日承蒙帝王的统理万物的恩惠，所以不应受其恩德却舍弃对王者之礼。为了反驳该主张，慧远写下了《沙门不敬王者论》，包括论文五篇。其中指出，正是因为天地、帝王的德化让肉体生生不息，所以追求断灭肉体的烦恼，实现涅槃的沙门不用顺从天地、帝王的德化。慧远的整部《沙门不敬王者论》对儒、佛二教的差异进行了深刻的剖析，具有很高的理论水平，但是最终归结于一个宗教实践性很强的问题，即沙门是否该礼敬王者。

同样，作为东晋的名士，孙绰对儒教经典有深刻的理解，而且赞同其价值，同时作为佛教的信奉者，又被佛教独特的思想吸引，

---

① （梁）僧祐：《弘明集》卷三，《大正藏》，第52册，第17页中。
② （梁）僧祐：《弘明集》卷三，《大正藏》，第52册，第17页下。

希望调和二者之间的矛盾。所以，孙绰的《喻道论》显然是写给反对佛教的儒教支持者看的，在援引儒教经典为佛教辩护的基础上，强调了佛教的优越性所在。

如果按保罗·尼特提出宗教对话的置换模式、成全模式、互益模式和接受模式的分类①，我们可以认为孙绰为佛教的辩护态度属于成全模式，即承认儒教部分揭示真理，但认为最终还是佛教更能揭示世界的本质。这种成全模式的对话得以出现，是因为替佛教辩解的人知道想否定中国固有的儒教是不现实的，所以都持有多元论，成全模式也成了佛教方面处理儒佛关系的基本原则。相比之下，儒教方面反对佛教的人基本属于排他论，强烈地否定佛教对于中国社会的价值，突出强调了其危害。

总体来看，无论是出家剃发是否有违孝道的问题，还是沙门是否该礼敬王者的问题，都是佛教融入中国社会过程之中现实中出现的问题。相关争论的目的也并非相互理解、和平共处，而是针锋相对地争夺社会支持。而且，当时参与儒教、佛教论战的人基本限于沙门和儒家知识阶层的伦理之争，这也是早期儒教、佛教交涉对话的局限所在。

二 佛教大乘主义兴起的儒教背景

形成真正的宗教对话的条件之一，是参与交涉的双方打破不同概念的界线，在溯源宗教本质的过程之中产生共鸣。佛教在传入中国之后，面临的情况是儒教已经是中国文化整体范式的组成部分，所以佛教中国化的进程也带有"儒教化"的部分。

中国的沙门和佛教信徒很早就开始认为佛教的慈悲与儒教的仁相同，甚至很多时候直接将慈悲表述为仁。《后汉书》卷四十二记载了后汉明帝在永平八年（65）给楚王英的诏书，其中"楚王诵

---

① 参见［美］保罗·尼特《宗教对话模式》，王志成译，中国人民大学出版社2004年版。

黄老之微言，尚浮屠之仁祠"① 一句十分有名。当时的人们将浮屠（佛陀）的慈悲解释为仁。因此，儒教最为重视的仁也经常出现于汉译佛经之中。如三国吴支谦译《佛开解梵志阿䫂经》中，佛说要向天下好杀之人教授仁义：

> 今我为佛，身、口、意净，一切不杀。用天下人皆好杀故，教以仁义。②

还有，"能仁如来"等说法也不少见，如西晋竺法护译《佛说阿惟越致遮经》卷上曰：

> 彼土人民刚强难化，心劣意弱，难以一乘救化度矣。以是之故，诸佛世尊善权方便而为说法。能仁如来兴五浊世，以斯善权随时之义而济度之。③

将佛教的慈悲与儒教的仁等同，则儒教"仁者爱人"的政治伦理观也被佛教认同。庐山慧远在《沙门不敬王者论》的出家之条说：

> 凡在出家，皆遁世以求其志，变俗以达其道。……如令一夫全德，则道洽六亲，泽流天下。虽不处王侯之位，亦已协契皇极，在宥生民矣。④

他的主张是，出家者的宗教上的作用与帝王的政治上的作用具有相同的目的，都是救人民于困苦，即使一个出家者修得全德，其

---

① （南朝宋）范晔撰，（唐）李贤等注：《后汉书》卷四十二，中华书局1965年版，第1428页。
② 《大正藏》，第1册，第260页上。
③ 《大正藏》，第9册，第199页上。
④ （梁）僧祐：《弘明集》卷五，《大正藏》，第52册，第30页中。

恩惠也会波及六亲甚至全天下，所以出家者即便不处王侯之位，其道与帝王治世的道也是一致的。

虽然仁和慈悲被有意无意地混淆，但如果我们对慈悲进行探究的话，就会发现佛教对无我和平等的思索是其慈悲观的基础，佛陀能够感受众生之苦，与之同体。反观儒教的仁，则主要源自人心、人性的善，在与义和礼的关系之中明确自身的意义和定位。从这点来说，仁和慈悲都脱离了自身的语境和背景，被作为宗教对话中的概念素材，发挥了联系儒、佛二教的纽带作用。这点也反映出，早期儒教和佛教宗教对话并没有寻找所谓第三方客观立场，因为这种虚构的立场在现实社会之中并不存在，中国社会的现实就是双方开展对话的立场。

在佛教的大乘主义兴起之前，中国人已经开始认为佛陀就是要救济一切众生。如三国时期康僧会译《旧杂譬喻经》卷下之中，佛告阿难：

> 我从无数劫来，勤苦为道，欲救度一切人民皆令得佛，我今已为自得作佛，而无一人作功德者，是以不乐身色为变。①

还有，东晋佛陀跋陀罗译《大方广佛华严经》卷十一曰：

> 真实法界不可破坏，安住三世平等正法，亦不舍菩提心、不舍教化众生心，增长大慈大悲心，悉欲救度一切众生。菩萨作是念："我不成就众生，谁当成就？我不调伏众生，谁当调伏？我不寂静众生，谁当寂静？我不令众生欢喜，谁当令欢喜？我不清净众生，谁当令清净？"②

佛教这种救济一切众生的主张被认为符合佛陀的慈悲精神，

---

① 《大正藏》，第4册，第520页下。
② 《大正藏》，第9册，第469页上。

而排斥追求自身一人解脱的态度，并不是因为这种态度属小乘佛教的解脱论，而是因为其不符合佛陀的慈悲与儒教的仁。① 同时，救济一切众生的主张，进而被理解为等同于儒教所提出的兼济精神。

从历史上来看，儒教倡导的兼济精神作为中国人的道德规范、精神动力和人生指南，为中华文明的发展指出了共同的方向和道路。《论语·泰伯》之中，记载了孔子"天下有道则见，无道则隐"②的主张，而孟子则将"见"和"隐"具体化，说"穷则独善其身，达则兼善天下"③。奉儒家为正统的士大夫阶层，将孔子和孟子的观点作为人生信条，认为人在不得志时就洁身自好，而得志时则要为天下万民尽义务。范仲淹的"先天下之忧而忧，后天下之乐而乐"④，顾炎武的"天下兴亡，匹夫有责"⑤，反映的正是儒家的兼济精神。这种精神境界是"仁"的表现形式，描绘了个人与社会关系的理想状态，超越了时代和阶级的局限，体现了中华文明高度的人文自觉和道德水准。

以"修身、齐家、治国、平天下"为己任的儒家思想是一种入世色彩强烈的价值观，其关注点在于君子行为、政治秩序、道德伦理等，所以自汉武帝接受董仲舒独尊儒术的建议之后，儒家思想一直就是国家政权的核心意识形态，出仕为官并兼济天下也成为古代文人最大的追求。不过，在政治斗争残酷、社会秩序混乱的魏晋南北朝时期，士大夫们的社会责任感淡薄，清谈、玄学、饮酒、服食等流行，士大夫阶层独善其身的倾向十分明显。

后秦的姚兴在要求道恒和道标还俗的书简之中，这样写道：

---

① 参见［日］小林正美《六朝佛教思想研究》，王皓月译，第9页。
② （宋）朱熹：《论语集注》，《四书章句集注》，中华书局1983年版，第106页。
③ （宋）朱熹：《孟子集注》，《四书章句集注》，第351页。
④ （宋）范仲淹：《范仲淹全集》，中华书局2020年版，第164页。
⑤ 顾炎武原文为"保天下者，匹夫之贱与有责焉耳矣"（顾炎武撰、黄汝成集释：《日知录集释》，中华书局2020年版，第682页），后被梁启超总结为"天下兴亡，匹夫有责"。（梁启超：《饮冰室文集》之三十三《痛定罪言三》，中华书局2015年版，第9页）

况卿等周旋笃旧，朕所知尽，各抱干时之能，而潜独善之地。①

该书简对出家进行了批判，说出家是独善。道恒他们答复姚兴的书简也承认姚兴是"劝弘菩萨兼济之道"②。通过这点可知，姚兴认为置身世俗并致力于救济一切众生（即兼济）才是大乘的菩萨道。

在鸠摩罗什的影响下，大乘主义开始兴起，人们从大小乘的角度说明救济一切众生和追求自我解脱的区别。上文之中，姚兴就认为大乘的救济一切众生是"兼济"，而小乘的解脱论是"独善"。虽然不是所有人都如姚兴那样积极地结合大乘佛教与儒教，但将儒教的价值观引入佛教大小乘价值判断的做法在竺道生等其他佛家那里也可以看到。③

用对方宗教的概念，或者寻找双方共同接受的概念进行教理的阐发，是宗教对话中常采用的途径。佛教在传入中国之后，佛经翻译过程中对儒教概念的使用，使得佛教概念体系具有了一定的开放性，使得佛教和儒教具备了对话的共同基础。而儒教对仁和兼济的推崇，也让中国人对佛教的慈悲和度人产生了极大的兴趣。佛教在宗教实践的过程之中，发现救济一切的主张更能获得中国人的共鸣，所以大乘主义得以不断发展，让大乘佛教成为中国佛教的特色，并传播至朝鲜半岛、日本等其他受儒教影响的地区。

三 儒教促成了佛道向佛教转型

佛教源自印度，后汉之时传入中国，而佛教最初传入中国之时与我们今日所见之佛教有很大的不同。原因是，佛教经典尚未大量

---

① （梁）僧祐：《弘明集》卷十一，《大正藏》，第52册，第73页下。
② （梁）僧祐：《弘明集》卷十一，《大正藏》，第52册，第74页上。
③ 关于大乘佛教在中国的发展过程中儒教发挥的作用的具体论述，参见［日］小林正美《六朝佛教思想研究》，王皓月译，第1—16页。

被翻译成汉语，中国人对这种陌生的外来文化带有很多误解，尤其是将之与黄老道视为同类，所以佛教很长一段时间都主要被中国人称为佛道。

《后汉纪·孝明皇帝纪》记载：

> 初帝梦见金人长大，项有日月光，以问群臣。或曰：西方有神，其名曰佛，其形长大，而问其道术。遂于中国，而图其形像焉。①

其中说汉明帝梦见金人，项有光，有人告诉他这是西方的神，名为佛，明帝于是询问"其道术"，并且画其图像。

又，《后汉书·西域传》记载：

> 天竺国，一名身毒，在月氏之东南数千里。俗与月氏同，而卑湿暑热。其国临大水。乘象而战。其人弱于月氏，修浮图道，不杀伐，遂以成俗。……帝于是遣使天竺问佛道法，遂于中国图画形像焉。楚王英始信其术，中国因此颇有奉其道者。后桓帝好神，数祀浮图、老子，百姓稍有奉者，后遂转盛。②

可见，当时认为天竺流行的浮图道（佛道），汉明帝派使者去天竺求"佛道法"，说明佛教开始被理解为佛陀的道法。文中接着说"楚王英始信其术"，也说明楚王英信奉的是佛陀的道术。桓帝则祭祀浮图、老子，表明佛道与黄老道被视为同类。

牟子《理惑论》中记载：

> 道有九十六种。至于尊大，莫尚佛道也。③

---

① （晋）袁宏：《后汉纪》卷十，张烈点校，中华书局2002年版，第187页。
② （南朝宋）范晔撰，（唐）李贤等注：《后汉书》卷八十八，第2921—2922页。
③ （梁）僧祐：《弘明集》卷一，《大正藏》，第52册，第6页上。

以及：

> 问曰：吾子讪神仙抑奇怪，不信有不死之道，是也。何为独信佛道当得度世乎。①

其中说道法有九十六种之多，而佛道是最为尊者。还有，问牟子说你嘲笑神仙奇怪，不信不死之道，为何唯独信佛道能让人解脱呢？可见三国时期人们也是将佛道与神仙道相提并论的。

在六朝的佛经之中，佛道被普遍称呼为"无上正真之道"，与天师道"正一盟威之道"的称呼极为类似。所以，顾欢在《夷夏论》之中说佛以正真为号，道以正一自称。

如后汉支娄迦谶译《阿閦佛国经》卷二《佛般泥洹品》写道：

> 佛言：舍利弗！若有菩萨摩诃萨欲疾成无上正真道最正觉者，当受是德号法经、当持、讽诵；受持讽诵已，为若干百、若干千、若干百千人解说之，便念如所说事，即得大智慧、其罪即毕；以得是大智慧、其罪毕已，其人自以功德便尽生死之道。②

还有，东晋瞿昙僧伽提婆译《增一阿含经》卷五写道：

> 世尊告曰：迦叶！汝今年高长大，志衰朽弊。汝今可舍乞食，乃至诸头陀行，亦可受诸长者请，并受衣裳。迦叶对曰：我今不从如来教。所以然者，若当如来不成无上正真道者，我则成辟支佛。③

以及西晋竺法护译《正法华经》第九：

---

① （梁）僧祐：《弘明集》卷一，《大正藏》，第 52 册，第 6 页中。
② 《大正藏》，第 11 册，第 763 页中。
③ 《大正藏》，第 2 册，第 570 页中。

> 亦复从受《正法华经》，以是德本，自致无上正真之道成最正觉。德大势！菩萨欲知大士常被轻慢于寂趣音王如来之世为四部人说经法者不乎？则我身是也。假使尔时设不受是《正法华经》，不持讽诵为人说者，不能疾逮无上正真道成最正觉。①

可见佛说无上正真之道才是"最正觉"，是最高的修行目标。因此，所谓的佛道即指佛陀的无上正真之道。

关于佛陀之道为无上正真之道，道教方面也是知晓的。如王悬河《三洞珠囊》卷九《老子化胡品》记载：

> 老子曰：善！既欲弃国学道，吾留王之师，号为佛，佛事无上正真之道……老子曰：授子道既备，吾欲速游八方，遂还东游，幽演大道自然之气，为三法：第一曰太上无极大道，第二曰无上正真之道，第三曰太平清约之道也。②

其中说老子向罽宾国王传授道法，为国师，号为佛，佛之道法名无上正真之道。而该无上正真之道正是老子演化大道之气所作的三种道法之一。

还有，参与儒佛论战的慧远在《沙门不敬王者论·体极不兼应篇》中说：

> 道法之与名教，如来之与尧孔，发致虽殊，潜相影响。出处诚异，终期则同。详而辩之，指归可见。③

可见慧远在讨论佛教和儒教之时，用"道法"指佛道，说明当时的佛道即无上正真之道被理解为道法。

---

① 《大正藏》，第9册，第123页中。
② 《道藏》，文物出版社、上海书店、天津古籍出版社1988年版，第25册，第357页。
③ （梁）僧祐：《弘明集》卷五，《大正藏》，第52册，第31页上。

最早明确使用"佛教"指称佛教的用例，见于东晋孙绰的《喻道论》，其中说：

> 周孔即佛。佛即周孔。盖外内名之耳。……周孔救极弊，佛教明其本耳。①

因为其中说周孔和佛只是名称不同，本质一样，周孔（之教）救弊端，佛教是点明本质。《喻道论》又可见"周孔之教，以孝为首"②，所以孙绰提出佛教是为了与周孔之教作对比的。可见，"佛教"这一称呼的提出，本身就是儒佛对话的产物。

佛教维护者们提出佛教的原本出发点，是说外来的佛教与中国传统的周孔之教具有一致性，如东晋《正诬论》中曰"佛与周孔但共明忠孝信顺"③，因此将佛道的"道"标签改为了"教"。而这种名称的改变，恰好契合佛教自身适合作为"教"的特点，即佛教有大量的经典。

《后汉纪·孝明皇帝纪》记载佛"有经数千万，以虚无为宗，苞罗精粗，无所不统"④，据此可知中国人一开始就知晓佛陀留有大量的经典，而拥有经典是作为"教"的必要条件。使用"佛教"一语的孙绰的《喻道论》中说"佛有十二部经"⑤，强调了佛与周孔一样有经典传世。

正如隋代天台智顗大师的《摩诃止观》说：

> 教是上圣被下之言。圣能显秘两说。凡人宣述只可传显不能传秘。⑥

---

① （梁）僧祐：《弘明集》卷三，《大正藏》，第52册，第17页上。
② （梁）僧祐：《弘明集》卷三，《大正藏》，第52册，第17页上。
③ （梁）僧祐：《弘明集》卷一，《大正藏》，第52册，第8页中。
④ （晋）袁宏：《后汉纪》卷十，张烈点校，第187页。
⑤ （梁）僧祐：《弘明集》卷三，《大正藏》，第52册，第17页下。
⑥ （隋）智顗：《摩诃止观》卷一，《大正藏》，第46册，第3页下。

六朝时期的三教对话与道教的转型

"教"这个概念在中国文化之中一般被理解为圣人的说教,佛教的名称也是指圣人佛陀的说教。中国佛教方面也认同佛陀与周孔,还有老子同为圣人。如唐代高僧宗密在《原人论序》之中写道:

> 然孔、老、释迦皆是至圣,随时应物,设教殊涂。内外相资,共利群庶。策勤万行,明因果始终;推究万法,彰生起本末。虽皆圣意而有实有权,二教唯权,佛兼权实。策万行,惩恶劝善,同归于治,则三教皆可遵行;推万法,穷理尽性,至于本源,则佛教方为决了。①

其中将孔子、老子、释迦都称为至圣,三教殊途同归,但是儒、道二教只是权,而佛教兼有权实,可以解明法理的本源。

还有,唐法琳的《破邪论》列举了道经和儒经之中尊崇佛教、佛经、沙门的例子,然后说:

> 但孔、老圣人,尚自称扬三宝。令道士等敬让僧尼。汝既禀承孔老为师。何以违背师教诽毁圣尊。②

指出孔子和老子这样的圣人都赞颂佛教的三宝,奉孔子、老子之人不可违背圣意。

如上,佛教这一概念的背后以圣人和经典为支撑③,不仅是名称上从与黄老道同列的佛道转向与周孔之教同类的佛教,而且本质上佛教也在完成由道法佛教向经教佛教的转型。这背后主要的推动力量,是东晋之后江南信仰佛教的士大夫增加,他们原本就有"周孔之教"的知识背景,所以寻求二者的契合点,而且他们有文化素

---

① (唐)宗密:《原人论序》,《大正藏》,第45册,第708页上。
② (唐)法琳:《破邪论》卷上,《大正藏》,第52册,第478页下。
③ 参见[日]小林正美《六朝道教史研究》,李庆译,四川人民出版社2001年版,第487—496页。

养，可以阅读理解佛经的内容，所以促使了佛教在东晋的江南开始由佛道转变为佛教，"佛道"和"佛教"之语并非仅仅是同一信仰不同的称呼，还反映了信仰内容的不同。①

四　救度型宗教道教"护国度人"的定位

东晋时期，南方的佛教经过与儒教的宗教对话，从流传于上层的道法佛教向经教佛教转型，在鸠摩罗什的推动之下，更是确立了以大乘主义为主流。而此时道教尚处于天师道的道法道教阶段，各大家族推立自己的宗教领袖，各种新道法层出不穷，呈现出群雄割据的状态，东晋中期之后，借鉴当时佛经的内容，道士们开始了上清、灵宝的降经运动。这种态势的一个转折点，是孙恩起事的失败和刘宋政权的建立。当时天师道的改革派决定与旧五斗米道进行切割，对自身的历史和定位进行了重新描述，将"护国度人"作为道教的主要目的，这也是道教作为救度型宗教的主要体现。

所谓"护国"，直接地说就是拥护辅佐政权。东晋之后，打着老君以李弘之名降世的叛乱不断发生，导致东晋垮台的孙恩之乱更是让新建立的刘宋政权格外警惕天师道的势力。因此，道教如果想获得生存空间，必须重新取得统治者的信任。为了达到这个目的，道教选择了与儒教相协调的道路，从意识形态上保持与统治阶层的思想一致。

《三天内解经》之中，说"老子帝帝出为国师"②，辅助君主的统治，曾派王方平、东方朔辅助汉室，结果不被信任导致了王莽篡汉。而老君向张道陵传授正一盟威之道三天正法，也是为了辅佐汉室：

> 与汉帝朝臣以白马血为盟，丹书铁券为信，与天地水三

---

① 参见［日］小林正美《六朝佛教思想研究》，王皓月译，第291—312页。
② 《道藏》，第28册，第413页。

官、太岁将军共约：永用三天正法，不得禁固天民。民不妄淫祀他鬼神，使鬼不饮食，师不受钱，不得淫盗，治病疗疾，不得饮酒食肉。民人唯听五腊吉日祠家亲宗祖父母，二月八月祠祀社灶。①

其中说老君与汉帝朝臣约定，永远用三天正法，不限制道民，道民也不祭祀其他鬼神，唯独保留儒教的祭祀宗祖和社灶之神。尤其说：

自奉道不操五斗米者，便非三天正一盟威之道也。五斗米正以奉五帝，知民欲奉道之心。圣人与气合，终始无穷，故圣人不死。世人与米合命，人无米谷，则应饿死。以其所珍，奉上幽冥，非欲须此米也。②

将天师道传统的奉五斗米的目的，解释为尊奉儒教的五帝，只是为了让道民表达奉道的诚意，不是真要此米。可见，天师道为了免遭新政权的打压，急于表明自己是辅助政权，尤其是刘氏政权的态度，而且自身的信仰也不与儒教相冲突。

道教的护国立场，并非停留于《三天内解经》所见的政治口号，而是将之落实于灵宝斋法之中。陆修静的《洞玄灵宝五感文》之中记载：

其一法，金箓斋。调和阴阳，救度国正。③

可见灵宝斋法九法之中的第一位，就是以调和阴阳、解决国家危难为目的。而该金箓斋法的原型，源自灵宝经的《洞玄灵宝长夜之府九幽玉匮明真科》收录的元始天尊向飞天神人传授的救度国家

---

① 《道藏》，第28册，第414页。
② 《道藏》，第28册，第415页。
③ 《道藏》，第32册，第620页。

危急厄难之法。该法拜十方之时叙述了建斋的如下目的：

> 天地否激，阴阳相刑，四时失和，灾害流生。星宿错综，以告不祥。国土扰乱，兵病并行，帝王忧伤，兆民无宁。谨依大法，披露真文，皈命东方无极太上灵宝天尊、已得道大圣众、至真诸君丈人、九气天君、东乡诸灵官。
>
> 今故立斋，披心露形，引咎自克，为国谢殃，烧香然灯，照曜诸天，下殃无极长夜之中九幽之府，开诸光明。愿以是功德，为帝王国主、君官吏民，解灾却患，三景复位，五行顺常，兵止病愈，国祚兴隆，兆民欢泰，人神安宁。①

因为阴阳失调，国土灾害频频发生，帝王对此深感忧伤，所以建斋者为国谢罪，希望国主臣民脱离灾厄，国祚兴隆。

唐代道士王悬河《三洞珠囊》所引《道学传》记载了陆修静曾为宋明帝建三元斋，为国祈福之事：

> 宋大始七年四月，明帝不豫，先生率众建三元露斋，为国祈请，至二十日云阴风急，轻雨洒尘，二更再唱，堂前忽有黄气状如宝盖，从下而升，高十丈许，弥覆阶墀数刻之顷，备成五色，映暧檐榥，徘徊良久，忽复迥转至经台上，散漫乃歇，预观斋者百有余人，莫不皆见，事奏天子疾廖，以为嘉祥。②

由此可见陆修静亲自通过斋法科仪实践道教的"护国"功能。

再看所谓的"度人"，即救度他人。道教的度人与儒教的兼济精神是一致的，从这点上说反映了道教变得更接近儒教的立场。不过从直接的影响来看，道教度人的主张其实是源自佛教的大乘主义。

---

① 《道藏》，第34册，第391页。
② 《道藏》，第25册，第299页。

六朝时期的三教对话与道教的转型

公元420年初的天师道接受了佛教的大乘主义，进而将灵宝经吸收为自派的经典。当时流传的灵宝经原本是葛巢甫造构的，还有一些其他人模仿创作的灵宝经，基于大乘主义的思想的元始系灵宝经尚不存在。① 梁代宋文明的《通门论（拟）》（敦煌文书 P.2861、P.2256）之中所载的刘宋陆修静（406—477）《灵宝经目》之中，开头的部分有缺失，而根据梁武帝末年编纂的《洞玄灵宝三洞奉道科戒营始》卷四的《灵宝中盟经目》，可知《元始五老赤书玉篇真文天书经》是元始系灵宝经第一位的经典。该《元始五老赤书玉篇真文天书经》所载的《灵宝五篇真文》是一种秘篆文书写的真文，是灵宝经之中最为重要的天文。传统的观点之中，一般以梁代陶弘景《真诰》卷十九的葛巢甫造构灵宝经的记载为依据，认为该元始系灵宝经是东晋末葛巢甫于隆安年间（397—401）所作。但实际上，《元始赤书真文经》与《灵宝五篇真文》之间，存在思想上的不同，前者以救度自己为目的，而后者则重视救度他人，明显受到了佛教的大乘主义的影响。②

但是道教显然不会承认这点，反而贬低佛教不是大乘，自己才是大乘，表面上是论战，实际上则达成了宗教共识，将大乘作为共同的理想，实现了宗教对话所追求的目的。《三天内解经》卷下之中写道：

> 大乘之学，当怡心恬寂，思真注玄，外若空虚，内若金城，香以通气。口以忘言，慈心众生，先念度人，后自度身。③

据此可知《三天内解经》受到了重视度人的佛教大乘主义的影

---

① 这里特别需要注意的一点是，很多学者以鸠摩罗什以前佛经中已经有大乘思想为依据，反对将出现大乘主义影响的灵宝经的成书时间定为420年之后。但佛教经典何时有大乘思想和大乘受到推崇和理解是两个不同问题，道教受到其影响更是应该从道教方面寻找其发展线索。
② 参见［日］小林正美《六朝道教史研究》，李庆译，第129—175页。
③ 《道藏》，第28册，第417页。

响。但是，该大乘主义不是源自灵宝经，而是由来于佛教。理由是，关于大乘的修行，《三天内解经》之中说：

> 道士大乘学者，则常思身中真神形象，衣服彩色，导引往来，如对神君。无暂时有辍，则外想不入，神真来降，心无多事。……大乘之学，受气守一，宝为身资。①

记录的存思、守一等是东晋上清经重视的道术，没有言及灵宝经特有的修行。还有，《三天内解经》之中将沙门、佛法记载为小乘之类，由此可以推测《三天内解经》的作者是有意识地与佛教对抗，由此也可以确认《三天内解经》中的大乘概念直接由来于佛教。

《三天内解经》之中，确立了尊重灵宝经与大乘主义的倾向，所以公元420年之后，陆修静等天师道道士开始将葛巢甫造构的灵宝经改编为大乘主义色彩更加突出的经典。《太真科》中的元始天尊的神格被作为救度一切的最高神格加入灵宝经之中，天师道道士创作出了元始天尊在五劫之中出世，宣教元始旧经并度人的传说。根据该传说，元始旧经成书于龙汉之劫，而元始天尊也从龙汉之劫开始用元始旧经宣教，元始旧经也随着元始天尊的宣教而多次出世，救度处于困难之中的民众。正是灵宝经，让道教具备了更强烈的救度型宗教的特色。

如《太上洞玄灵宝三元品戒功德轻重经》所言：

> 夫欲度身当先度人，众人不得度，终不度我身。②

度人先于度己是元始系灵宝经的基本立场。不仅如此，仙公系灵宝经也被加入了度人先于度己的主张。如《太上洞玄灵宝本行因

---

① 《道藏》，第28册，第417页。
② 《道藏》，第6册，第873页。

缘经》之中，太极左仙公向地仙解释其无法成为天仙的原因时说：

> 子辈前世学道受经，少作善功，唯欲度身，不念度人，唯自求道，不念人得道。不信大经弘远之辞，不务斋戒，不尊三洞法师，好乐小乘，故得地仙之道。①

《太上洞玄灵宝本行宿缘经》曰：

> 宗三洞玄经谓之大乘之士。先度人，后度身。坐起卧息，常慈心一切。②

佛教和道教双方在宗教实践方面很难形成交锋，因为双方的宗教行为没有直接的对立冲突，很难说佛教的出家等行为与道士归隐山林的做法有何对立。在教理层面，双方也缺乏足够的对立，原因是东晋开始道书就借鉴吸收佛经的概念和理论，甚至原封不动地使用了大量佛经中的概念。所以，道教与佛教在教理方面的交融颇多，佛教方面主要攻击的是道教抄袭佛经或者道教教理体系中的矛盾之处，道教方面则主要攻击佛教为外来宗教，以及主张老子化胡说，主张佛教是老子用来教化胡人的，华夏的汉人不应该信奉佛教。可以说，道教由于在教理层面处于弱势，所以主要走情感诉求路线，借助本土性认同来寻求社会的理解和支持。

道教高度推崇老子《道德经》，其中超越世俗的态度让偏好道教之人多带有出世的倾向，社会责任感不如儒教明显。总体来看，儒教和道教原本侧重不同，儒教重视个人与社会的关系，道教则偏向自我的解放，二者有各自的领域，属于互补关系。但是，佛教在中国化的过程之中，与儒教的兼济精神融合，形成了大乘佛教。面对佛教快速发展的压力，道教也不断借鉴佛教大乘主义救济一切的

---

① 《道藏》，第24册，第671页。
② 《道藏》，第24册，第667页。

精神，促使道教完成了向救度型宗教的转变。儒教的兼济精神等社会伦理也通过佛教的中介进入道教之中。由此，崇尚兼济、大乘、度人成为中国儒佛道三教共有的特征。道教由道法道教向经教道教变革的过程之中，也确立了"护国度人"的新定位。

五　佛教对道教称"教"的质疑

在天师道改革转型为三教之一的"道教"之后，获得了政权的认可，陆修静等高道也深受统治者的信任，民间层面，灵宝斋法等新信仰内容吸引了大量的信众，让道教脱离了生存危机。不过，道教也并非高枕无忧，其面临的最大质疑来源于佛教方面，导致道教的形象和地位严重受损。这一方面是因为《三天内解经》之中公然称佛道为"六天故事"，是老子教化天竺所为，传入中国导致了众多灾祸，所以应该被抛弃，后来也出现了道士顾欢《夷夏论》等贬佛扬道的文章，激怒了佛教方面。另一方面则是因为灵宝经等道教经典有借鉴佛经内容的问题，引发了佛教界的鄙视和不满。因此，南朝开始佛道矛盾转向激化，二者论战不断发生。佛教方面采取的策略是，从根本上否定道教存在，只承认有儒教与佛教。

北周道安的《二教论》之《归宗显本第一》写道：

> 释教为内，儒教为外。备彰圣典。非为诞谬。详览载籍寻讨源流。教唯有二宁得有三。何则昔玄古朴素，坟典之诰未弘。淳风稍离，丘索之文乃著。故包论七典统括九流，咸为治国之谟，并是修身之术。①

其中指出佛教为内教，儒教为外教，教只有二，没有三，包括道家在内的九流都是治国修身之术，不存在单独的道教。

佛教进而指出道教在教主和经典方面存在严重问题，所以不能

---

① （唐）道宣：《广弘明集》卷八，《大正藏》，第52册，第136页下。

称为教。① 事实上，在中国文化之中，圣人即可设教，教是圣人之言，所以按照这个标准，老子是佛教方面也承认的圣人，应该是具备设教的资格的，而道教的三洞部经典，曾由老君降授，所以道教称"教"是没有问题的。然而，佛教方面提出了一个新的标准，即教不能只有圣人，还要有教主，而教主必须有君主之位。如唐代法琳《辩正论》中说：

> 又言：道称教者，凡立教之法，先须有主。道教既无的主，云何得称道教？以三事故，道家不得别称教也一者：就周孔对谈，周孔直是传教人，不得自称教主。何以故？教是三皇五帝之教，教主即是三皇五帝。若言以老子为教主者，老子非是帝王，若为得称教主？若言别有天尊为道教主者，案五经正典，三皇以来，周公、孔子等，不云别有天尊，住在天上，垂教布化，为道教主。并是三张以下伪经，妄说天尊，上为道主。既其无主，何得称教？②

我们可以看出，虽然东晋时期孙绰以周孔之教称儒教，但是《辩正论》认为周孔只是传教人，不是教主，三皇五帝才是儒教的教主，而道教所谓的元始天尊，并不记载于五经之中，只是三张之后的伪经所言。又言：

> 坟典是教，帝皇为主，儒得称教。佛是法王所说，十二部经布化天下，有教有主也。③

其中将儒教与佛教对比，指出佛教是法王所说，有十二部经，所以有教主。

关于道教经典存在的问题，北周道安的《二教论》之《明典

---

① 参见［日］小林正美《六朝道教史研究》，李庆译，第487—496页。
② （唐）法琳：《辩正论》卷二，《大正藏》，第52册，第499页上。
③ （唐）法琳：《辩正论》卷二，《大正藏》，第52册，第499页上。

真伪第十》认为：

> 老子道经朴素可崇。庄生内篇宗师可领。暨兹已外制自凡情。黄庭、元阳采撮法华，以道换佛，改用尤拙。灵宝创自张陵，吴赤乌之年始出。上清肇自葛玄，宋齐之间乃行。寻圣人设教本为招劝。天文大字何所诠谈。始自古文大小两篆，以例求之都不相似。阳平鬼书于是乎验。晋元康中。鲍靖（靓）造三皇经被诛，事在晋史。后人讳之，改为三洞。其名虽变，厥体尚存。犹明三皇以为宗极。斯皆语出凡心寔知非教。不关圣口岂是典经。①

其中只承认老庄之书为真，《黄庭经》《元阳经》是改自佛教的《法华经》，灵宝经源自张陵、上清经源自葛玄，《三皇经》为鲍靓所造，都不是圣人之教，连作为经典的资格都没有。

如上，佛教认为道家作为九流包含于儒教之内，道教又缺乏教主和经典，那么也就不存在所谓的"道教"了。

六　结语

当今宗教对话面临的困境是，宗教对话往往预设了一个友好和尊重的前提，导致虚伪的和表面的对话较多，宗教对话并没有产生真正的理解，也没有深刻地改变某一方宗教。实际上，论战也是对话的一种形式，而且论战往往更为真诚和深刻。在论战的过程之中寻找契合点，进而实现信仰的互鉴，给对方带来影响和改变，进而走向宗教的融合。同时，这种宗教对话没有虚构不存在的第三方立场，而是直接基于中国社会的现实，这样对话的结果也能够被宗教实践反映，并非停留于理念认同的层面，真正让宗教对话实现从理论向现实的跨越。

---

① （唐）道宣：《广弘明集》卷八，《大正藏》，第52册，第141页中。

每个时期，儒佛道三教的宗教对话都有不同的焦点问题，如沙门敬不敬王者问题、老子化胡真伪问题、神灭不灭问题等，但其中对三教影响最为深远的应该是大乘主义的问题。佛教的大乘主义认为，救济一切众生的是大乘，而小乘仅仅追求自我的解脱。大乘成为中国佛教的主流和特色，与儒教的崇尚兼济的理念有直接的关系，这种大乘主义在刘宋之后又被道教的灵宝经吸纳，道教变为"护国度人"的救度型宗教。虽然佛教在道教确立之后，试图通过攻击其经典和教主，达到推翻道教的目的，但道教已经具备了作为宗教的生命力，得到了上至统治阶层，下至普通民众的广泛信仰，其以灵宝斋法为代表的科仪满足了人们的信仰需求，所以道教可以无惧佛教的质疑继续发展存续。毫不夸张地说，以论战为主流的这种宗教对话，让三教得以实现宗教互鉴，并最终由"道"转型为"教"，形成三教并存的世界独特的文化现象。

明代武当山国家祭祀研究

王 闯

摘 要：武当山作为明代的宗教中心和皇室家庙，承担了重要的国家祭祀功能，主要包含两个方面的内容。其一是作为岳镇海渎祭祀体系组成部分的相关祭祀。明仁宗即位时，将武当山提升至与五岳同等的地位。有明一代，自仁宗以后的历代帝王在即位时均要遣使往武当山致祭真武神，遵循的就是新皇登基要遍祀岳镇海渎的传统礼制。该祭祀采用儒教礼仪，属于礼制中五礼之首的"吉礼"。其二是名目繁多的道教国醮仪式。明代武当山拥有一个复杂的官道系统，其主要职能是为国家或皇室举行各类斋醮祭祀。这些道教仪式往往在国家面临重大政治事件时设立，它们不同于一般私人性质的宗教活动，而具有一定的公共性，同样发挥了"吉礼"的功能。透过武当山国醮，我们进而能观察到明代政治变动的痕迹。从武当山国家祭祀可以看出，明代的国家礼制存在着儒道并行的双重结构。

关键词：武当山；国家祭祀；国醮；岳镇海渎

作者简介：王闯，华中师范大学道家道教研究中心副教授（湖北武汉 430079）。

在中国古代的国家政治生活中，祭祀是十分重要的一项活动。《左传·成公十三年》云："国之大事，在祀与戎。"自周代以来，形成了以天地、宗庙、社稷祭祀为核心，以日月山川等各类祭祀为辅助的国家祭祀制度，在古代的礼制中，它们属于五礼之首的"吉礼"。这类国家祭祀活动虽然主要由政府官员主持相应仪式，但是道教作为古代中国的主流文化系统之一，凭借其历史悠久且独特的仪式实践，得以长期深度参与其中。道教不仅为其提供仪式内容上的支撑，甚至在很多朝代，道教斋醮本身就是国家祭祀的重要组成。学界已有不少学者注意到这一点，以明代为例：刘永华教授指出负责训练国家祭祀仪式乐舞生的神乐观，其主要职员长期由道士充任，这些道士通过控制神乐观进而把持太常寺，并渗透进礼部。①张广保教授认为明代朝天宫、神乐观、洪恩灵济宫、大德显灵宫、北京东岳庙等几座道教宫观，都承担了重要的国家祭祀职能，可称为"国家宫观"②；他还进一步提出明代"官道"的概念，所谓"官道"，是明代道教与皇室政治相结合并承接国家祭祀事务的产物，明代存在一个由龙虎山、茅山、武当山、齐云山构成的官道网络③。

以上研究深化了学界对明代道教与国家祭祀之间复杂互动关系的认识，但相关研究仍有继续深化的必要。以明代号称"皇室家庙"的武当山为例，目前学界相关研究大多集中于皇家道场的历史变迁、宗教管理、道派传承等，而对武当山最重要的宗教职能——国家祭祀活动，以及它与明代国家礼制之间的关系还缺乏深入探讨④，而这正

---

① 参见刘永华《明清时期的神乐观与王朝礼仪——道教与王朝礼仪互动的一个侧面》，《世界宗教研究》2008年第3期。

② 张广保：《明代的国家宫观与国家祭典》，载《全真教的创立与历史传承》，中华书局2015年版，第328页。

③ 参见张广保《明代茅山、齐云山的道教与官道》，《宗教学研究》2022年第2期；张广保《正一真人统领下的龙虎山道教与明代官道》，《世界宗教文化》2022年第3期；张广保《武当山皇室家庙与明代官道的形成》，《世界宗教研究》2022年第10期。

④ 目前学界仅有杨立志教授讨论过武当山国醮的主要类型和音乐仪式，参见杨立志《明代武当山国醮与道教音乐考述》，载胡军主编《道教音乐研究文集》，上海音乐出版社2016年版，第179—194页。另外，张广保教授也注意到武当山的国家醮仪，但囿于文章主题和篇幅，并未展开讨论，参见张广保《武当山皇室家庙与明代官道的形成》，《世界宗教研究》2022年第10期。

是本文将要着重论述的。

一　明代岳镇海渎祭祀体系中的武当山国家祭祀

在古代中国的国家祭祀体系中，作为华夏地理坐标的五岳、五镇、四海、四渎一直是重要的祭祀对象。据明太祖时期编纂的《大明集礼》"专祀岳镇海渎天下山川城隍"条记载：

> 国朝既于方丘以岳镇海渎、天下山川从祀，复于春秋清明、霜降日遣官专祀岳镇海渎、天下山川于国城之南，而以京师及天下城隍附祭焉。至于外夷山川，亦列祀典。若国有祈祷，则又遣使降香，专祀于其本界之庙。若夫山川之在王国，城隍之在郡县者，则自以时致祭。①

按此段史料所言，朱元璋所确立的明代岳镇海渎祭祀有三个层次。

首先，在京城举行的祭祀活动。明代在地坛举行方丘祭祀（即祭地）时以岳镇海渎从祀，此外每年春季清明、秋季霜降日亦遣官于都城之南的山川坛专门祭祀岳镇海渎。《明会典》载："建方泽于安定门外，每岁夏至祭地，以五岳、五镇、四海、四渎、陵寝诸山从祀。"②"国初建山川坛于天地坛之西，正殿七间，祭太岁、风云雷雨、五岳五镇四海四渎、钟山之神。"③

其次，在"国有祈祷"时，由皇帝遣官前往当地代祀。大约有两个方面的内容。一是国家逢重大政治活动，如在新皇帝登基之时，朝廷会遣专使前往岳镇海渎所在地的庙宇举行祭祀，以宣示统治的合法性。《明会典》记载道："惟岳镇海渎及历代帝王陵寝，

---

① （明）徐一夔等：《明集礼》，商务印书馆2006年版，第545页。
② （明）李东阳等纂，（明）申时行等重修：《大明会典》，广陵书社2007年版，第3册，第1268页。
③ （明）李东阳等纂，（明）申时行等重修：《大明会典》，第3册，第1343页。

凡遇登极，必遣官分投祭告，特重其礼。"① 二是国家遇重大自然灾害时也会遣使致祭，《礼部志稿》载道："国家凡遇水旱灾伤及非常变异，或躬祷，或露告于宫中于奉天殿陛，或遣官祭告郊庙、陵寝及社稷、山川，无常仪。"② 因自然灾害的不可预测性，此类致祭行为大多为临时举行的祭祀活动。

最后，岳镇海渎所在地方政府于每年春秋两季举行的常规性祭祀。《明会典》明确记载："东岳泰山，山东泰安州祭；西岳华山，陕西华阴县祭；中岳嵩山，河南河南府祭；南岳衡山，湖广衡州府祭；北岳恒山，直隶真定府祭……"③《礼部志稿》载曰："凡五岳、五镇、四海、四渎及帝王陵庙，已有取勘定拟致祭去处，所在官司以春秋仲月上旬择日致祭，近布政司者布政司官致祭，近府州县者各府州县官致祭。"④

在明代的岳镇海渎祭祀体系中，除了自传统延续下来的五岳、五镇、四海、四渎等祭祀对象外，被明成祖尊为"大岳"的武当山也是其中重要一环。关于这一点，由于《明集礼》《明会典》等明代官修礼制文献未有明确记载，故尚未引起学界的足够重视，但我们从武当山现存明代御制碑刻、山志中能清晰看到。

武当山被纳入岳镇海渎祭祀体系有一个演变的过程。学界现有研究表明，武当山在宋代以前算不上天下名山，其地位远不如五岳、五镇那样显赫。宋代以后，由于真武信仰的广泛传播和朝廷的大力推崇，武当山在道教乃至中国山岳体系中的地位急剧上升。永乐十年（1412），明成祖决定兴建武当山道场，在第二年的"圣旨"中朱棣开始称其为"大岳太和山"。永乐十三年（1415），武当山玄天玉虚宫提点任自垣在给皇帝的奏折中已经出现"今武当山

---

① （明）李东阳等纂，（明）申时行等重修：《大明会典》，第3册，第1465页。
② （明）林尧俞等纂，（明）俞汝楫等编：《礼部志稿》，《景印文渊阁四库全书》，台北：台湾商务印书馆1986年版，第597册，第488页。
③ （明）李东阳等纂，（明）申时行等重修：《大明会典》，第3册，第1465页。
④ （明）林尧俞等纂，（明）俞汝楫等编：《礼部志稿》，《景印文渊阁四库全书》，第597册，第567页。

天下第一名山"① 的说法，朱棣也未表示反对。迨至永乐十五年（1417），大岳太和山的官方名称被正式确定下来，朱棣在圣旨中说："武当山，古名太和山，又名大岳，今名为'大岳太和山'。"②在中国古代，只有五岳这五座政治意蕴浓厚的华夏地理坐标能被称为"岳"，明成祖将武当山称为"大岳"，毫无疑问是对该山政治地位的提升和确认。明末人龚黄曾经编纂过一部《六岳登临志》，所谓"六岳"，就是五岳加上武当山，这也可算作明代社会对武当山政治地位的一般认识。

（一）皇帝登基遣使致祭

武当山虽然在明成祖时就被提高到与五岳同等的地位，但直到明仁宗时才得以进入传统的岳镇海渎国家祭祀体系。洪熙元年（1425），明仁宗在登基时，按照明初朱元璋确立的礼仪规范，派遣官员遍祀岳镇海渎。与此同时，他也首次命重臣前往武当山致祭。今天仍矗立在武当山金顶太和宫灵官殿前的洪熙元年《御制祝文碑》的碑阴，详细记载了此事：

> 洪熙元年二月望日，皇帝用香帛祝文，分遣大臣，遍祀岳镇海渎、历代帝王、明神、先圣、祖陵及诸王陵寝，俱以太牢。惟大岳太和山乃玄帝登真之所，太宗文皇帝敕建宫观三十三处，金碧交辉。仍于天柱峰冶金为殿，范神之像，缭以石城，壮观坚丽，旷古未有。今天子继志述事，升进此山，同于岳镇，命臣胡濙代祀。臣濙奉命惟谨……时洪熙元年四月二十八日也。太子宾客正议大夫礼部左侍郎兼国子祭酒臣胡濙拜手谨识。③

按这段文字所言，仁宗即位之时，在遵循逢登基要遍祀岳镇海

---

① （明）任自垣纂修：《敕建大岳太和山志》，湖北科学技术出版社2020年版，第115页。
② （明）任自垣纂修：《敕建大岳太和山志》，第116页。
③ 《御制祝文碑》"碑阴"，碑在武当山太和宫灵官殿前，洪熙元年（1425）立石。

渎之礼制的同时,"升进此山,同于岳镇",第一次将武当山纳入岳镇海渎国家祭祀体系,并命礼部左侍郎胡濙以太牢之礼代为致祭。其祭文曰:"维洪熙元年岁次乙巳二月辛丑朔十五日乙卯,皇帝遣礼部左侍郎胡濙致祭于北极真武之神,曰:'惟神道高玄妙,功运化权,广济生灵,阴翊皇度。兹予嗣位之始,虔修告祀,伏惟歆格,永祚邦家。尚享。'"① 需要指出的是,岳镇海渎祭祀采用的是儒教礼仪,祭以最高等级的太牢,前引祭文也符合儒教祭祀的一般格式。

明仁宗将武当山纳入国家礼制,进一步提升该山的政治地位,无疑是对乃父明成祖政治遗产的确认和维护。众所周知,朱棣的帝位是通过武力篡夺而来的,皇位合法性是他必须解决的重大政治伦理问题,而武当山工程的营建就是其确立政治合法性的关键环节之一。朱棣在武当山工程完工之时写作的《御制大岳太和山道宫之碑》中道出了自己的心迹,其文曰:"天启我国家隆盛之基,朕皇考太祖高皇帝,以一旅定天下,神阴翊显佑,灵明赫奕。肆朕起义兵,靖内难,神辅相左右,风行霆击,其迹甚著。暨即位之初,茂锡景贶,益加炫耀,至若榔梅再实,岁功屡成,嘉生骈臻,灼有异征。朕夙夜祗念,罔报神之休。仰惟皇考皇妣,劬劳恩深,昊天罔极,以尽其报。"② 他在碑文中塑造了真武神灵佑其父子两代开国、定天下的艰难创业历程,通过真武神灵迹的显现,宣示其皇位合法性得到了神明的认可。他指出武当山工程营建的目的,不仅是报答神休,同时也是报答父母之恩,希望以此缓解其违背父命篡位而带来的父子关系压力。可以说,宏伟的武当山皇家宫观群,是明成祖政治合法性的重要象征。继承朱棣皇位的仁宗皇帝,通过将武当山纳入国家礼制,进一步维护了朱棣这一系的政治合法性。

明仁宗所开创的这个新政治和祭祀传统,成为明王朝不见于成文的"祖宗之法",为日后历代明朝皇帝所继承。每逢新皇登基,

---

① 《御制祝文碑》,碑在武当山太和宫灵官殿前,洪熙元年(1425)立石。
② 《御制大岳太和山道宫之碑》,碑在武当山玉虚宫、紫霄宫、南岩宫、五龙宫、静乐宫五处均有,永乐十六年(1418)立石。

朝廷必遣大臣前往武当山致祭，该山现存碑刻和山志详细记载了这些祭祀活动。现将仁宗之后明朝历代皇帝在武当山的登基祝文移录如下，以便更加直观地了解这一点。

> 维宣德元年（1426）岁次丙午十二月乙丑朔越十一日乙亥，皇帝遣太常寺寺丞袁正安，致祭于北极真武之神曰："惟神参赞玄化，显相邦家。我皇祖崇建祠宫，昭答灵贶。兹予嗣位之初，谨用祭告，惟神昭格，茂锡灵休。尚享。"①
>
> 维正统元年（1436）岁次丙辰正月丁卯朔越十五日辛巳，皇帝遣平江伯陈佐，致祭于北极真武之神曰："惟神丕显灵化，佑我家邦，去灾凝祥，永世斯赖。予嗣承天统，属兹纪元之初，敬用祭告，用祈洪庥。尚享。"②
>
> 维景泰元年（1450）岁次庚午闰正月丙午朔十五日庚申，皇帝遣翰林院侍讲徐理，致祭于北极真武之神曰："惟神丕显灵化，佑我家邦，去灾凝祥，永世斯赖。予嗣承大统，属兹纪元之始，敬用祭告，用祈洪庥。尚享。"③
>
> 维天顺元年（1457）岁次丁丑四月甲午朔越二十日癸丑，皇帝遣定西侯蒋琬，致祭于北极真武之神曰："惟神玄元之化，天一之尊，为世道造福，式显神功，佑我家邦，万世永赖。今予复正大位，改元之初，敬用祭告，尚祈鸿庇，保兹太平。尚享。"④
>
> 维成化元年（1465）岁次乙酉四月丁丑朔越二十日辛丑，皇帝遣吏科左给事中沈瑶，致祭于北极真武之神曰："惟神尊居坎位，玄化无方，护我国家，威灵显著。今予嗣承大统，特用祭告，神其鉴佑，永永无斁。尚享。"⑤
>
> 维弘治元年（1488）岁次戊申四月甲午朔十二日乙巳，皇

---

① 《御制祝文碑》，碑在武当山太和宫灵官殿前，宣德元年（1426）立石。
② 《圣旨碑》，碑在武当山太和宫灵官殿前，正统元年（1436）立石。
③ 《御制祝文碑》，碑在武当山太和宫灵官殿前，景泰元年（1450）立石。
④ 《御制祝文碑》，碑在武当山太和宫灵官殿前，天顺元年（1457）立石。
⑤ 《御制祝文碑》，碑在武当山太和宫灵官殿前，成化元年（1465）立石。

帝遣阳武侯薛伦，致祭于北极真武之神，曰："惟神尊居坎位，玄化无方，护我国家，威灵显著。今予嗣承大统，特用祭告，神其鉴佑，永永无斁。尚享。"①

维正德元年（1506）岁次丙寅三月辛巳朔越二十七日丁未，皇帝遣崇仪伯费柱，致祭于北极真武之神曰："惟神尊居坎位，玄化无方，护我国家，威灵显著，今予嗣承大统，特用祭告，神其鉴佑，永永无斁。尚享。"②

维嘉靖元年（1522）岁次壬午四月丁丑朔越二十五日辛丑，皇帝遣工部右侍郎陈雍，致祭于北极真武之神曰："惟神尊居坎位，玄化无方，护我国家，威灵显著。今予嗣承大统，特用祭告，神其鉴佑，永永无斁。尚享。"③

维隆庆元年（1567）岁次丁卯十一月壬子朔越二十一日壬申，皇帝遣尚宝司少卿徐琨，致祭于北极真武之神曰："惟神尊居北极，福德丕昭，佑我皇明，凤彰灵应。兹予嗣承大流，特用祭告，神其歆鉴，丕扬显赫之灵，永翊昌隆之祚。尚享。"④

此外，关于神宗、光宗、熹宗、思宗最后四位明代皇帝即位时的致祭活动，清康熙年间成书的《大岳太和武当山志》中明确记载了神宗、光宗也遵循同样的礼制传统，其载道："神宗即位元年，遣工科给事中吴文佳祭真武文。光宗即位元年，遣武安侯政惟孝祭真武文。"⑤ 而熹宗和思宗，目前尚未发现相关史料，但笔者推测他们也应有遣使致祭行为，只是时值王朝末年，史料未能保留下来。

---

① 《孝宗皇帝即位祭真武文》，载（明）王佐修，（明）慎旦纂《大岳太和山志》，湖北科学技术出版社2021年版，第261页。
② 《武宗皇帝即位祭真武文》，载（明）王佐修，（明）慎旦纂《大岳太和山志》，第261页。
③ 《今上皇帝即位祭真武文》，载（明）王佐修，（明）慎旦纂《大岳太和山志》，第262页。
④ 《今上皇帝即位祭真武文》，载（明）凌云翼修，（明）卢重华纂《大岳太和山志》，湖北科学技术出版社2022年版，第55页。
⑤ （清）杨素蕴修，（清）王民皞纂：《大岳太和武当山志》，湖北科学技术出版社2021年版，第142页。

(二) 重大灾害遣使致祭

除了新皇帝登基时的致祭活动外,据前文所述,凡遇重大自然灾害时,朝廷亦会遣使祭祀岳镇海渎等神灵,我们在武当山志书中也能看到此类祭祀活动。如,明武宗时期曾经因为干旱不雨、盗贼频发而遣官祭祀武当真武之神,王佐《大岳太和山志》记载了这两次祭祀时的祝文。其文曰:

> 今岁以来,雨旸愆候,田苗枯槁,黎庶忧惶。予心兢惕,虔致祷祈。惟神矜民,旋斡太和,式调和气,以济民艰,庶民有丰稳之休,神亦享无穷之报。①
>
> 近岁以来,群盗为梗,生灵被害,在在有之。命将徂征,稍臻平定,余灾未殄,尚累天和,水旱相仍,妖祥叠见。永思厥咎,良切疚心,爰与群臣饬躬修政,同期昭格,庸迓神庥。伏冀神明,悯兹黎庶,转灾为福,绥我家邦,不胜楼楼恳祷之至。②

嘉靖四十五年(1566)湖广等地水灾严重,皇帝亦遣湖广巡抚祭祀真武,碑文载曰:

> 维嘉靖四十五年岁次丙寅十一月初三日,皇帝遣巡抚湖广等处地方兼赞理军务都察院右佥都御史杨豫孙,致祭于玄天上帝曰:"兹以水潦,为灾非常,特遣抚臣,恭伸祭告,伏希鉴佑,消灾赐福,以永庇于邦家。谨告。"嘉靖四十五年十二月吉日谨立。③

---

① 《武宗皇帝告真武祈雨文》,载(明)王佐修,(明)慎旦纂《大岳太和山志》,第261页。
② 《武宗皇帝告真武弭盗文》,载(明)王佐修,(明)慎旦纂《大岳太和山志》,第262页。
③ 《御制祝文碑》,碑在武当山太和宫朝拜殿西侧,嘉靖四十五年(1566)立石。

此类因自然灾害而产生的祭祀行为,时间不固定,明代山志中也时载时不载,有些甚至连具体的日期都没有。在古代生产力条件较为低下的情况下,自然灾害频繁发生,我们可以推知此类祭祀可能为数不少,所以山志的编纂者并未特别予以重视并保留相关史料。

(三)地方官员主持的常规祭祀

以上论述的是由皇帝派遣官员在武当山代为进行的祭祀活动,而武当山每年春秋两季的常规祭祀则由当地主管官员和地方政府承担。山志记载道:

> 凡春秋仲月,疆牧诣玉虚祀北极真武之神,春秋之季月,提督藩参焚币金殿,岁以为常。①

由此可见,武当山每年由地方政府举办的常规祭祀有两种。一是每年二月和八月(古代农历),在山脚下的玄天玉虚宫举行祭祀活动,这个时间符合明代礼制的一般规定。明代王佐编修的山志中,绘有《玉虚宫图》一幅,在宫门外左手边(西边),有"岳祀坛"一座,文字介绍说"山门外……前左南向为祀真武坛"②,应该就是举行春秋祭祀的坛场。上述引文中说由疆牧主持祭礼,但未明确是何具体职位,不过同书所载卢维兹《祀典参考》中说:"沿及有明,春秋祀典,命中涓,盖取近臣以抒忱悃也。"③ 所谓中涓,即宦官,明代武当山专门有提督太监镇守,不仅负责武当山道场的日常管理,还兼分守湖广行都司以及鄂豫陕三省交界山区众多府县,其职权大致与郧阳巡抚重叠。由此看来,武当山每年春秋仲月的常规祭祀,由该山提督太监主持。

二是每年三月和九月,在金顶举行的祭祀活动,山志明确记载

---

① (清)杨素蕴修,(清)王民皞纂:《大岳太和武当山志》,第141页。
② (明)王佐修,(明)慎旦纂:《大岳太和山志》,第239—240页。
③ (清)杨素蕴修,(清)王民皞纂:《大岳太和武当山志》,第146页。

该活动由驻守武当山的藩参主持。所谓藩参，指的是奉命提督太和山的湖广布政司右参议，因明代布政司通常被称为"藩台"，故有"藩参"之名。湖广布政司右参议，是永乐皇帝专门为管理武当山而设的政府机构，其本职乃是分守下荆南道，该道驻均州，并不管民事。① 提督太监和提督藩参是明代武当山管理体制中最重要的两位官员，由他们主持每年的祭礼，确也符合礼制。需要说明的是，按一般礼制的常规，每年由地方官员主持的祭祀在春秋仲月（即每年二、八月）举行，武当山为什么在三月和九月还要再加一次祭祀呢？山志等史料对此未有明确说明，笔者猜测这可能和道教所理解的真武神出生、成道纪念日有关。按道经记载，每年三月三日为真武神出生日，九月九日为真武神飞升成道日②，故于此时由地方官员再举办一次祭祀活动，也在情理之中。

行文至此，让我们再回到本节开始处所讨论的明代岳镇海渎祭祀体系。明仁宗于1425年将武当山抬升至五岳五镇同等地位，此后该山深度融入明王朝的国家祭祀之中。就目前所掌握的史料来看，除了在京城举行的各类与岳镇海渎有关的祭祀中，我们没有看到武当山身影外，在其他诸如皇帝登基、重大灾害以及地方常规祭祀等活动中，武当山一直都是与岳镇海渎同样重要的祭祀对象。这一点，是以往明史研究学者未曾予以重视的。

二 明代政治变动中的武当山国醮

从上节的分析我们可以看到，明代岳镇海渎祭祀体系中的武当山国家祭祀，由皇帝遣使代祀和地方官员主祭，其祭祀仪式采用儒教传统，属于五礼之首的"吉礼"范畴。而武当山作为道教名山，事实上各类采用道教仪式进行的祭祀活动更为频繁，从现存武当山明代碑刻上看，它们拥有专门的称呼——国醮。

---

① 关于明代武当山提督太监和提督藩参的具体情况，参见王闯《明代武当山道教管理制度及其社会功能》，《宗教学研究》2022年第4期。

② 参见《玄帝圣纪》，载（明）任自垣纂修《敕建大岳太和山志》，第171页。

所谓国醮，指的是专为国家或皇室举行的斋醮活动，它实际上就是道教仪式传统中的金箓大醮。早在南北朝时期，道教灵宝派就已经发展出"调和阴阳，救度国正"的"金箓斋"①。而到了唐宋时代，道教这种为国举行的斋醮仪式更加成熟，并逐渐取得了与儒教各类祭祀礼仪同等的地位，成为重要的国家礼制。《唐六典》中记载："斋有七名。其一曰金箓大斋，调和阴阳，消灾伏害，为帝王国主延祚降福。"②宋吕元素《道门定制》卷三载："上元金箓斋，帝主修奉，展礼配天，罢散设普天大醮三千六百分位；中元玉箓斋，保佑六宫，辅宁妃后，罢散设周天大醮二千四百分位；下元黄箓斋，臣庶通修，普资家国，罢散设罗天大醮一千二百分位。"③正如学界研究指出的那样，经过两宋统治者的提倡与尊崇，道教"醮法非常兴盛，并且与朝廷的祭祀典礼结合为一体，规格仪范很高"④。

可以说，儒、道祭祀仪式的并行并重，是唐宋以来国家礼制的重要特征，明王朝显然也继承了这个传统。学界已有不少前辈学者关注到明代道教为国举行的斋醮祭祀活动，庄弘谊教授讨论了明代龙虎山张天师为皇帝所举行的斋醮，并按其内容性质作了详细分类⑤；刘枝万教授按时间顺序对这些斋醮活动进行编年排序⑥。虽然以上研究都注意到明代武当山的斋醮仪式，但是囿于史料，并未有专门讨论。杨立志教授利用其在武当山田野调查所获得的大量碑刻，详细分析了明代武当山国醮的主要类型，分别是：为宫观告成举行的金箓大醮、为斋送像器举行的安神大醮、为皇帝忏悔过错消除灾病举行的国醮、为祈嗣延本举行的大型斋醮、后妃等授意的国醮、例行国醮等类型。⑦

---

① （南朝宋）陆修静：《洞玄灵宝五感文》，《道藏》，文物出版社、上海书店、天津古籍出版社1988年版，第32册，第620页。
② （唐）李林甫等：《唐六典》卷四，陈仲夫点校，中华书局1992年版，第125页。
③ （宋）吕元素：《道门定制》，《道藏》，第31册，第676页。
④ 卢国龙、汪桂平：《道教科仪研究》，方志出版社2009年版，第102页。
⑤ 参见庄弘谊《明代道教正一派》，台北：台湾学生书局1986年版。
⑥ 参见刘枝万《台湾民间信仰论集》，台北：联经出版事业公司1983年版。
⑦ 参见杨立志《明代武当山国醮与道教音乐考述》，载胡军主编《道教音乐研究文集》，第179—194页。

杨教授的研究为我们展示了较为详尽的明代武当山国醮史实，但相关内容仍有继续深入讨论的空间。正如前文所指出的那样，国醮仪式不是普通私人性质的宗教活动，它专为国家大事所设，有严谨的仪式规范，是朝廷礼制的一部分，并与王朝政治变迁关系密切。换句话说，许多国醮活动的开展，背后都有浓厚的政治诉求，而这一点是以往研究所未予以充分重视的。本节将利用田野调查所获得的国醮碑刻，结合传世史料，试图从明代政治变动的角度解读武当山国醮的政治意涵和公共属性。

（一）永乐北征去世前后举行的国醮

就目前所掌握的史料来看，明代武当山举行的第一次国醮是在永乐二十二年（1424）七月十九日至二十五日。宣德年间成书的《敕建大岳太和山志》详细记载了此次国醮的盛况：

> 特命正一嗣教真人张宇清，率领道众，于玄天玉虚宫，修建金箓报恩延禧普度罗天大醮七昼夜，计三千六百分位。分就静乐宫、兴圣五龙宫、太玄紫霄宫、大圣南岩宫、大岳太和宫、遇真宫讽诵经诠，积崇善果，少伸诚恳，以答天心。①

当时主持国醮仪式的是四十四代天师张宇清，他是明朝官方册封的正一嗣教真人，正二品衔。此外，除了道众外，大量中央和地方军、政要员参与其中，"登坛执事官员"主要有：通政司知事，京卫千户、百户，湖广布政司左参政、右参议，襄阳卫指挥，襄阳府同知，荆州卫指挥，武昌卫指挥，提调佃户知州，均州千户所正千户、副千户，镇抚臣，均州判官，均州道正，均州医学典科。②这说明此次国醮规格极高，且是政府官方行为，朝廷上下非常重视。

---

① 《金箓大醮意》，载（明）任自垣纂修《敕建大岳太和山志》，第120页。
② 参见《金箓大醮碑阴》，载（明）任自垣纂修《敕建大岳太和山志》，第273页。

我们都知道朱棣的死亡日期是永乐二十二年七月十八日，而此次国醮的开始时间即在第二天七月十九日。从表面上看，国醮可能是为朱棣的死亡而设，但细究起来会发现问题。因为以古代的交通条件和信息传播速度，朱棣死亡的讯息不可能在第二天就传到远在千里之外的武当山。且该次国醮是以永乐皇帝的名义建的，这说明此事当在永乐生前就已经安排下去了。

朱棣为什么要在死亡前不久于武当山安排这样一场重大国醮仪式？笔者推测可能与他在北征途中的身体状况有关。据《明史》记载：

> 二十二年春正月甲申，阿鲁台犯大同、开平，诏群臣议北征，敕边将整兵俟命。……三月戊寅，大阅，谕诸将亲征。①

1424年，蒙古进犯北边，朱棣于是年三月决定再次御驾亲征并于四月成行。不料此次北征，朱棣没能延续以往的胜绩，反而突然去世于途中。史料记载：

> 夏四月戊申，皇太子监国。己酉，发京师。……秋七月庚辰，勒石于清水源之崖。戊子，遣吕震以旋师谕太子，诏告天下。己丑，次苍崖戍，不豫。庚寅，至榆木川，大渐。遗诏传位皇太子，丧礼一如高皇帝遗制。辛卯，崩，年六十有五。②

从朱棣四月出发北征，到七月去世，这中间仅有三个月的时间。《明史》《明实录》对这三个月史实的记载，大多集中于朱棣的军事行动，几乎没有提及他的身体状况。只是记载在七月十六日朱棣到达苍崖戍时突然生病，十七日病重，十八日去世，其死亡速度之快，给人以暴毙之感。事实上，学界研究朱棣的学者认为永乐皇帝在晚年其实一直就疾病缠身，在永乐二十一年（1423）七月

---

① （清）张廷玉等：《明史》，中华书局1974年版，第1册，第104页。
② （清）张廷玉等：《明史》，第1册，第104页。

亲征时就已经病重过一次。① 我们结合这次武当山的国醮来看，朱棣的身体状况可能在出发北征后就又出现了较大问题。朱棣在给张宇清的圣旨中道出此次国醮的目的是：

> 尚冀皇灵陟降，驭光景以长存；宝祚安隆，协雍熙而永治。锡眇躬之清泰，保命运之光亨。济及幽明，恩沾遐迩。②

所谓"锡眇躬之清泰，保命运之光亨"，是在请求神灵保佑自己身体康健，这说明朱棣的身体状况已经比较糟糕，以致要去武当山通过国醮仪式祈求健康了。可惜的是，由于古代信息传递的时效不佳，以致国醮举行的时候，朱棣已经在北部边疆去世了，而远在武当山罗天大醮坛场上的道众和官员们，可能还要在不久后才能获知这个消息。

（二）英宗复辟后举行的国醮

明英宗时期的"土木堡之变"与"夺门之变"，应该是明代中前期政治史上的重大事件。正统十四年（1449），明英宗北征蒙古被俘，皇位传到其弟朱祁钰身上，其本人则长期被景泰皇帝幽禁宫中。景泰八年（1457），明英宗又神奇地发动"夺门之变"，重新拿回帝位。如何为其复辟一事寻找政治上的合法性，成为摆在明英宗面前的重要政治问题。

在复辟后的第二年春天，明英宗命朝臣前往武当山举行了一次盛大的国醮。现存玉虚宫的《圣德昭应之记碑》详载了此事：

> 乃天顺二年（1458）春三月二十有二日，敕命太监臣颜义、臣黄顺、监丞臣宋胜、长随臣芎□、都督佥事赵辅奉送真武金像并仙真从官供器等项于大岳太和山遇真宫奉安。卜取是

---

① 参见商传《朱棣传》，作家出版社2019年版，第241页。
② 《金箓大醮意》，载（明）任自垣纂修《敕建大岳太和山志》，第120页。

年秋七月十有五日为始，至十七日圆满，令提点韩真一等率众祗就玄天玉虚宫修建罗天祈祥大醮三昼夜，计神位三千六百分。臣等预期斋沐身心，谨同管山奉御臣唐广、湖广布政使臣任礼、副使臣吕困、都指挥佥事臣崔贵、参议臣黄顺等各供厥事，秉虔致恭，以承皇上委任之万一。①

这次国醮是明英宗命太监奉送真武神像前往武当山安供而设，事实上，明代帝王遣使往武当山安奉圣像并顺便设醮一事较为寻常②，但天顺二年的这次国醮为什么会被特别重视并勒石纪念呢？这是因为在国醮仪式进行的时候，据说产生了种种灵应事迹，碑刻载道：

适十五日从午至酉，大顶玉女峰累现五色圆直神光，及神像、宝殿、旗帜从神，前后一十次。初现五色圆光一；再现五色圆光一，与始现者差大；三现五色直光，首锐□大，上干碧天；四现五色圆光者九；五现五色圆光，中有皂旗，闪烁分明；六现圆光中有金殿，檐角具露；七现圣像披发衣皂，前后二神捧剑执旗，立于光中殿前；八现圣像后有从神二人，出入殿内，遨游光中；九现八层五色祥光；十现圆光金殿内有神将，威严煊赫，拥□北行，莫计其数。③

按碑刻所载，仪式进行之后，在金顶玉女峰共出现五色圆光、神像、金殿、旗帜等神迹十次。当时人很快就把这件事与英宗复辟联系在一起，认为这是真武神对其恢复帝位合法性的认可。多年以后，明英宗的继承人宪宗成化皇帝仍将此与太祖定天下、成祖靖难之役时受到真武神庇佑之事相提并论，他说：

---

① 《圣德昭应之记碑》，碑在武当山玉虚宫朝拜殿前，天顺二年（1458）立石。
② 杨立志教授曾经统计过明代皇帝因斋送神像而设的国醮有二十次，参见杨立志《明代武当山国醮与道教音乐考述》，载胡军主编《道教音乐研究文集》，第185—186页。
③ 《圣德昭应之记碑》，碑在武当山玉虚宫朝拜殿前，天顺二年（1458）立石。

> 我太祖高皇帝平定海宇，惟神默相，灵明赫奕，尝于南京建庙奉祀之矣。太宗文皇帝肃靖内难，惟神阴佑，厥迹诞著，特于兹山大造宫祠，及于北京复建行宫奉祀之矣。英考睿皇帝光复大位，惟神屡现奇应，亦既命官函香奠币，致敬尤笃。①

在明宪宗的认识中，天顺二年这次国醮中的灵应事迹非比寻常。真武神作为大明皇室的保护神，屡屡在朝政关键时刻护佑家国周全，明太祖开国平天下、明成祖靖难功成、皇考英宗复辟帝位这三件关乎朝政安危与国家走向的大事，都是真武神灵迹的显现。有了神明的支持，英宗复辟帝位自然也拥有了无上的合法性，而作为英宗继承人的宪宗，其帝位的政治合法性也就无从质疑了。基于这样的看法，明宪宗在位期间也效法乃父故事，屡屡给武当山御赐神像并举行国醮，一遍又一遍地向世人昭示其帝位的合法性。

（三）世宗前期大礼议事件后举行的国醮

"大礼议"是明中期朝堂爆发的重大政治纷争，影响深远。正德十六年（1521）三月，明武宗驾崩，因其无嗣，内阁议定迎明宪宗之子兴献王朱祐杬长子朱厚熜继承皇位。时任内阁首辅杨廷和等朝臣与朱厚熜围绕继统继嗣、世宗生母礼节等众多礼制问题，展开激烈争斗，最后以明世宗胜利而告终。嘉靖四年（1525）"十二月辛丑，《大礼集议》成，颁示天下"②，宣告世宗初期轰轰烈烈的大礼议事件暂时告一段落。明世宗以藩王入京承继大统，通过大礼议事件掌握了对朝中文臣集团的主动权，巩固了帝位。

嘉靖五年（1526）二月，世宗决定在武当山举行盛大国醮，一方面为过去四年的朝政纷争画上句号，另一方面也为未来的政治新局祈祷赐福。关于这次国醮的政治意义，时任都察院佥都御史的黄衷看得很清楚，他说：

---

① 《御制大岳太玄紫霄宫神像记》，碑在武当山紫霄宫左碑亭，成化十四年（1478）立石。

② （清）张廷玉等：《明史》，第 2 册，第 220 页。

圣天子继天御宇，于兹五年。大礼告成，世庙有翼。二仪太清，海岳宁谧。三光五纬，上循其度。曰臣曰民，下若其轨，猗欤盛矣。圣心犹不自满，假兢惕惕，以祖宗委祉锡禧，盛自今日，必畅好生之至德，衍垂裕之繁休，谓非神明之力，曷可凭者。①

所谓"大礼告成"，指的就是大礼议事件中嘉靖皇帝的大获全胜，所谓"世庙有翼"，指的是嘉靖皇帝为其生父兴献王朱祐杬所建之"世庙"，位于太庙旁，这是大礼议的重要环节。政治纷争的结束，也是神明之力展现的结果，自此朝政进入了相对平稳的时期，自然需要一场盛大的国家仪式，向护国之神报答神恩，以祈求未来福祉。

对于古代王朝中刚即位数年的年轻皇帝来说，拥有子嗣可能是未来朝纲稳定的关键因素，因此这次国醮的主要目的就是祈求子嗣。嘉靖在圣旨中说：

兹当□□为□虚承傅之为重，尤储嗣之未立，惶惶于怀，用干圣造。择取今月二十日为始，特命正一嗣教大真人谨诣大岳太和山，率领官道，于就静乐宫启建金箓请恩降储延本福国保民消愆吉祥大醮七昼夜，至二十六日圆满，祇设罗天大醮三千六百分位。②

圣旨中明确指出"请恩降储"是此次国醮的重要目的之一。据山志记载，此次国醮由一系列斋醮活动组成，分别是：福国裕民醮、建储斋、中宫建储醮、清宁宫建储醮、永淳长公主建储醮、三位夫人建储醮等。③从这一系列建储醮可以看出年轻的嘉靖皇帝，对子嗣的渴望程度。

---

① 《金箓大醮碑》，载（明）凌云翼修，（明）卢重华纂《大岳太和山志》，第127页。
② 《国醮碑记》，碑在武当山静乐宫，嘉靖五年（1526）立石。
③ （明）王佐修，（明）慎旦纂：《大岳太和山志》，第287页。

正因如此，嘉靖对此次国醮十分重视，它是世宗即位后在武当山举行的首次重大国醮，规模宏大，规格很高。仪式的主持人是正一嗣教真人张彦頨天师，皇帝给张天师的圣旨中说：

> 朕即位五年，欲照先朝故事，为民祈福。特命太监李瓒同尔赍送钱粮，前去大岳太和山修建清醮，安奉圣像。新升左至灵吴尚礼，亦令随尔供事。沿途合用船只廪给，及护送人夫，已敕各该衙门照例应付。并敕湖广镇巡三司，及管山参议，凡合用物件，预先整理俟候应用。尔等务要十分仔细，用心照管，到彼敬谨奉安。不许纤毫怠忽，仍须体朕为民祈福之意。安静行事，节省支费，不得劳民伤财。尔其敬之慎之。吴尚礼事毕之日，还着往南岳公干，就缴敕回京。故敕。①

嘉靖在圣旨中安排了此次国醮的相关事宜，除了仪式主持人张天师及辅助者道录司左至灵吴尚礼外，湖广镇守太监、总兵、巡抚、三司等地方大员，以及管理武当山事务的湖广布政司右参议等负责相应后勤保障事务，嘉靖给他们都分别下达了敕谕，可见其重视程度。

（四）世宗中期北部边患时举行的国醮

明代虽然推翻了元朝的统治，但是并没有彻底解决蒙古问题。有明一代，北部边疆地区一直受到蒙古的骚扰，战争不断。尤其是明代定都北京，长期处在对蒙古作战的前线，明成祖在北征途中薨逝，明英宗于北征途中被俘，明朝君臣上下感受到的来自蒙古的国防压力非常强大。在英宗土木堡事变以后，明朝在对蒙古作战中一直处于相对弱势的地位，到了嘉靖统治中期，孛儿只斤·俺答开始崛起并不断南侵。《明史》载道：

> 二十三年春正月丙寅，俺答犯黄崖口。二月戊寅，犯大水

---

① （明）王佐修，（明）慎旦纂：《大岳太和山志》，第286页。

谷。三月癸丑，犯龙门所。……秋七月，俺答犯大同，总兵官周尚文战于黑山，败之。……甲戌，小王子入万全右卫。戊寅，掠蔚州，至于完县。京师戒严。……十一月庚子，京师解严。①

嘉靖二十三年（1544）春季，蒙古俺答汗连续三个月进犯北边，当年七月，北京进入了长达四个月之久的戒严状态，军情十分危急。可以说，这一年蒙古人给世宗皇帝和明朝上下又一次带来了巨大的生存压力。

面对强盛的蒙古大军，嘉靖一方面调兵遣将作军事部署，另一方面也在武当山举行了一次盛大的国醮仪式，为国家祈福。嘉靖在当年二月的圣旨中言道：

> 朕惟民为国之本，本之天曰食。又夷狄之于中华，犹阴阳宜别外内。今朕欲天下皆庆于丰登，九塞悉偃于兵刃。思维玄天真武圣神，受上帝之命，镇北方之区，朕承天位于燕都，寔近北漠之胡地，念边民屡遭残扰，希玄圣降武朔区。爰命道职，就于大岳太和山玄天玉虚宫，修建金箓请佑福邦保民丰岁驱虏延祥集吉斋一坛，三千六百分位。四月二十日为始，至二十六日圆满。并请灵符，保安宫寝，伏祈玄恩，鉴朕丹悃，钦此。②

嘉靖认为真武乃坐镇北方之神，而明朝定都北京，又屡受北疆边患，他祈求真武神能够发挥职能，帮助解决蒙古侵犯的问题。于是，"驱虏"成为此次国醮的主要目的。

据传这次国醮亦有真武灵应神迹显现，碑刻载道：

> 遂感神大赫灵异，念三日仰瞻天表，彩云烂然，逞空绕殿，俄现圆光，内若有旌旗之状，闪映山岳，忽复四鹤旋翔，

---

① （清）张廷玉等：《明史》，第2册，第235页。
② 《御制斋意碑》，碑在武当山玉虚宫，嘉靖二十三年（1544）立石。

还殿起舞，群望该异，我皇上忧国忧民，至诚感神，于是验矣。由是二气以和而百谷用登，三边以靖而四夷咸服，罔非我皇上一诚格天而天心鉴佑之所致也，绮欤盛矣。官民快睹，不胜欣卧，咸曰圣皇万寿，中宫茂社，前星继耀，此其祥矣。①

国醮开始于嘉靖二十三年四月二十日，到二十三日时，天空突然显现彩云、圆光，内中似有真武神仪仗旌旗，同时还有四只仙鹤绕殿起舞。参加国醮的道官、地方官员等对此奇景均感到欣喜异常，认为这是真武神再次显应，它昭示着北疆安定指日可待。

我们不去讨论祥瑞的真假或虚妄，可以肯定的是，在边事紧张的关键时刻，除了军事手段外，在武当山举行的国醮仪式以及被视作祥瑞的天象，毫无疑问寄托了朝廷上下对边境稳定的良好愿望，同时也能够起到安定人心、团结君臣的客观效果。

（五）神宗国本之争中举行的国醮

国本之争是明神宗时期爆发的重大政治纷争，对明后期政局走向影响至深。此事由册立太子引发，神宗倾向于立郑贵妃子朱常洵，而朝中大臣与慈圣太后倾向于立皇长子朱常洛。皇帝与太后、朝臣因太子人选问题而产生严重对立，双方争斗十几年，直接导致日后万历皇帝的怠政以及党争的形成。陈玉女教授曾提出国本之争与佛道教亦有牵连，她认为在立储之前的祈嗣阶段，就已伏下明末这场政治纷争的危机。当时万历与慈圣太后各有心仪的祈嗣之所，双方分歧的意味已经显露，陈教授依据的是憨山大师弟子福征的观察。②

憨山大师在自述年谱万历九年（1581）那一条说："适皇上有旨祈皇嗣，遣官于武当，圣母遣官五台，即于本寺。"③ 憨山弟子

---

① 《敕建金箓大醮瑞应记》，碑在武当山玉虚宫，嘉靖二十三年（1544）立石。
② 参见陈玉女《明万历时期慈圣皇太后的崇佛》，载《明代的佛教与社会》，北京大学出版社2011年版，第123—124页。
③ （明）福善记录，（明）福征述疏：《憨山大师年谱疏》，国光印书局1934年版，第46页。

福征后来对这句话有更惊心动魄的解读，他说：

> 征生神宗朝，知所争皇储事最大。……皇上遣内官于武当山为郑贵妃祈嗣，祈之道士也。圣母遣内官于五台，阴为王才人祈嗣，祈之和尚。各有崇信，各有祷求。内使窥伺帝意，惧有不测，故以阿附为心，遂二心于圣母之命，不欲归并。①

按慈圣皇太后在五台山建无遮大会祈嗣一事发生在万历九年（1581）十月，主事者就是憨山大师。据憨山言，在这之前，万历皇帝也在武当山有过祈嗣之举。这一先一后的祈嗣活动，被憨山大师的弟子福征从政治斗争的角度予以解释。他认为，慈圣太后之所以会来五台山祈嗣，是因为万历已经先一步遣太监在武当山为其所宠爱的郑贵妃祈嗣。因双方所中意的后妃不同，太后自感不能落后。陈玉女接受了福征的分析，从而提出万历与太后可能早在祈嗣阶段就已经出现严重分歧。

福征的观察是否符合历史事实呢？武当山玉虚宫现存一块万历八年（1580）《皇明祈嗣建醮碑记》，证明在慈圣太后五台山祈嗣之前，武当山确实也发生过类似活动。但是从碑刻的记载来看，此次武当祈嗣之举也是由慈圣太后发起的，而非憨山所言由万历主导。现将碑刻全文移录如下：

> 司礼监万历八年（1580）正月初十日，本监太监冯保等于乾清宫钦奉圣旨："朕奉圣母面谕，先有旨着真人张国祥往入武当山建醮求嗣，今差内官监太监赵升等、锦衣卫都指挥李文全等前去挂幡瞻礼着□备，太监谭彦遵行。钦此钦遵。"本监今将奉到旨意事理，备云前去，钦差提督大岳太和山内官监太监谭彦钦遵施行。本年二月二十四日，接奉钦差内官监太监赵升等赍到旨意，颁降香、烛、彩幡、建醮银一千二百两交割付

---

① （明）福善记录，（明）福征述疏：《憨山大师年谱疏》，第47页。

彦，当就公同给散与太和等八宫，复真、元和等二观，各正殿悬挂彩幡幢，建醮典，遵奉钦赐诚意。嗣汉五十代天师、正一嗣教大真人、参授上清三洞经箓、清微灵宝阐教真人、玉清掌法上宰、都天大法主、斋命风雷便宜事臣张国祥，谨奉为钦奉大明慈圣宣文皇太后懿旨："窃念嗣君荷天洪佑，继祖丕基，抚育黎元。政每修于成宪，遵承宝历；事尤急于皇储，仰叩玄尊，俯从恳祷。由是谨发诚心，虔备彩幡，各宫悬挂。特命真人张国祥恭率官道，谨以万历八年三月二十二日为始，至二十四日圆满，就于武当大岳太和山太和等宫修建玉箓吁天请佑祈嗣皇储福国裕民奠安官壶迎祥迓吉保泰邦家大斋三昼夜，祗设玄天列真清醮三百六十分位，伏愿丹悃潜通，玄尊默相，灵台早孕，庶诞嗣于储君；国本攸长，俾治隆于世运。更祈风调雨顺，岁稔时丰，宁静宫中，太平天下。钦此。"钦承惟谨，依教奉行。

万历八年（1580）岁次庚辰三月吉旦。

钦差提督大岳太和山内官监太监臣谭彦、钦差提督大岳太和山兼管抚民及分守下荆南道湖广布政使司右参政臣陈惟同立。①

这块碑刻中记载了两道圣旨，明白无误地表明万历八年的祈嗣国醮是由慈圣太后所主导的。第一份圣旨是慈圣太后降给第五十代天师张国祥的，申明"尤急于皇储"的建醮缘由，命其于万历八年三月二十二日至二十四日，在武当山各宫观建祈嗣斋醮三昼夜。第二份圣旨是神宗皇帝于万历八年正月初十日降给太监冯保的，说他得到太后面谕，要遣张真人前往武当建醮祈嗣，于是再安排太监和锦衣卫一同协助。

由此可知，万历八年到九年，武当山、五台山都有皇室祈嗣活动，憨山大师所言非虚。但这两次宗教法会均由慈圣太后主导，福

---

① 《皇明祈嗣建醮碑记》，碑在武当山玉虚宫，万历八年（1580）立石。

征从万历与太后互相竞争的角度作出的解读，并不是历史事实。福征本名谭贞默（1590—1665），崇祯元年（1628）进士，据其自言，"清顺治八年（1651），岁次辛卯，三月三日，而年谱疏成"①。万历初年祈嗣活动发生时，福征尚未出生，他为憨山口述年谱而写成注疏，距离祈嗣已经过去七十年。因此，福征并不是这两次祈嗣活动的亲历者，他在注疏中所作解读，属于个人观点的表达，与史实存在一定差距。

问题是，福征为什么要将这一前一后的祈嗣活动解读成政治斗争呢？国本之争是万历朝的重大事件，太后与万历为此事而产生对立，也是事实，只是时间没有早到祈嗣阶段而已。憨山大师是五台山祈嗣仪式的主持者，出力甚多，深得慈圣太后赏识。但他于万历二十三年（1595）因事得罪神宗，被捕入狱，发配广东充军。此时朝堂上立储之争已经白热化，得到慈圣赏识的憨山大师，却被万历皇帝入狱充军，难免给人因政治斗争而获罪的感觉，事实也可能确实如此。福征在半个多世纪后写作年谱注疏的时候，分析乃师罹难的原因，就是归结为皇帝与太后的争斗。基于这样的观察，福征进一步将太后与皇帝产生对立分歧的时间提前到万历八、九年之间，并认为憨山早在五台祈嗣就已经卷入了帝后之争，而为日后罹难埋下了祸根。

从本节的分析我们可以看出，武当山的国醮仪式并不是普通私人性质的宗教活动，而是一种公开举行的大型国家仪式，其公共性可以从以下两个方面予以理解。其一，武当山的国醮仪式大多为国家重大政治事件而设立，它涉及国家元首的生命健康、政治合法性的塑造、储君的确立以及国家的边境安全，其背后有浓厚的政治诉求，寄托了朝廷上下对建构良善政治和公共秩序的美好愿望。其二，武当山国醮仪式通常由宫廷内监、道录司和龙虎山正一真人等道教官员、湖广行省的巡抚和都布按三司等省级大员、武当山所在地襄阳和均州的地方官员，以及武当山各宫官道共同举行。每一次

---

① （明）福善记录，（明）福征述疏：《憨山大师年谱疏》，第5页。

国醮仪式准备阶段，皇帝都要给这各级官员、官道亲降圣旨，说明建醮理由，交代具体事宜，让他们各司其职。这些毫无疑问显示出明代武当山国醮是政府行为，是国家层面的公开仪式活动。基于此，我们应该将武当山国醮与在首都北京举行的诸如郊祀、宗庙等各类儒教祭祀视为同等地位，它们共同构成了明代的国家祭祀制度。

三 结语

明代武当山国家祭祀有两个方面的内容。一是作为岳镇海渎祭祀体系的重要组成部分。明成祖大修武当以后，为之赐名"大岳太和山"，已经隐含将武当山与五岳并举的意味。明仁宗即位时，正式将武当山纳入岳镇海渎国家祭祀体系。有明一代，仁宗以后的历代帝王在即位时均要遣使往武当山致祭真武之神，遵循的就是新皇登基要遍祀岳镇海渎的传统礼制。此外，国家遭遇重大自然灾害时的祭祀活动，以及每年春秋两季地方政府的常规祭祀，都应纳入岳镇海渎祭祀体系予以理解。二是名目繁多的道教国醮仪式。武当山作为明王朝的皇室家庙，拥有一个复杂的官道系统，其主要功能就是为国家或皇室举行各类斋醮祭祀。这些道教仪式往往在国家面临重大政治事件时设立，它们不同于一般私人性质的宗教活动，而具有一定的公共性。透过武当山国醮，我们进而能观察到明代政治变动的痕迹。

作为岳镇海渎祭祀体系一部分的武当山国家祭祀，遵循的是儒教传统祭祀仪式，由皇帝派遣官员或地方政府主持，属于五礼之首的"吉礼"，是国家礼制的重要组成。事实上，明代武当山各类采用道教仪式的国醮祭祀，同样也应视作国家礼制的组成部分，这一点是以往学界未曾充分讨论的。这些国醮仪式往往在国家遭逢重大政治变动时设立，其背后有浓厚的政治意涵，从而使它区别于一般的宗教活动，而具有一定的政治和公共属性。在这个意义上，道教的国醮祭祀与儒教的各类祭祀，可以看作明代国家礼制的一体之两面，它们各自以不同的祭祀形式，发挥出为国祝祷的"吉礼"作用。

从明代武当山国家祭祀中可以看出，明代的国家礼制存在着儒道并行的双重结构。儒教的各类祭祀活动因被明文记载于《明会典》等各类典章制度文本中，而被学界熟知。在武当山、龙虎山、茅山等国家道场举行的道教斋醮祭祀，虽不显见于朝廷典章，但也同样发挥了吉礼的作用。问题在于，明代为什么要在儒教祭祀之外，另选道教斋醮作为国家礼制的重要补充呢？这可能与儒道祭祀仪式的性质有关。儒教祭祀主要由郊祀、宗庙、社稷、日月山川，以及各类正祀组成，经过历代儒者的理性化、人文化解释，从而与国家政治制度紧密结合，显得过于程式化，其教化意义和象征意义远大于宗教意义，因而有些灵活性不足。事实上，由于古代政治的特点是家国同构，存在着很多介于国事和皇室家事之间的事务，比如皇帝的身体健康、储君的确立等。传统儒教的祭祀活动难以解决朝廷在这类问题上的困扰和需求，而道教以金箓大醮为主的斋醮仪式，恰恰可以满足朝廷在国事和家事之间的宗教情感。它与儒教祭祀相比，兼具了公共性和灵活性。

不仅明代，中国古代很多汉人王朝，如唐、宋等朝代，它们的国家礼制都存在儒道两行的特征。也就是说，道教的斋醮仪式，不能简单视为一种宗教活动，而更应将其放在中华礼乐制度的框架中予以理解。

图像所见梅山文化圈九子母信仰的本源与流变

李慧君

摘 要：楚地原始信仰习俗在相对与世隔绝的湖南中部古梅山地及其辐射圈山区族群中曲折存续，其中包括早已泯灭于中原汉文化圈的九子母信仰。经梳理史料和九子母图像遗存，可发现梅山九子母是楚文化中九子母崇拜的传续，其图像明显有别于印度鬼子母，是九子母信仰本土说的实证。明清以后，梅山九子母信仰走上了与佛教送子观音和古越后裔花婆信仰合流的道路。九子母形象的演变历程是民族共同体历史活化延续和梅山世代民众与外界文化交流互动的生动缩影。

关键词：梅山文化；九子母；鬼子母；送子观音；花婆信仰

作者简介：李慧君，湖南博物院研究员、近现代藏品研究展示中心主任（湖南长沙410005）。

对于"九子母"的来源，学界大概持两种看法。一种观点认为九子母源自印度佛教"鬼子母"（Hāritī，音译为"诃利帝"）：据传，鬼子母本来是一外道鬼女，专事食人子女，后受佛陀感化，皈依佛教，变为守护幼儿的慈悲女神。① 新疆和田佛寺遗址、吐鲁番佛寺遗址、乌兹石窟、山西云冈石窟，四川巴中南龛，重庆大足石刻等佛教遗址中均保存有"诃利帝母"壁画或石刻图案，印证了该外来神祇由古印度沿丝绸之南、北两路进入中土流传和衍化的观点。另一种说法则认为九子母乃中国本土所创。屈原《楚辞·天问》中称："女歧无合，夫焉取九子。"女歧并未与男子交合，却生九子，故以为神。秦汉之际，天人感应学说盛行，人们遂以九子附会尾宿的九颗星，逐渐形成了九子母信仰。闻一多②、杜阳光③、谭戒甫④、刘永济⑤等多位学者均从不同角度考证后支持此本土说。然而，由于"九子母"仅以文字形式零星散布于早期文献中，而鲜有明确的早期和后世流传实证，图像证据的缺失导致学界对九子母的认识至今仍模糊难辨。

"梅山文化"是20世纪80年代初提出的文化概念，指古代湖南中部⑥楚人支脉"梅山蛮"⑦携带并延续至今的文化现象，以原

---

① 持此观点的如朱熹，"释氏书有九子母之说，疑即谓此"[（宋）朱熹：《楚辞集注》，蒋立甫校点，上海古籍出版社、安徽教育出版社2001年版，第53页]，推测九子母出自佛教释迦牟尼的经书。赵邦彦先生，"余意东汉中叶，佛教已入中国，鬼子母神或已随经论而来东土。此土之人，以其多男，名之曰九子母"，亦认同九子母即东汉随佛经传入中土的鬼子母。（赵邦彦：《九子母考》，《中央研究院历史语言研究所集刊》第2本，1931年，第261—270页）

② 闻一多先生在《天问释天》中称："女歧即九子母，本星名也。余友游国恩引《史记·天官书》'尾为九子'以释此文，最为特识。案《天官书索隐》引宋均曰'属后宫场，故得兼子，子必九者，取尾有九星也'。"（闻一多：《古典新义》，上海古籍出版社2014年版，第229页）

③ 参见杜阳光《从鬼子母到送子观音的图像学演变》，载四川省社会科学院、四川省人民政府文史研究馆主办《国学》第4集，四川人民出版社2017年版，第192页。

④ 参见谭戒甫《屈赋新编》，中华书局1978年版，第442页。

⑤ 参见刘永济《屈赋通笺》，北京文学出版社1961年版，第119页。

⑥ 据《宋史·梅山峒》："梅山峒蛮，旧不与中国通。其地东接潭，南接邵，其西则辰，其北则鼎、澧，而梅山居其中。"[（元）脱脱等：《宋史》卷四百九十四，中华书局1985年版，第14196页]"不与中国通"的古梅山之地指东接长沙（潭），南接邵阳（邵），西抵沅陵（辰），北达常德、澧县（鼎、澧），其间千余公里的区域，以新化和安化为中心。

⑦ 历史上，居住在湘中古梅山地的族群曾先后被称为"长沙蛮""湘州蛮""梅山蛮"等。从时间线路和活动区域来看，"长沙蛮"应是指秦汉长沙郡领地内的蛮夷族类。西晋末年，由于行政建置的变革，"湘州蛮"取代了"长沙蛮"。魏晋南北朝时期的大动荡之后，在历代封建统治者的军事镇压下，大部分"长沙蛮""湘州蛮"持续向南和向西南迁徙，其中"长沙蛮"中分化出一支"莫瑶"，晋以后曾居住于今湘中、湘南一带，至宋集结留居雪峰山北段的梅山一段，故唐宋史籍中出现了"梅山蛮"。

始泛神信仰和巫觋崇信习俗最具特色，是今湘中及中国南方瑶、苗、土家等少数民族区域民俗和宗教文化的典型代表。梅山文化的主要源头是楚文化。经历了多个朝代的融合，楚文化一步步被统治者身份的中原文化消解和同化，楚人古老信仰意识和"信巫鬼、重淫祀"①的宗教习俗反而在相对与世隔绝的古梅山地②和湘西南等山区少数民族族群中得以存续，其中即包括早已泯灭于中原文化的九子母信仰。除了史料记载外，流传至今的九子母木雕像、神像画等物质遗存是梅山九子母信仰的实证和表达，学界尚未有专门研究。鉴于此，本文试在文献考证的基础上，加入对梅山文化圈九子母图像的考察，以此勾勒该地区九子母信仰的源头及演变历程，并对其历史文化意涵作初步探讨。

一　楚地九子母信仰的早期史料

九子母原型——"女歧"之出处为楚国诗人屈原所作《天问》。据王逸《楚辞章句·天问序》，该长诗是屈原在流放中受到楚先王庙和公卿祠堂中壁画激发而创作，且学者根据古籍记载、出土文物及少数民族宗教绘画等实证判定楚国庙堂存在壁画是完全可能的。③由此，至迟在战国时期，楚地已存在九子母信仰和图像。

湘楚地区最早关于九子母的明确记载为南朝梁宗懔（501—565）《荆楚岁时记》：

> 四月八日，长沙寺阁下有九子母神，是日，市肆之人无子者，供养薄饼以乞子，往往有验。④

---

① 《汉书·地理志》曰："楚有江汉川泽山林之饶……信巫鬼、重淫祀。"[（汉）班固：《汉书》卷二十八下，中华书局1962年版，第1666页]
② 宋晁补之《开梅山》诗载："开梅山，梅山开自熙宁之五年。"（黄仁生、罗建伦校点：《唐宋人寓湘诗文集》，岳麓书社2013年版，第1169页）梅山自北宋熙宁五年（1072年）才结束对外封闭状态。
③ 参见吴广平导读今译《楚辞》，岳麓书社2019年版，第90页。
④ （南朝梁）宗懔撰，姜彦稚辑校：《荆楚岁时记》，岳麓书社1986年版，第31页。

据《(光绪)荆州府志》载,"长沙寺初在城北,晋永和二年郡人滕畯舍宅建,畯故长沙太守,因名长沙寺。(见《法苑珠林》。按,胡三省《通鉴》注云:'宋元嘉中,临川王义庆镇江陵,起寺,为其本生父长沙王道怜资。')"① 可知长沙寺始建于西晋年间,选址魏晋南北朝时期江陵佛教中心荆州——大体相当于今湖北湖南两省全境②,因建造人为长沙太守而得名。四月初八为佛教传统节日浴佛节,或称"佛诞节",每年是日佛教徒便举行浴礼,以水灌洗佛像。③ 湖南民众在佛教节日于寺庙祭拜九子母,由此可判断,至迟到南朝,湖南本土九子母已受佛教影响,与鬼子母混淆为佛教神祇。

除上述文献,荆州地区发现的多件东汉铜镜上还留存有九子母图像。例如,荆州博物馆藏一枚东汉时期三段式铭文铜镜(见图1),上段纹饰华盖右侧居中浮雕一女性神像,坐姿,怀抱一婴儿,面朝左露出一边乳房作哺乳状,周围环绕八人。铜镜铭文中曰,"一母归坐子九人"④,可推测图像中抱子妇人为九子母神。九子母神被刻于铜镜纹饰最上端,位于西王母、东王父,尧、舜、娥皇、女英等诸神祇之上;上段中心华盖下饰玄武,本被古人视为雌雄交配、生殖繁衍的标志,可见其时人们对子嗣兴旺的重视。另外,四川、陕西等地亦发现有数十枚此类"九子镜"⑤,时间集中于东汉后期至三国魏晋时期。有学者指出,铜镜是吉祥之物,在汉代已经用作婚礼中聘礼,唐杜佑《通典》卷五十八引东汉郑众《百官六礼辞》所载当时百官婚礼时男家纳彩礼中的"九子妇"⑥,或有可

---

① (清)倪文蔚等修,顾嘉蘅等纂:《(光绪)荆州府志》卷二十八,清光绪六年(1880)刻本,第3a页。
② 参见张伟然《湖南历史文化地理研究》,复旦大学出版社1995年版,第1页。
③ 参见叶大兵、乌丙安主编《中国风俗辞典》,上海辞书出版社1990年版,第753页。
④ 王丹:《荆州博物馆馆藏的一件三段式画像镜》,《江汉考古》2016年第6期。
⑤ 四川绵阳白虎嘴崖墓M19、陕西西安常家湾1号汉墓、陕西咸阳机场二期工程24号等多座墓葬出土的铜镜上铭文直接自称为"九子镜"或"九子明竟(镜)"。
⑥ (唐)杜佑:《通典》卷五十八,中华书局1988年版,第1650页。

能就是此类纹饰特殊的九子镜①。

图 1　九子母纹铜镜（荆州博物馆藏）

另据《（光绪）湖南通志》：

> 湖南郴县通惠禅师院有唐杨惠之所塑九子母一堂，每躯自地坐立，不以床具，至于装绘彩饰，皆以纯色，不甚华彩。观者皆以为生动。②

郴县为今湖南郴州。杨惠之为唐初郴州人，活跃于开元年间（713—741），曾和吴道子同师张僧繇笔法，后专攻雕塑。③ 由此，湖南地区在佛教寺院中供奉九子母的传统已延续至唐代。《郴行录》中又记载北宋嘉祐年间（1056—1063）事：

---

① 参见陈长虹《汉代铜镜上的"九子母"图像：对"三段式神仙镜"的再认识》，《四川文物》2014 年第 4 期。
② （清）李瀚章等修：《（光绪）湖南通志》，商务印书馆 1934 年版，第 4 册，第 443 页。
③ 参见湖南省地方志编纂委员会编《湖南名人志》卷一，中国档案出版社 1999 年版，第 22 页。

大卿解程守郴，率僚属同观。程，朴野士也，见其生态，俾具工以采饰之，又欲以俸钱作床坐而荐之，以命主僧，僧不从，解怒，欲加之罪。僧曰："吃棒不辞，可惜坏了四百年手迹，而损大卿好事之名。"解竟不能夺而止。①

可见唐宋数百年间，借助雕塑大师杨惠之的声望与技艺，九子母像在该地一直受到尊崇，寺僧亦有使其历世长存的志愿。

二 北宋前后：梅山"老妪九子母"是九子母本土说的实证

湘楚大地素有崇信九子母的习俗，宋开梅山后，尽管受到外来文化的强烈冲击，部分原住民，尤其在一些较为封闭的梅山后裔聚居区，原汁原味的九子母图像依然得以延续。

在湘中及梅山文化辐射圈乡土社会万千家庭中，历朝历代均有雕造木雕神像以祭拜供奉的传统。唐韩愈途经耒阳（今湖南省衡阳市）时曾作"偶然题作木居士，便有无穷求富人"，此处"木居士"即对木雕神像的戏称。梅山木雕神像按题材大致可分为道教、佛教和梅山本土神祇等类型，九子母亦班列其间。在笔者搜集的梅山木雕神像资料中，最早一例为武冈宋元丰三年"圣观音娘娘"像（见图2）。尽管称之为"圣观音"，神像却全无佛教观音容貌秀丽、天冠化佛、跏趺坐等特征，而是梳绾山形朝天高髻，额前束宽带抹额，皱纹满面的老妪形象。老妪双腿垂放，怀抱三子，左右肩各有一童子（左肩童子残损），台座前四子，中间两子呈勾肩亲热状。幼子垂髫短发，五官表情刻画栩栩如生。

据此像发愿文②："信人邓氏稼生及妯谭氏，诚感圣观音娘娘

---

① （宋）张舜民：《郴行录》，载曾枣庄、刘琳主编《全宋文》卷一百八十八，上海辞书出版社2006年版，第83册，第343页。
② 发愿文又称"意旨""造像记"，录述有造像人居住地、姓名，立像对象、目的、时间等信息，通常封存于造像背部龛洞内。

赐予□继嗣厚恩，谨造此像受祥。信人武冈川西岩村邓稼生姉谭香英择吉日香叩。造匠：傅□□。□宋□元丰三年四月十五日吉辰。"② 信徒为报得子之恩而供奉该娘娘像，符合九子母司掌子嗣之神职。神像产地"武冈川西岩村"，对应今邵阳市城步苗族自治县武冈，乃《宋史·梅山峒》载古梅山"南接邵"③中的邵阳，古之邵州。《（康熙）新化县志·补遗》曰：

> 后章子厚开梅山，民皆逃奔宁、邵等县，而峒徭拒险，多被屠戮，其投诚者又有随部分编伍而去。④

图2　九子母木雕像①

章惇开梅山时，梅山（此处应特指新化）大部分民众皆逃亡至宁乡、邵州等地，而峒徭土著或据险抵抗被杀，或投诚随军而去。宋时邵州主要辖领今娄底南部新化、冷水江，以及今邵阳全市范围的新邵县、隆回县、邵阳县、武冈市、洞口县、城步苗族自治县等地。可知此像出自梅山文化核心区域，造像者乃经历开梅山的一批梅山先民。

此尊九子母双眼短促，颧骨凸起，满面皱纹纵横如沟壑，衣着朴素，全然民间普通老妪形貌，是未经佛教图式影响，地地道道的中国本土九子母像，可能也是迄今为止可找寻到的为数不多的中国

---

① 胡彬彬、李方：《像影回光——长江流域民俗文化与艺术遗存》，湖南大学出版社2013年版，第50页。
② 胡彬彬、李方：《像影回光——长江流域民俗文化与艺术遗存》，第50页。
③ （元）脱脱等：《宋史》卷四百九十四，第14196页。
④ 故宫博物院编：《（康熙）新化县志·重修会同县志》，海南出版社2001年版，第234页下。

原始九子母形象。梅山"老妪九子母"图像遗存是对"中国九子母来源于印度鬼子母"观点的有力驳斥。首先,印度本土的鬼子母图像与梅山九子母图像存在明显差异。鬼子母,即诃利帝母,是夜叉女之一,因而从最早的犍陀罗到密教化的鬼子母多是丰满美丽的妇人形态。① 关于诃利帝母的造型仪轨,唐不空译《诃利帝母真言经》云:

> 画诃利帝母,作天女形,纯金色。身着天衣,头冠璎珞,坐宣台上,垂下两足。于垂足两边画二孩子,傍宣台立,于二膝上各坐一孩子,以左手怀中抱一孩子,于右手中持吉祥果。②

唐义净《南海寄归内法传》又载:

> 西方诸寺,每于门屋外,或在食厨边,塑画母形,抱一儿子,于其膝下,或五或三,以表其像。③

经书中称鬼子母有五百子④或一千子⑤,转化为视觉图像时,印度本土鬼子母"子"的数量或三或五,并无定数,与"九"更无关系。经典的印度鬼子母图像如公元前1世纪(见图3)和公元2—3世纪(见图4)两尊青灰片岩高浮雕像:前者为立像,诃利帝母脸型丰圆,双目微凸,上身袒露,乳房、肢体结实浑圆;左手握一吸乳状小儿,右手垂拎吉祥果,肩膀、脚旁、双腿间分散四小

---

① 参见李翎《鬼子母研究——经典、图像与历史》,上海书店出版社2018年版,第193—194页。
② 《大正藏》,东京:株式会社图书刊行会1975—1989年版,第21册,第289页下。
③ (唐)义净:《南海寄归内法传》卷一,《大正藏》,第54册,第209页中。
④ 据《根本说一切有部毗奈耶杂事》卷三十一,佛在教化鬼子母时曰:"诃利底!五百子中一子若无,有何所苦?"(《大正藏》,第24册,第362页中)
⑤ 《诃利帝经》(*Hāritī's Sūtra*)载诃利帝生一千子,皆为木、土、水、海、船、房等众鬼之王。参见Julia K. Murray, "Representations of Hāritī, the Mother of Demons, and the Theme of Raising the Alms-Bowl in Chinese Painting", *Artibus Asiae*, Vol. 43, No. 4, 1981 – 1982, p. 259。

儿。后者为坐像，服饰体态与前者相仿，仅女神五官更加立体，怀中及四周小儿比例更加协调，头上花鬘及服饰线条更显犍陀罗风格。

图3 鬼子母 犍陀罗地区 美国洛杉矶艺术博物馆藏①

图4 鬼子母 犍陀罗地区平山郁夫丝绸之路美术馆藏②

初传中国的印度鬼子母亦与梅山九子母迥异。最早传入西域的鬼子母图像以新疆和田策勒县达玛沟乡法哈德·白格·亚依拉克（Farhād-Beg-Yailaki）佛寺遗址第十二佛堂大门处6世纪中叶诃利帝母壁画（见图5）和吐鲁番交河古城出土的唐代鬼子母麻布幡画（见图6）最为典型。两幅鬼子母画作中，前者服饰样貌及环绕周身的若干裸体男童依然洋溢着浓郁的印度气息，后者则头戴风帽，身着回鹘服，怀抱幼婴，两边各四男童，弹奏、玩耍的考姆兹、波罗球等则颇具西域风情。

---

① 网址，www.lacma.org。
② 孙英刚、何平：《多元文明融合的犍陀罗佛教艺术》，http://www.360doc.com/content/22/0102/49519614_1011512308.shtml。

图5 鬼子母壁画① 　　图6 鬼子母幡画（右线图）②

诃利帝母题材造像约在5世纪后期传入中土，最早表现在云冈石窟中。③ 山西大同云冈石窟第二期（470—494）第9窟后室南壁西侧下层鬼子母失子因缘像（见图7）中，鬼子母与其丈夫鬼将军半支迦侧身并坐，两项均采用云冈佛像标准面相，半跏趺思惟坐，仅从怀抱一子可识别右侧为鬼子母。《大正藏·图像部》中刊布的诃利帝母图像墨稿多为半跏趺坐年轻女性，左手持吉祥果，身边环绕嬉戏状赤裸孩童，孩童数量为3、5、7、8、9个不等。④ 如《大藏经·图像部》刊布的诃利帝母（见图8）为七子图式。

综上，古印度及初传中国的鬼子母或年轻健硕，妖娆性感，或遵照佛像仪轨刻画，其子数量不定，多为五子，或象征五百子；而梅山经典的九子母为老妪形象，无论是早期"九子镜"，抑或宋代梅山九子母木雕像，"子"数为定数九个⑤，多气质端庄，与印度鬼子母大相径庭，显然属于两支相互独立的发展脉络。

---

① 罗世平、如常主编：《世界佛教美术图说大典·绘画2》，湖南美术出版社2017年版，第612页。

② Getty Alice, *The Gods of Northern Buddhisms*, London: Oxford at the Clarendon Press, 1928, p. 26.

③ 参见胡文成《印度诃利帝母神像在流传过程中的衍变探究》，载大足石刻研究院、四川美术学院大足研究中心编《大足学刊》第1辑，重庆出版社2016年版，第128页。

④ 参见李翎《不空所译诃利帝密典及图像的研究》，《中国国家博物馆馆刊》2016年第1期。

⑤ "九"为最大阳数，通常代指"多"，"九子母"的命名盖通此理。

图7　鬼子母失子因缘①　　　　图8　诃利帝母②

三　明清以来：九子母与送子观音、花婆信仰的合流

较之早期，明清以来梅山文化圈发现的九子母图像物证更加丰富和多元。尽管史料记载湖南以及广西、广东③等中国南方民间九子母信仰仍有存续，但大部分梅山后裔与外族群充分融合的地区，原始九子母不可避免地走向了式微及与汉文化圈送子观音、南方壮侗语族花婆崇拜融合的道路。

（一）九子母与汉文化圈民间送子观音的合流

随佛教东传，佛教鬼子母信仰与中国本土九子母信仰及其后产

---

① 罗世平、如常主编：《世界佛教美术图说大典·石窟1》，湖南美术出版社2017年版，第253页。
② 《大正藏·图像部》，第5册，第463页。
③ 如，《（雍正）广西通志》载：梧州府"双髻崖县北六十五里山崖有九子母像，求嗣有应"。[（清）金鉷修、钱元昌纂：《（雍正）广西通志》卷十四，清文渊阁《四库全书》本，第608页]《（乾隆）潮州府志》载：广东潮州榕石山"有九子母庙，村人多祈嗣于此"。[（清）周硕勋纂修：《（乾隆）潮州府志》卷十六，清光绪十九年重刊本，第395页]《（雍正）惠来县志》载今广东揭阳地区旧俗："七月用酒果并杂色花纸剪裁衣服供养九子母，俗谓床前母。"[（清）张珽美纂修：《（雍正）惠来县志》卷十三，民国十九年重印本，第211页]

生的送子观音信仰开始了不断交融与信仰形态的再造。一方面，先秦时期，"九""鬼"同音①，由此出现了"九子母"与"鬼子母"混称的情况，如南朝刘宋《佛说佛大僧大经》中，佛教的"鬼子母"已被译为"九子母"。②另一方面，九子母与鬼子母神职上俱为安产护子之神，外形上又均以妇人与多子图像示人。再者，尽管鬼子母最终皈依良善，但其原本杀人食子，凶妖暴虐的夜叉面目亦难符合其时民众的心理期待。因此，在中古时期两种文化碰撞中，中国九子母在神职地位、供奉方式等方面受印度鬼子母影响的同时，后者从名称和形象上向前者靠拢，二者最终自然而然地混为一谈，不分你我。除上文南朝时长沙佛教寺院供奉九子母神，唐张彦远《历代名画记》"武宗元，字总之……有佛像、天王、九子母等图传于世"③，元刘敏中《大智全寺碑》"寺之制，正殿位三世佛，前殿位观世音菩萨，右为九子母之殿，左为大藏经之殿"④等，俱可见九子母在其时是与佛教神祇共奉并称，已进入佛教众神谱系。

明代之前，即使是女相观音，也从未出现过怀抱男婴，或腿上坐有男婴的造型⑤，而明清以后，送子观音新型像式的出现又快速取代了已与佛教鬼子母混融一体的九子母。学界多数认为送子观音是由观音信仰分离出来并与中国儒家子嗣观融合发展，在中国民间诞生的新型观音菩萨信仰形态。同时，也有学者指出送子观音图像

---

① 《史记·殷本纪》"九侯"条，《集解》"徐广曰：'一作鬼侯，邺县有九侯城'"，《索隐》"九亦依字读，邹诞生音仇也"，《正义》"《括地志》云：相州滏阳县西南五十里有九侯城，亦名鬼侯城，盖殷时九侯城也"。[（汉）司马迁撰，（刘宋）裴骃集解，（唐）司马贞索隐，（唐）张守节正义：《史记》卷三，中华书局1982年版，第107页] 参见孙少华《"九子母"的形象衍化及其文学与文化意蕴》，《山东大学学报》（哲学社会科学版）2014年第1期。

② （刘宋）沮渠京声译《佛说佛大僧大经》："厉祷日月、诸天、鬼神并九子母、山树诸神，皆从请子。"（《大正藏》，第14册，第827页上）

③ （唐）张彦远：《历代名画记》，京华出版社2000年版，第108—109页。

④ （元）刘敏中：《中庵集》卷十四，载李修生主编《全元文》卷三百九十六，江苏古籍出版社1998年版，第526页。

⑤ 参见 Chun-fang Yu, *Kuan-yin*: *The Chinese Transformation of Avalokitesvara*, New York: Columbia University Press, 2001, p. 294。

的形成可能受到佛教鬼子母①，或者16世纪末传教士携带入华的西方圣母子图式②的影响。无论图像源自何方，不可否认的事实是，明清以降，随着《白衣观音经》等宝卷的出现和送子观音崇拜的盛行，九子母和鬼子母的送子护身功能被替代，逐渐淡出历史舞台。

对于梅山地区而言，宋开梅山前，该地"不与外界通"，尽管汉文化圈中九子母已经历了与佛教鬼子母的融合，荆楚文化中的九子母信仰和图像元素却在湘中地区稳定传续。开梅山后，一方面，由于该地区社会发展缓慢和民族思维的惯性，九子母在一段时期、一定区域内仍旧被梅山民众视为主宰繁殖的生育神；另一方面，随大量移民的迁入及与汉文化圈交流的拓宽，梅山原始信仰体系发生了翻天覆地的变化，九子母信仰亦不例外。尽管九子母消逝的过程滞后于中原文化，但随观音信仰进入梅山文化圈并迅速盛行③，梅山部分九子母同样走上了与观音图像合流的道路。

梅山地区存在一类特殊的送子观音形态——九子观音。湖南大学中国村落文化研究中心收集的一件明代九子观音像（见图9）两小儿趴于双肩，其余幼子环绕周围，形制与上文宋代九子母像（见图2）大致相仿。然而，观音面部圆润，眉目修长，为佛像面相特征。另外，观音袒露胸乳，双手各执一小儿吮吸乳房，沿用了汉镜中九子母哺乳姿势（见图1）。明清汉文化圈程朱理学盛行，女性装扮愈加保守，此时梅山依然供奉裸乳观音，很大可能是当地民众受中原文化浸染较少之故，原始生殖崇拜和朴素的生养观致使喂乳状九子母形象继续存在。湖南省博物馆收藏的一件清代九子观音像

---

① 参见胡适著，姜义华主编，曹伯言编《胡适学术文集·中国文学史（上）》，中华书局1998年版，第574页。

② 参见李慧君《对话劳费尔：芝加哥菲尔德自然历史博物馆藏唐寅款〈中国圣母图〉再研究》，载李军主编《在最遥远的地方寻找故乡——13—16世纪中国与意大利的跨文化交流》，商务印书馆2017年版，第361—372页。

③ 与中国其他地区类似，观音同样是梅山文化圈最流行的佛教神祇。湖南省博物馆收藏的梅山木雕佛像中，70%以上为送子观音等各类观音像。参见李慧君《物质文化视角下18—20世纪梅山文化圈里的佛教信仰研究》，载《东方哲学与文化》第2辑，中国社会科学出版社2020年版，第176—177页。

（见图10）同样面相丰润（头饰残缺），双耳垂肩，胸乳袒露，双肩各趴俯一子，左右手各怀抱一褓褓中幼子，其他五位童子环绕膝前。另有一件出自梅山文化重要区域城步地区的康熙年间九子观音像（见图11），观音额间白毫，端庄慈爱，环抱一侧卧童子，其他八子或攀爬，或合掌，林立于观音周身。

图9　九子观音木雕像①　图10　九子观音木雕像　图11　九子观音像②
（湖南博物院藏）

此三例木雕九子母视觉化地再现了梅山本土九子母与汉地送子观音融合的历程：图9、10两尊九子母面部皆两目微闭，容仪恭美，庄严肃穆，明显移植了佛教观音像的特征，但服饰与九子形态依然保留了梅山样式，呈现出半观音半九子母的特殊形貌；图11观音简雅端庄，娴静可亲，在风格气韵上都完成了从九子母到世俗化观音娘娘的转化，幼子光头，身着袈裟状长衫，尤其身侧两子双手合十站立，亦流露出不少佛门气息。

---

① 胡彬彬、李方：《像影回光——长江流域民俗文化与艺术遗存》，第94页。
② 李方：《明清时期湖南佛教造像的区域性比较研究》，硕士学位论文，湖南工业大学，2012年，第37页。

（二）九子母与壮侗语族花婆信仰的合流

清代以来，梅山文化圈原始九子母除了与汉文化圈民间送子观音杂糅为九子观音，还与南方古越后裔的花婆信仰发生了互动。花婆崇拜是南部少数民族特有的人类起源神话，认为人为花所生，花为人之魂，花婆负责管理天上的花园，花婆赐花给谁家，谁家就生孩子。① 花婆的原型是壮族古代神话中诞生于花中的创世女神姆六甲②，其崇拜广泛存在于湘、黔、桂、粤等壮、瑶、仫佬、布依、毛南、侗等少数民族聚落及部分汉族地区，形成了南方独有的"花文化圈"③，以古越壮侗语族，特别是两广壮族聚居区为最盛。楚越文化原本联系紧密，自古以来，湘楚梅山后裔瑶族部分支系与壮、毛南等古越后裔毗邻而居甚至杂居、混居，历史文化上的共性及相互交流使两个民族自然而然地形成了大致相同的信仰和习俗。然而，经成百上千年的交融浸染，滥觞于古越先民的花婆信仰在梅山后裔中发展出瑶架桥接花、作花楼、出花园、还花、收花等各种巫法仪式，并与当地生育女神九子母发生了形象上的合流。④ 广西恭城平地瑶《梅山图》中"九子尊婆"即为原始九子母和花婆图像的杂糅提供了实证。

由于宋开梅山后政府征税镇压和元末民初湖南连年战祸兵燹，"梅山蛮"主体——瑶、苗等土著民族逐渐离开湖南，沿南岭走廊向西向南往更偏僻、更荒蛮的山区迁移⑤，广西恭城瑶族自治县即迁徙地之一⑥。该地留存的清代《梅山图》包括俸姓（见图12）和

---

① 参见朱展炎《花王圣母崇拜新考》，《世界宗教研究》2020年第4期。
② 参见彭谊《壮族花婆信仰简论》，《广西教育学院学报》2012年第4期。
③ 过伟：《壮族创世大神米洛甲的立体性特征与南方民族"花文化圈"》，《广西民族研究》1999年第2期。
④ 参见李慧君《瑶族神像画中"架桥接花"图像研究》，《装饰》2021年第10期。
⑤ 这一时期，"湖南瑶族大量向两广边境迁徙，遍布湖南辰州、沅州、靖州、桂阳、郴州和两广边境的连州、贺州、邵州"。（《瑶族简史》编写组编：《瑶族简史》，广西民族出版社1983年版，第128页）
⑥ 据考，恭城观音瑶族族群来源分别于明洪武年间和清乾隆、嘉庆年间由湖南南部江华、江永、道县和安化、新化等古梅山地迁入。参见莫纪德《梅山图注》，广西师范大学出版社2016年版，第150—156页。

盘姓（见图13）两大部分，上绘各界神灵及家族先人赶赴坛场施法助阵的场景。九子母位列两画众神队列中段，道教神祇与佛教神祇之间，为本土神灵的代表。俸姓《梅山图》中，九子尊婆为本地少妇形象，身着开衫，裸露双乳，怀中一红色襁褓中婴儿正在吸食右乳，与明清九子母木雕像（见图9、10）有诸多相似之处。盘姓《梅山图》中，九子母为老年女性样貌，身着蓝靛色瑶族服饰，麻花卷曲状襁褓、肩头男婴、环绕装男童均与清代九子母像（见图10）相仿，九子母本尊形貌及最前方两兄弟互搭肩膀的姿势又颇具宋代九子母像（见图2）神韵。同时，两幅画中，九子母标注名号为"九子尊婆"，头饰红花，多位幼儿手中亦手持红花。《广东新语》载："越人祈子，必于花王父母。有祝辞云：白花男，红花女。"① 花婆主司赐花送子之职，花是其标志性图像志特征。由此，名称从"母"到"婆"，形象从朴素老妪到头戴红花，梅山文化圈本土即有九子母在与壮侗语族花婆信仰交融的过程中，或保留，或衍变，最终嬗变成梅山特有的九子花婆形态。

图12 俸姓《梅山图》中"九子尊婆"片段②

---

① （清）屈大均：《广东新语》，中华书局1985年版，上册，第214页。
② 莫纪德：《梅山图注》，广西师范大学出版社2016年版，第43页。

图13 盘姓《梅山图》中"九子尊婆"片段①

四 结语

　　图像是可视的历史。通过图像，我们可以"更明晰、更敏锐和更多彩——一句话，更历史地"看到往昔。②"铸牢中华民族共同体意识"需要体现民族共同体认同内涵的视觉形象建设。③ 图像遗存中，汉代"九子镜"中的九子母图像，及宋代开梅山前后的老妪九子母形象，无疑是中国传统文化楚文化中九子母信仰的余绪，是九子母信仰诞生于中国本土的实证：中华民族自古以来重视生养与子嗣兴旺，中国本土曾存在拥有特定图像特征的主管子嗣繁育之神——九子母。明清以来，尽管九子母图像与信仰活动已淡出中原文化的历史舞台，却依然保留或以各种变体形式存续于梅山文化圈的时空胶囊中，其所生成的认同感和历史感维系着遍布各地的梅山后裔。各式九子观音和九子花婆图像生动演示了九子母从面相、装扮、风格不断与汉文化圈送子观音和古越后裔花婆信仰融合的历程。而动态演变的九子母形象，又构成了梅山世代民众在生存和迁徙的过程中，与外界文化交流互动的族群史缩影。

---

① 莫纪德：《梅山图注》，第122页。
② 英国艺术史家哈斯克尔引述荷兰文化史家赫伊津哈观点。参见［英］弗朗西斯·哈斯克尔《历史及其图像——艺术及对往昔的阐释》，孔令伟译，商务印书馆2020年版，第709页。
③ 高小康：《图像民族志与历史的活化》，《广西民族大学学报》（哲学社会科学版）2021年第6期。

《道德经》对早期道教礼仪制度的影响
——以《想尔注》中的道气之论为主

张红志

摘　要：作为早期天师道所用的《道德经》特殊注本，《想尔注》将"道"通过注释转化为"一""气"，使道本论在一定程度上转化为气本论，天地、万物、众生，以及天道规律皆由"气"所生。相对于"道"的难以言说，以"气"为根本可以更为具体地落实道教的各种内容。无论是道教礼仪制度的神圣性，还是张道陵传教的合法性，皆依赖于道气的支撑。在此基础上，天师道教区之划分、道民之命籍、教职之设立皆与"气"紧密地联系在一起。而且，其教内之礼仪活动，也皆离不开"气"的参与。即使是在后世，二十四治教团已实际不存在的情况下，《想尔注》中的道气之论也依然深刻地影响着中国道教的发展。

关键词：《想尔注》；气本论；二十四治；二十四气；气召

作者简介：张红志，陕西省社会科学院助理研究员（陕西西安710065）。

道教以"道"设教，以"道"名教，对"道"的重视程度毋庸多言。道教所言之"道",与其他学派所言之"道"并不完全相同。先秦之时,诸子百家也各言其"道",但诸家之"道"名同而实异。后世以"道"设教者各有所本,彼此不同。道教所言之"道",以黄老之道为宗,多本之于《道德经》。因此,《道德经》在道教之中有着极为重要的地位,不乏道教徒将之尊奉为立教之本。

与纯粹的学术流派不同,道教是有着实体组织的教团,故其对《道德经》的重视是多方面的,并不仅限于思想义理层面的内容。一方面,道教尊道贵德,在设教之时,将《道德经》作为道教徒必修典籍之一,要求道教徒学习其中的文本内容。另一方面,道教通过对《道德经》的注释、发挥,将其中抽象的思想义理落实为具体的礼仪制度。作为内核的思想义理,需要礼仪制度来具体实践;作为外用的礼仪制度,需要思想义理作为合法性来源。二者相互依存,一者为体,一者为用。

随着历史的发展,道教的礼仪制度也在损益变化,其与《道德经》之间的关系被逐渐遮蔽。但在早期道教,尤其是汉末"正一盟威之道"时期,这种关系还比较清晰。按《典略》:"又使人为奸令祭酒,祭酒主以老子五千文,使都习,号为奸令。为鬼吏,主为病者请祷。"[1] 可知在早期"正一盟威之道"的教团制度中,有资格为人上章请祷,治疗疾病的祭酒道官,必须掌握以老子五千文为主的一系列专业知识。

对老子五千文的掌握,首先体现在文本层面。据《登真隐诀》:"老子《道德经》,有玄师杨真人手书张镇南古本。镇南即汉天师第三代系师鲁,魏武表为镇南将军者也。其所谓为五千文者,有五千字也。"[2] 可知早期道教所用《道德经》是一种恰为五千字的特殊版本,这个数字对道教徒而言有着神圣的意义。其次,则是道教

---

[1] (晋)陈寿撰,(南朝宋)裴松之注:《三国志》,中华书局1982年版,第1册,第264页。
[2] (梁)陶弘景撰,王家葵辑校:《登真隐诀辑校》,中华书局2011年版,第195—196页。

通过对《道德经》文本的注释与发挥，建构起了教理教义与礼仪制度。在道教之中，后者以《道德经》为核心形成了经群，是道教立教传道的关键。如《传授三洞经戒法箓略说》所载之"道德经目"便是典型：

《道德》上下二卷。《河上公注》上下二卷。
《想尔注》上下二卷。《大存图》一卷。
《传仪》一卷。《朝仪》一卷。
《斋仪》一卷。（此《太玄经》所明，应受持修行）
《老君西升》一卷。《妙真》上下二卷。
《内解》二卷。《节解》二卷。
《高上传》一卷。《无上真人传》一卷。
《紫虚箓》一卷。①

这些道经或是对《道德经》文本进行注释发挥，或是将所发挥的义理落实为具体仪式活动，均对道教组织制度、行为礼仪起着重要作用。其中，《想尔注》将"道""一""气"关联在一起的论述更是奠基性的关键内容。

一 提供了道法的神圣性与传教的合法性

中国是礼仪之邦，自三代以来便已经有非常成熟的礼仪制度。按《礼记·礼运》："是故夫礼，必本于大一。"② 这些礼仪制度被认为本就是宇宙本源的一部分，经由圣人的观察总结而设立成具体的制度，也即《易·观》之中所谓："观天之神道，而四时不忒；

---

① （唐）张万福：《传授三洞经戒法箓略说》，《道藏》，文物出版社、上海书店、天津古籍出版社1988年版，第32册，第186页。
② （清）孙希旦：《礼记集解》，沈啸寰、王星贤点校，中华书局1989年版，中册，第616页。

圣人以神道设教，而天下服矣！"① 因此，礼在中国具有极高的神圣性，即使是国君也要遵守，不能轻易违背。

三代以降，至于汉末，礼制早已深入人心。在这种背景之下产生的道教组织，其教团制度必然不能脱离固有之土壤。一方面，道教的礼仪制度与旧有的礼制多有相通之处，甚至相当程度上可以说是从后者之中脱胎而出的。另一方面，作为一个新的教团，其礼仪制度又不能完全等同于礼制，不然便没有自身的独立性。道教组织的存在与延续，必须面对一些关键问题。比如，道教所授道法是否具有神圣性，而传授道法者是否具有合法性。按《大道家令戒》：

> 道使末嗣分气治民，汉中四十余年。道禁——真正之元，神仙之说，道所施行。何以《想尔》《妙真》，三灵七言，复不真正？而故谓道欺人，一反哉可伤！②

系师张鲁宣称，天师道的设立并非出于张道陵的个人之意，而是因为其领受了"道"所授予的任务。是"道"命张道陵在汉中"分气治民"，而天师道之"道禁"③也并非张道陵个人创制，而是"道"所施行。张鲁在此还特地强调，《想尔注》《妙真经》等也均是"道"所授予的"真正"之言。考之于《想尔注》，的确有相应之言：

> 一，道也。设诫，圣人行之为抱一也，常教天下为法式也。④

通过对《道德经》"圣人抱一为天下式"⑤的注解，道教将其"道诫""法式"之本归于"一"、归于"道"。这与"礼本于大一"的观念若合一契，而在这种观念之中，道教的诫条、法式天然

---

① （魏）王弼撰，楼宇烈校释：《周易注》，中华书局2011年版，第110页。
② 《正一法文天师教戒科经》，《道藏》，第18册，第236页。
③ 所谓"道禁"即"道法"，包括但不限于禁戒科律、礼仪制度。
④ 饶宗颐：《老子想尔注校证》，上海古籍出版社1991年版，第29页。
⑤ （魏）王弼注，楼宇烈校释：《老子道德经注校释》，中华书局2008年版，第56页。

地具有神圣性。不过,《想尔注》认为道教之诫条、法式并非由人来观天道所设,而是由"一""道"施设,并传之于世。这种模式实际上是圣人受道之教而行,而非圣人观天道设教。若据《道德经》文本之所论,道不可名,不可道,无形,无象,并非人格化的对象,自然也便谈不上与人直接授受。但《想尔注》通过对《道德经》的注释发挥,对"道"的属性进行了转换。

> 一者道也……一散形为气,聚形为太上老君,常治昆仑,或言虚无,或言自然,或言无名,皆同一耳。今布道诫教人,守诫不违,即为守一矣。①

《道德经》"字之曰道"②,《想尔注》则以"一"名"道",并认为"一"有着可聚可散的属性,散形则为气,聚形则为太上老君。如此,则"道"与"一""气""老君"③有了同一性。在这种理论之下,全体之气是道的一种表现形态,积聚则可为老君;部分之气则为道之分体,积聚则可为万物。同样的,世间有形、有象、可名、可道的事物,均为道的一部分,也即气的一部分,道经之中谓之"分气",或曰"决气"。

必须注意的是,正如"道"无形、无象、不可言、不可道,"气"也同样如此。气之聚形可为老君,并不等于只能是老君。故《想尔注》解《道德经》中"无状之状,无物之像"④为:

> 道至尊,微而隐,无状貌形像也,但可从其诫,不可见知也。今世间伪伎指形名道,令有服色、名字、状貌、长短,非也,悉耶伪耳。⑤

---

① 饶宗颐:《老子想尔注校证》,第12页。
② (魏)王弼注,楼宇烈校释:《老子道德经注校释》,第63页。
③ 此处特指气之全体,道经之中也常将"气"写作"炁"。
④ (魏)王弼注,楼宇烈校释:《老子道德经注校释》,第31页。
⑤ 饶宗颐:《老子想尔注校证》,第17页。

其中明确指出，"道"是不可见知的。凡以世间有限的方式试图对"道"加以形容、描摹，便都陷入了邪伪之中。在《大道家令戒》中，张鲁同样对"道"的变化莫测加以强调："道亦形变，谁能识真。"① 由此可知，老君之形也只是道气积聚而成的一种显化形象，在不同的时期，这种显化形象也会产生变化，甚至有所谓新旧之别："故使天授气治民，曰新出老君。"② 此"新出老君"即特指汉末之时授予张道陵"正一盟威之道"者："故老君授与张道陵为天师，至尊至神，而乃为人之师。"③

要之，在这种理论框架之下，道法（包括但不限于礼仪制度）被视为道气所化，是道的具现，有着天然的神圣性。而道教所行之道法，又被认为是由道气积聚所化之"新出老君"授予张道陵的。因此，张道陵祖孙三代，以天师、嗣师、系师名义在蜀地设教传道的合法性便被认为是来自"道"的认可。

二 教区划分的依据

其他宗教，如佛教、基督教等，其教团在初创之时往往仅具粗糙之雏形，只有在较长的历史时期之中，逐渐发展完善之后，才有了较为规整严密的组织及制度。而如果将汉末天师道视作道教的初创时期，则道教的历史与这种发展规律呈现出几乎相反的趋势。

早期道教，尤其是张道陵至张鲁时期的天师道，在道教史上是一段非常特殊的时期。这一时期的道教，制度严密而森严，反而是随着历史的发展，其制度变得散漫而宽松。后世寇谦之、陆修静皆曾试图恢复汉末天师道之组织制度与科仪戒律，但时移世易，环境已然不同，故均未成功。再之后的张万福、杜光庭、金允中等人已不追求恢复组织之旧制，主要着力于科仪规范之正本清源。他们的努力虽然难竟全功，但在仪式的基本逻辑上依然延续了核心理论。

---

① 《正一法文天师教戒科经》，《道藏》，第18册，第236页。
② 《正一法文天师教戒科经》，《道藏》，第18册，第236页。
③ 《正一法文天师教戒科经》，《道藏》，第18册，第236页。

《道德经》对早期道教礼仪制度的影响

早期天师道的组织制度与后世道教有着较大不同，其中比较典型的一点便是有着严密的教区划分。天师道之教区以"二十四治"为主，后增为"二十八治"。在道教徒的观念中，天师道之治区是人格化的"道"所设立，并非人为划分，按《大道家令戒》：

> 道以汉安元年五月一日，于蜀郡临卭县渠停赤石城造出正一盟威之道，与天地券要，立二十四治，分布"玄""元""始"气治民。①

《正一天师告赵升口诀》亦曰：

> 太上开化，不以吾轻贱小人，受吾真法为百鬼主者，使开二十四治，以应二十四气，置署职箓，以化邪俗之人。②

过往研究者或以"宗教地理学"，或以"神圣空间"的视角对此有过不少研究。不过，在道教的理论之中，"二十四治"是以"气"而立的复杂概念，通过"气"的对应，综合了天文、地理、时节、五行等多重属性，远不只是空间、地理的概念。事实上，天师道之"治"必须以"气"为根基，而这正是其"分气治民"的关键。由于汉末道经多已亡佚，少有当时天师道教区划分之文献，但考之于其他道经，仍可窥其大略。按《老君音诵诫经》：

> 吾本授二十四治，上应二十八宿，下应阴阳二十四气，授精进祭酒，化领民户。道陵演出道法，初在蜀土一州之教，板署男女道官，因山川土地郡县，按吾治官靖庐亭宅，与吾共同领化民户，劝恶为善。阳平山名，上配角宿，余山等同。③

---

① 《正一法文天师教戒科经》，《道藏》，第18册，第236页。
② 《正一天师告赵升口诀》，《道藏》，第32册，第593页。
③ 《老君音诵诫经》，《道藏》，第18册，第216页。

寇谦之试图以系天师的身份革除后世道教之积弊，对前一任系天师张道陵所施行的制度颇多认同之处。从这段文本之中可以看出，早期天师道在人间所设二十四治与天文之中二十八宿相应，且明确提及阳平治与角宿对应。但其余各治，仅以"等同"一笔带过，并未详细列举。除此之外，二十四治还与"阴阳二十四气"相应，但其并未明言这一概念的具体所指。《老君音诵诫经》所论并非孤例，如《三洞珠囊·二十四治品》引《张天师二十四治图》曰：

> 太上以汉安二年正月七日中时下二十四治：上八治、中八治、下八治。应天二十四气，合二十八宿，付天师张道陵奉行布化。①

又如《正一修真略仪·天师治局》：

> 张天师修治正一法于西蜀，各依本事本法，感应之处，是为静治，以象二十四气，亦有诸治舍，散在名山。按宜当配五行，依本命生月以受之。每一治，应一气治之，长曰阳平治，应左平气，女人应右平气，一如科仪本法。若都受诸治气，传天师三师都功版。今受治正一箓，只传本属治气也。②

彼此互证，均言二十四治与二十四气、二十八宿之间有对应关系。又按《三洞珠囊·二十四气品》引《玄都律》之言："二十四气为天使。一气十五日，一岁十二月，月二气，终岁为二十四气，皆是自然之气也。"③ 所谓"阴阳二十四气""二十四气"，即"二十四节气"。考之于《太上三五正一盟威箓》，二十四阶箓皆有对应之二十四气、二十四治，如"太上正一童子一将军箓品第一"下有注文："炁应正月节，其日在虚，镇阳平治，冬至后四十

---

① （唐）王悬河编：《三洞珠囊》，《道藏》，第 25 册，第 331 页。
② 《正一修真略仪》，《道藏》，第 32 册，第 178 页。
③ （唐）王悬河编：《三洞珠囊》，《道藏》，第 25 册，第 334 页。

五日立春。"① 其余诸品箓以此类推。又《三洞珠囊·二十四治品》引《五岳名山图》:"阳平治:属金,属角星。鹿堂治:金,亢星……"②《洞天福地岳渎名山记·灵化二十四》曰:"阳平化,五行金,节寒露,上应角宿。"③ 天师道将二十四治与二十四气、二十八宿加以对应之事毋庸置疑,但其中的对应关系则有多种记载,如《太上三五正一盟威箓》与《洞天福地岳渎名山记·灵化二十四》便分属两种系统。今据其经文内容列表如下:

表1　　　二十四治与二十四气、二十八宿的对应关系

二十四治	所应节气、星宿	
	《太上三五正一盟威箓》	《灵化二十四》
阳平	立春,日在虚	寒露,上应角宿
鹿堂	雨水,日在危	霜降,上应亢宿
鹤鸣	惊蛰,日在室、壁	立冬,上应氐、房、心宿
漓沅	春分,日在奎	小雪,上应尾宿
葛璝	清明,日在娄	大雪,上应箕宿
庚除	谷雨,日在胃	冬至,上应斗宿
秦中	立夏,日在昴	小寒,上应牛宿
真多	小满,日在毕	大寒,上应女宿
昌利	芒种,日在觜、参	立春,上应虚宿
隶上	夏至,日在井	雨水,上应危宿
涌泉	小暑,日在鬼	惊蛰,上应室、壁宿
稠梗	大暑,日在柳	春分,上应奎宿
北平	立秋,日在星	清明,上应娄宿
本竹	处暑,日在张	谷雨,上应胃宿
蒙秦	白露,日在翼	立夏,上应昴宿

---

① 《太上三五正一盟威箓》,《道藏》,第28册,第426页。
② (唐)王悬河编:《三洞珠囊》,《道藏》,第25册,第330页。
③ (唐)杜光庭编:《洞天福地岳渎名山记》,《道藏》,第11册,第59页。

续表

二十四治	所应节气、星宿	
	《太上三五正一盟威箓》	《灵化二十四》
平盖	秋分，日在轸	小满，上应毕宿
云台	寒露，日在角、亢	芒种，上应觜、参宿
浕口	霜降，日在氐	夏至，上应井宿
后城	立冬，日在房	小暑，上应鬼宿
公慕	小雪，日在心、尾	大暑，上应柳宿
平冈	大雪，日在箕	立秋，上应星宿
主簿	冬至，日在斗	处暑，上应张宿
玉局	小寒，日在牛	白露，上应翼宿
北邙	大寒，日在女	秋分，上应轸宿

其中，节气与星宿的对应关系皆与《月令》所载相近，不同者在于各治与节气之对应。若据《老君音诵诫经》《五岳名山图》，则《灵化二十四》所载之对应关系似乎更加合理。但二十四治与二十八宿之间的对应关系，未必一定以时令为中介，故二者谁更符合早期天师道的教区划分标准，尚需进一步考证确认。不过，虽然其中的对应关系难以绝对确定，但至少可以看到天师道的确将其教区与阴阳之气的消长联系在一起。

三 信众入教、迁升的关键要素

二十四治的设立是为了有效地管理道众，而靖治的管理与运行需要各种不同领域、不同司职的专业人员。按《三国志》："其来学道者，初皆名'鬼卒'。受本道已信，号'祭酒'。各领部众，多者为治头大祭酒。"[1] 又按《后汉书》："祭酒各领部众，众多者名曰'理头'……不置长吏，以祭酒为理，民夷信向。"[2] 可知当

---

[1] （晋）陈寿撰，（南朝宋）裴松之注：《三国志》，第1册，第263页。
[2] （南朝宋）范晔撰，（唐）李贤等注：《后汉书》卷七十五，中华书局1965年版，第2435页。

时的天师道是以"祭酒"管理道众,并以之替代了旧有的官吏,具体实施"分气治民"的工作,故道经之中谓之"道官"。

"祭酒"只是一种笼统的总称,"道官""箓吏"亦然。实际上,早期道教的教职与教区紧密相连,具体表现形式则为治、职、箓彼此对应。其教职系统复杂而严密,不同的司职有不同的权责范围,远非"祭酒"一词可以概括。与"二十四气""二十四治"相应,早期道教亦有所谓"二十四职":

> 言治典二十四治,治有二十四人,官有二十四职,职有二百四十军,军有二千四百将,将有二万四千吏,吏有二十四万兵。男官、女官、二十四官;男职、女职,二十四职;男气、女气、二十四气。①

此二十四职具体司职内容及其所组成的道官系统,在现存道经之中所载不多,仅《三洞珠囊·二十四职品》所引之《玄都职治律》中尚有部分残留。今据其中文本可知此"二十四职"乃:监天职、督治职、贡气职、大都攻职、领功职、都功职、领神职、监神职、领署职、察气职、平气职、上气职、都气职、威仪职、领气职、领决职、四气职、行神职、道气职、圣气职、承气职、典气职、廉平职、行教职、建义职。② 其在文末又引《上玄都章律》云:"男职女职二十四职,即此是也。"③ 考之于《大道家令戒》:

> 自从太和五年以来,诸职各各自置,置不复由吾气真气,领神选举……受职者皆滥对天地气候,理三官文书,事身厚食。④

---

① (唐)张万福:《醮三洞真文五法正一盟威箓立成仪》,《道藏》,第28册,第497页。
② 参见(唐)王悬河编《三洞珠囊》,《道藏》,第25册,第335—336页。
③ (唐)王悬河编:《三洞珠囊》,《道藏》,第25册,第336页。
④ 《正一法文天师教戒科经》,《道藏》,第18册,第237页。

其中提到，太和五年之后，道官祭酒自行授受教职，不再遵循以往的制度，也不再严格遵守"气""治""职"的对应。而在张鲁时期的天师道制度中，诸道官之职须经"领神"选举方可受职。所谓"领神"，即"二十四职"之中的领神职，其职负责选贤任能、迁善斥恶："主选择贤良，贬退伪恶，对会诸气，诸有犯违，尽主之也。"①

需要注意的是，此"二十四职"或是以"气职"为名，或是司职之中要负责处理与"气"相关的内容，几乎全是围绕着"气"来运行的。考之于其他道经，可与此互证。如据《正一法文太上外箓仪》："书吏箓生，慧解易悟，骨炁合真，自然有分，先习散炁。"② 又据《陆先生道门科略》：

> 民有三勤为一功，三功为一德。民有三德则与凡异，听得署箓。受箓之后，须有功更迁，从十将军箓，阶至百五十。若箓吏中有忠良质朴，小心畏慎，好道翘勤，温故知新，堪任宣化，可署散气道士。若散气中能有清修者，可迁别治职任……能明炼道气，救济一切，消灭鬼气，使万姓归伏，便拜阳平、鹿堂、鹤鸣三气治职。③

据此可知，普通百姓从入道而为道民，至升为阳平都功，其职位之迁升与道气是捆绑在一起的。其理论之起点在于万物皆是道气积聚所化，彼此在本质上是一体，如《想尔注》解"窈冥中有精"为："有道精，分之与万物，万物精共一本。"④《三洞珠囊·二十四气品》引《大洞经》之言所论更为明确：

> 三元各八，合为二十四气，众生品族，于是而生也。此气

---

① （唐）王悬河编：《三洞珠囊》，《道藏》，第25册，第335页。
② 《正一法文太上外箓仪》，《道藏》，第32册，第211页。
③ 《陆先生道门科略》，《道藏》，第24册，第781页。
④ 饶宗颐：《老子想尔注校证》，第27页。

散之为云雾，合之为形影，出之为分化，入之为真一。①

在这种理论框架之中，众生万物，包括人类在内，皆是阴阳二十四气积聚而成的，故本质上具有同一性，可以相互感召。如初受童子箓之道民，需要投师，"言被五炁神童君召"②。也就是说，在道教的观念中，某人是否具有资格入道，前提是其有没有被"道气"相召。而这不能仅凭本人之言而定，或者是，受感召者本人是没有资格确定的，故受箓者往往有类似"领太上高皇帝王神炁，不能自分别"③之言。考"二十四职"之具体司职分工，分别当事人所受气召者当为"领决职"："主鬼气，男女被气传语领决教，分别秦夷胡戎狄氐羌真伪。"④

甚至，在道教的观念中，人得生之前提便需"九天炁足"，其出生之岁时便决定了其禀气有所不同。故《受箓次第法信仪》专门设有"命系气籍"⑤一节，与之类似的道经还有《洞玄灵宝道士受三洞经诫法箓择日历》《洞玄灵宝课中法》等。但是，需要强调的是，这并不是所谓的命定论，《想尔注》中明确反对命定：

> 不劝民真道可得仙寿，修善自勤，反言仙自有骨录，非行所臻，云无生道，道书欺人。此乃罪盈三千，为大恶人。⑥

道经之中所谓的"骨象挺仙"看似命定，但这其实是道民积功累德、明炼道气的结果。在天师道的观念之中，道众能行止合道，则得道气相召，积功累德而迁。甚至，若道民好学不止，得道渐深，可至委气神人。所谓委气神人，是无形无相，唯有音声教化

---

① （唐）王悬河编：《三洞珠囊》，《道藏》，第25册，第336页。
② 《太上三五正一盟威箓》，《道藏》，第28册，第426页。
③ 《太上三五正一盟威箓》，《道藏》，第28册，第428页。
④ （唐）王悬河编：《三洞珠囊》，《道藏》，第25册，第336页。
⑤ 《受箓次第法信仪》，《道藏》，第32册，第218页。
⑥ 饶宗颐：《老子想尔注校证》，第17页。

者，与道相合。① 概而言之，在道教的理论框架中，其道众的一生都离不开道气：自其入道之初，便需以道气为凭；而其入道之后，无论是个人的修炼还是组织的升迁，处处需要道气的参与；若其最终修炼不成，则散化为气；若其修炼成真，则最终与道气相合，长生久视。

四 章仪有效性的核心

天师道能够在蜀地立教，逐渐使"民夷信向"，需要一些使百姓产生认同感、依赖感的手段。正史所载之"三官手书"便是其中典型：

> 请祷之法，书病人姓名，说服罪之意。作三通，其一上之天，着山上，其一埋之地，其一沉之水，谓之三官手书。②

此请祷之法的基本流程是道官祭酒代患者作书，并传之于三官，求三官宽宥患者，使其病愈。此法并非道教之独创，《尚书·周书·金縢》所载之史官册祝，周公请祷于神灵之事，方士投版华山，为秦惠文王祷病之事③，均与此有高度一致性。

天师道所用的"三官手书"在本质上是章仪之一种，与其余各种章仪的原理一致。章仪的名目虽然繁多，但其基本流程是相同的：信众因某事难以解决，至道官祭酒处求其上章；道官祭酒将所求之事书为章表，投至所求神灵之处；恳请神灵应允其所求。就天师道章仪的基本流程而言，有几个绕不过去的关键问题：首先，是其所祈求的神灵是否存在；其次，如果神灵存在，人神之间能否相通；最后，如果人神并不隔绝，则其所求内容能

---

① 参见《正一法文太上外箓仪》，《道藏》，第32册，第207页。
② （晋）陈寿撰，（南朝宋）裴松之注：《三国志》，第1册，第263页。
③ 参见（清）孙星衍《尚书今古文注疏》卷十三，陈抗、盛冬铃点校，中华书局2004年版，第323—341页。

否传递给神灵，如何传递。如果天师道的教理教义之中没有相应理论回答这些问题，则其章仪在基本的逻辑上便面临着不具有效性的尴尬境地。

正如前文所言，《想尔注》以"一"解"道"，认为其散则为气，聚则为太上老君，这其实已经认可了道气可以化为有人格的神灵。但需要注意的是，《想尔注》中屡次提到"伪伎"，这并不是否认神灵之存在，而是在反对将"道"降格为有形象的神灵，道气可以积聚化为神灵、万物，但不能反过来将之视为"道"："道明不可见知，无形像也。"① 也就是说，在道教的教理教义中，世间神灵虽多，但皆是道气应感而化，亦有亦无，即使有一时之形象，也不可将之等同于道。

在道教的教理教义中，人与神灵一样，皆是道气所化，本质是一样的："有道精，分之与万物，万物精共一本。"② 在这种理论框架之下，人神之间并不存在截然分判的界限，彼此的相感，实际上是一种"同声相应，同气相求"的以气感气。但是，这并不意味着道教认为所有人都能无条件地与神灵交通。在天师道的体系之中，与神灵交通，首先需要有至诚至信之心，其对信徒传道之时："皆教以诚信不欺诈，有病自首其过。"③《想尔注》释"古之善为士，微妙玄通"为"玄者，天也；古之仙士，能守信微妙，与天相通"。④ 明确认为只有守信之仙士才能够沟通神灵。《太平经》亦曰：

> 故求道德凡人行，皆由至诚，乃天地应之，神灵来告之也。如不至诚，不而感动天地、移神灵也。⑤

---

① 饶宗颐：《老子想尔注校证》，第17页。
② 饶宗颐：《老子想尔注校证》，第27页。
③ （晋）陈寿撰，（南朝宋）裴松之注：《三国志》，第1册，第263页。
④ 饶宗颐：《老子想尔注校证》，第18页。
⑤ 王明编：《太平经合校》，中华书局2014年版，下册，第440—441页。

也就是说，虽然在道教的观念中人与神皆是道气所化，但只有那些有至诚至信之心者方能感通神灵。

除了至诚至信之心，还需要有相应的资格，也即得授相应箓职，史书所谓"奸令祭酒"便是一例。正如前文所言，道众的入教、升迁，皆须"气召"，并由相应"气职"加以考核分别。

在道教的观念中，除了特定的资格，人神沟通之时还需要有专门的使者传递信息。而受箓之后，道众不仅获得了相应资格，还同时获得了传递信息的使者，也即箓中官将吏兵。这些官将吏兵也皆为道气所化，按《登真隐诀·请官》："官将及吏兵人数者，是道家三气应事所感化也，非天地之生人也。此精诚发洞，因物致洞耳，所以化气而成此吏兵也。"[①] 又如《传授三洞经戒法箓略说》："其天丁甲卒、仙官吏兵，盖道一分灵，凝神布炁。"[②]

五 结语

道教虽以"道"设教，但无形、无象、不可名、不可道的"道"难以在传教之时落实到具体的教团组织中。而《想尔注》将"道"转化为"一""气"之后，道本论也就在一定程度上转化为气本论。

在气本论的理论框架之下，道教的道法、礼仪、制度被视为人格化的道气所授，天然地具有神圣性。而作为道气之分体的张道陵，由于得到了人格化的道气亲授道法，故其以道立教便有了足够的合法性。除此之外，万物众生皆是禀气所生，其教区之划分对应二十四气，教职之设立也对应二十四气。百姓生来便"命系气籍"，得气召之后，方可入教而为道民。

无论是出入道教之道民，还是已经积功迁升之道官，其日常生活之中，都离不开各种礼仪活动，而这些活动，也均无法脱离

---

① （梁）陶弘景撰，王家葵辑校：《登真隐诀辑校》，第94页。
② （唐）张万福：《传授三洞经戒法箓略说》，《道藏》，第32册，第185页。

"气"而存在。故张道陵祖孙在蜀地之行道设教,被称为"分气治民"。事实上,即使在后世道教之中,早期天师道的礼仪制度已经难以完全照搬,但其中的核心理论依然未变,尤其是《想尔注》中的道气之论不仅没有消失,反而被继续发挥应用。

儒学研究

论孔子对"君子"概念的革故鼎新

张　浩　郑　林

摘　要：聚焦《论语》中"君子"一词，通过分析其文本构造及思想内涵，可发现孔子君子学说的贡献主要有两点：一是他对西周以来流行的"君子"概念给予转化，体现在由"位"到"德"的话语革新；一是他对话语革新后的"君子"概念给予发展，体现在从善道、学问、师友、仁义、圣贤、中道等方面的内涵拓展。而对"君子"概念的内涵拓展又体现了孔子要在"礼崩乐坏"的春秋时代造就君子学者（"君子儒"）的良苦用心，以期为他们的安身立命以及社会的秩序重建提供一套行之有效且影响深远的价值系统，这就从根本上回答了君子学说的真实用意。然而孔子何以能对君子概念进行革故鼎新，可从好学不厌、志道救世以及诲人不倦三个方面给出合理解释。

关键词：《论语》；孔子；君子；道德；革故鼎新

作者简介：张浩，西北政法大学哲学与社会发展学院讲师；郑林，西北政法大学哲学与社会发展学院本科生（陕西西安710063）。

从词源来说，"君子"一词并非孔子首创，它是西周以降始出现并流传开来的一个名称。从典籍成书来说，远在《论语》之前的《尚书》和《诗经》中就出现过"君子"概念。以成书于商代至东周时期的《尚书》为例，"君子"一词大约出现了七次①，基本用来指称贵族统治阶级，有时特指某位"周王"。简单来说，"君子"在当时只是"位"的代名词。再以成书于西周初年至春秋时期的《诗经》为例，"君子"一词出现了一百七十七次②，大约可归纳为四种意思：一是对贵族男子的称呼；二是妇女对丈夫的称呼；三是指主人或作者；四是对在位有贤德之人的称呼。其中前两种意思较为常见，后两种意思较为少见，但毕竟透露出君子已有"德"的色彩，虽然它还依附于"位"不具独立性质。对此，萧公权先生指出："惟《诗》《书》'君子'殆悉指社会之地位而不指个人品性。即或间指品性，亦兼地位言之。离地位而专指品性者绝未之见。"③匡亚明先生也说："'君子'一词，西周时原系对贵族统治阶级之尊称，春秋时期演变为有道德的人。"④ 也就是说，在孔子提出自己的君子学说之前"君子"主要是指"有位者"，专指"有德者"的说法几乎看不到。下面，本文就《论语》中"君子"概念的文本构造及思想内涵进行综合分析，以此论证孔子对"君子"概念的革故鼎新，进而回答其君子学说的真实用意以及解释他何以能创新此一概念。

---

① 《尚书·周书》"君子"凡七见，载《泰誓》《旅獒》《酒诰》《召诰》《无逸》《周官》《秦誓》。

② 《诗经》"君子"凡一百七十七见，载《关雎》《樛木》《汝坟》《草虫》《殷其靁》《雄雉》《君子偕老》《载驰》《淇奥》《君子于役》《君子阳阳》《风雨》《伐檀》《扬之水》《有杕之杜》《车邻》《小戎》《终南》《晨风》《鸤鸠》《鹿鸣》《采薇》《出车》《鱼丽》《南有嘉鱼》《南山有台》《蓼萧》《湛露》《菁菁者莪》《车攻》《庭燎》《斯干》《节南山》《雨无正》《小弁》《巧言》《巷伯》《大东》《四月》《鼓钟》《瞻彼洛矣》《裳裳者华》《桑扈》《鸳鸯》《頍弁》《青蝇》《采菽》《角弓》《都人士》《隰桑》《瓠叶》《旱麓》《既醉》《假乐》《泂酌》《卷阿》《桑柔》《云汉》《瞻卬》《有駜》。

③ 萧公权：《中国政治思想史》，新星出版社2005年版，第47页。
④ 匡亚明：《孔子评传》，南京大学出版社1990年版，第163页。

一 从文本构造看孔子对"君子"概念的革故鼎新

海内外中国哲学史家基本认为,《论语》是研究孔子哲学思想最主要和最可靠的资料。① 可见,要诠释孔子对"君子"概念的革故鼎新,毫无疑问地要立足于这一原典。仔细研读《论语》并梳理其中的"君子"话语(见表1)可发现一极有趣的现象:"君子"概念无论布局,还是编排,抑或频次等文本构造上与其他思想概念相比显得与众不同且地位特殊。其一,从文本布局来看,《论语》全二十篇中没有一篇不涉及此"君子"概念。即使是被学者公认为孔子核心思想观念的"仁"也未覆盖至每一篇,"君子"的重要性于是不言而喻。其二,从文本编排来看,《论语》开篇首章曰,"人不知而不愠,不亦君子乎?"② 终篇尾章曰:"不知命,无以为君子。"③ 这种"始终相应"④ 的编排形式似乎有意提醒或暗示我们"君子"概念的特殊地位。其三,从文本频次来看,"君子"概念在《论语》整个四百九十九章中就占有八十六章(见表1),出现次数更是高达一百零七次;其中出自孔子之口的就有七十四次之多,出自弟子之口的也有二十八次,出自他人之口的有五次,足见"君子"是孔门师徒之间经常热议的话题。

再从文本性质来说,"君子"概念的性质以"德"为主,以"位"为次,间也有"德位兼具"的情况存在;其中作"德"来解的约占六十九章,作"位"来解的约有十三章,作"德位"来解的约计七章(见表2)。可见,"君子"概念流传演变到孔子所生活的

---

① 参见陈荣捷《中国哲学文献选编》,杨儒宾等译,北京联合出版公司2018年版,第15页;冯友兰《中国哲学史史料学》,中华书局2017年版,第35页;张岱年《中国哲学史史料学》,中华书局2018年版,第34页;萧萐父《中国哲学史史料源流举要》,文津出版社2017年版,第138页;郭齐勇《中国哲学通史·先秦卷》,江苏人民出版社2021年版,第181页。如此等等,不再列举。
② (宋)朱熹:《四书章句集注》,中华书局1983年版,第47页。
③ (宋)朱熹:《四书章句集注》,第195页。
④ (清)黄式三:《论语后案》,张涅、韩岚点校,凤凰出版社2008年版,第3页。

表1 《论语》中"君子"概念的篇目分布及章次、频次统计

篇目	章次		"君子"频次（107次）		
			孔子	弟子	他人
学而篇	1.1, 1.2, 1.8, 1.14	4	3	1	0
为政篇	2.12, 2.13, 2.14	3	2	1	0
八佾篇	3.7, 3.24	3	2	0	1
里仁篇	4.5, 4.10, 4.11, 4.16, 4.24	5	7	0	0
公冶长篇	5.3, 5.16	2	3	0	0
雍也篇	6.4, 6.13, 6.18, 6.26, 6.27	5	5	0	0
述而篇	7.26, 7.31, 7.33, 7.37	4	3	0	2
泰伯篇	8.2, 8.4, 8.6	3	1	3	0
子罕篇	9.6, 9.14	2	2	0	0
乡党篇	10.6	1	0	1	0
先进篇	11.1, 11.21, 11.26	3	2	1	0
颜渊篇	12.4, 12.5, 12.8, 12.16, 12.19, 12.24	6	4	5	1
子路篇	13.3, 13.23, 13.25, 13.26	4	6	0	0
宪问篇	14.5, 14.6, 14.23, 14.26, 14.27, 14.28, 14.42	7	6	1	0
卫灵公篇	15.2, 15.7, 15.18, 15.19, 15.20, 15.21, 15.22, 15.23, 15.32, 15.34, 15.37	11	13	1	0
季氏篇	16.1, 16.6, 16.7, 16.8, 16.10, 16.13	6	6	0	0
阳货篇	17.4, 17.7, 17.21, 17.23, 17.24	5	5	3	0
微子篇	18.7, 18.10	2	0	1	1
子张篇	19.3, 19.4, 19.7, 19.9, 19.10, 19.12, 19.20, 19.21, 19.25	9	0	10	0
尧曰篇	20.2, 20.3	2	4	0	0
总计		86	74	28	5

表2　《论语》中"君子"概念的性质统计

性质	章次
地位	6.18（刘），8.2（朱、刘），11.1（刘），12.19（皇、刘），13.25（刘），14.6，14.42（刘），17.4（朱、刘），17.21（皇），17.23（朱），18.10，19.10（皇），20.2（皇）
道德	1.1，1.2，1.8，1.14，2.12，2.13，2.14，3.7，3.24，4.5，4.10，4.11，4.16，4.24，5.3，6.4，6.13，6.26，6.27，7.26，7.31，7.33，7.37，8.4，8.6，9.14，10.6，11.21，11.26，12.4，12.5，12.8，12.16，12.24，13.3，13.23，13.26，14.5，14.23，14.26，14.27，14.28，15.2，15.7，15.18，15.19，15.20，15.21，15.22，15.23，15.32，15.34，15.37，16.1，16.7，16.8，16.10，16.13，17.7，17.24，18.7，19.3，19.4，19.7，19.9，19.12，19.20，19.21，19.25，20.3
德位	4.11（皇），5.16（刘），8.6（刘），9.6（刘），11.1（朱），14.42（萧），16.6（朱）
说明	制作此表参考了皇侃《论语义疏》、朱熹《论语集注》、刘宝楠《论语正义》三种古籍。对"君子"性质上存在争议的章次进行了统一标黑，特此说明。

春秋末期，其话语性质已经实现了由命定之"位"到自由之"德"的转化，即它主要用来指称道德人格之人。历代注疏《论语》的学者基本支持此说，如汉孔安国说："贱不义而贵有德，故曰君子。"① 汉班固说："或称君子者何？道德之称也。"② 魏王弼说："然德足君物，皆称君子，亦有德者之通称也。"③ 梁皇侃说："君子，有德之称也。"④ 宋朱熹说："君子，成德之名。"⑤ 清崔述说："岂知君子云者，本皆有位者之称，而后世以称有德者耳。"⑥ 清刘宝楠称："非有位而称君子者，以其人有道德，可任在位也。"⑦ 近

---

① （三国）何晏注，（宋）邢昺疏：《论语注疏》卷四，中国致公出版社2016年版，第216页。
② （清）陈立：《白虎通疏证》卷二，吴则虞点校，中华书局1994年版，第48页。
③ 程树德：《论语集释》，中华书局1990年版，第2册，第487页。
④ （梁）皇侃：《论语义疏》卷一，中华书局2013年版，第4页。
⑤ （宋）朱熹：《四书章句集注》，第47页。
⑥ （清）崔述：《丰镐考信别录》卷三，载顾颉刚编《崔东壁遗书》，上海古籍出版社1983年版，第352页。
⑦ （清）刘宝楠：《论语正义》卷七，中华书局1990年版，第233页。

代学者也多能阐明孔子之于"君子"概念的创见,如陈荣捷先生说:"他(孔子)彻底修正了传统所说的'君子'的概念。……在《论语》一书中,此词语共出现一百零七次,在某些场合,它仍然意指着统治者。然而在大多数用法里,孔子却用之于描述道德高超的人。换言之,对孔子而言,尊贵与否已不再是血缘之事,而是人格的问题——此种观念实等于一种社会革命,当然,如说成是演进,也许更为恰当。然而,无疑的是因孔子之故,此新的观念乃能确立不移。"①萧公权先生亦说:"孔子言君子,就《论语》所见观之,则有纯指地位者,有纯指品性者,有兼指地位与品性者。……据吾人之推想,孔子所言君子之第一义完全因袭《诗》《书》,其第二义殆出自创,其第三义则袭旧义而略变其旨。旧义倾向于就位以修德,孔子则侧重修德以取位。"②等等。

如上所述,孔子"君子"学说主要着眼于道德人格的塑造和挺立,也就是说它重在道德践履而非理论思辨,也可说即使有理论思辨也是为了更好地道德践履。诚如余英时先生所言,"儒学最显著的特色,即以精神价值的重要性在生活中的实践而不在理论上的思辨"③。验诸《论语》中"君子"的言说方式,余氏的说法不可谓不确。所以,试图给"君子"下一抽象定义不仅无益而且是危险的事情。因为君子是在生命活动和社会活动中不断被赋予新内涵的活泛概念,任何抽象定义只会将其禁锢。那么,如何准确把握孔子的"君子"概念及其深刻思想内涵呢?本文尝试运用"凭借"与"归整"相结合的方法。④"凭借法"是从资料运用上来说的,要研究孔子的"君子"概念,首要的是掌握并理解孔子的说法,此外也要借助其门弟子的相关论述,综合两种资料来考察这一概念;"归整法"

---

① 陈荣捷:《中国哲学文献选编》,杨儒宾等译,第13页。
② 萧公权:《中国政治思想史》,第47页。
③ 余英时:《陈寅恪与儒学实践》,载李明辉主编《儒家思想的现代诠释》,台北:"中央研究院"中国文哲研究所1997年版,第80页。
④ 参见梁漱溟著,李渊庭、阎秉华整理《梁漱溟先生讲孔孟》,商务印书馆2011年版,第20页。

是从资料分类上来说的,要挖掘孔子"君子"概念的丰富内涵,则需要从零散的资料中分类整理出与"君子"密切相关的六个话题类别,如善道、学问、师友、仁义、圣贤、中道,然后分析它们之间的内在关联。经由对"君子"文本的综合分析,再到文本背后思想的深入挖掘,有助于多维度、立体性把握此概念的丰富道德内涵。

二 从思想内涵看孔子对"君子"概念的革故鼎新

要深入研究孔子"君子"概念的思想内涵,首先要回答的一个问题是,孔子为何要提出自己的君子学说,即真实用意是什么?本文认为,孔子之所以要提出君子学说,目的是在"礼崩乐坏"的春秋末期造就"君子儒"或"君子学者"(士人),以期为士人的安身立命以及社会的秩序重建提供一套行之有效且影响深远的价值系统。以下,将从孔子所面对的时代问题出发,并结合上述整理出的六个话题类别,来论证这一论断。

孔子生活在政治巨变、社会动荡的春秋末期,恰好处于周平王东迁以迄战国肇始这一历史阶段。其时周天子大权旁落,先后出现了诸侯称霸、列国称雄的政治混乱局面,反映了天下由"有道"沉沦为"无道"的价值失序情况。孔子说:"天下有道,则礼乐征伐自天子出;天下无道,则礼乐征伐自诸侯出。自诸侯出,盖十世希不失矣;自大夫出,五世希不失矣;陪臣执国命,三世希不失矣。天下有道,则政不在大夫。天下无道,则庶人不议。"① 又说:"君不君,臣不臣,父不父,子不子。"② 周代政治伦理价值秩序的奠基人是周公,其最大贡献是"制礼作乐"。礼乐制度承载着"道",既代表天子权威,也体现价值秩序。周代在步入东周之后,随着周天子的无德无能,体现其权威地位的礼乐制度开始松动,逐渐趋于崩坏。孔子对当时社会的"礼崩乐坏"情形既有切身感触也有严厉批判。

---

① (宋)朱熹:《四书章句集注》,第171页。
② (宋)朱熹:《四书章句集注》,第136页。

论孔子对"君子"概念的革故鼎新

从时代的整体批判来说,孔子质问那些僭越礼乐的乱臣贼子,难道礼乐仅仅就是你们当下享受的玉帛和钟鼓吗?① 难道你们就不懂得只有具有仁(爱)精神的人才能配享礼乐?② 从具体的人物批判来说,孔子对父母之邦鲁国的执政者三桓,尤其是季桓子僭越礼乐的行为有"是可忍也,孰不可忍也"③的严厉批判。作为敏锐的思想家,孔子之伟大表现不仅表现为对时代问题的准确诊断,还体现在寻求问题的尽力解决,比如孔子对业已失序崩坏的礼乐文化给予恢复重建。对礼的改革,孔子说:"麻冕,礼也;今也纯,俭,吾从众。拜下,礼也;今拜乎上,泰也。虽违众,吾从下。"④ 对乐的更正,孔子则说:"吾自卫反鲁。然后乐正,《雅》《颂》各得其所。"⑤ 经过孔子的一番努力,"礼乐自此可得而述,以备王道,成六艺"⑥。可以说,孔子是他那个时代士君子之中对社会变革感受最敏锐且竭力革新旧有价值秩序的一个典型代表,其家世地位的巨变、其多能鄙事的经历、其承传斯文的抱负,以及其诲人不倦的教育态度等,都促使他在士人阶层中造就或培养一批"君子学者"⑦,以期他们能够安身立命,进而肩负起重建社会价值秩序的人生使命。

(一)君子遵循善道,以此安身立命

君子与"道"有何内在关联?研读《论语》可知,孔子(及其弟子)在诸如志向、学问、追求、信念等精神生活领域,以及交际、从政、风评等社会生活领域,无不贯穿弥漫周遍在"道"之

---

① 原文为:"子曰:礼云礼云,玉帛云乎哉?乐云乐云,钟鼓云乎哉?"[(宋)朱熹:《四书章句集注》,第178页]
② 原文为:"子曰:人而不仁,如礼何?人而不仁,如乐何?"[(宋)朱熹:《四书章句集注》,第61页]
③ (宋)朱熹:《四书章句集注》,第61页。
④ (宋)朱熹:《四书章句集注》,第109页。
⑤ (宋)朱熹:《四书章句集注》,第113页。
⑥ (汉)司马迁:《史记》卷四十七《孔子世家》,中华书局1959年版,第6册,第1936—1937页。
⑦ 原文为:"子谓子夏曰:女为君子儒!无为小人儒!"[(宋)朱熹:《四书章句集注》,第88页]

中，并在"道"的指引下得以安身立命。

首先，君子不同于普通人的地方在于，他以内在超越的"道"①作为人生理想或最高价值，此即孔子说的"士志于道"②。陈来先生说："士志于道"表明士是有崇高理想的人，这与君子"谋道""忧道"是一致的。③孔子为人生确立此最高标准，意在教导君子在现实世界中应该"谋道不谋食""忧道不忧贫"④。然而，实现此崇高价值的前提在于"君子学以致其道"⑤。宋邢昺疏云："人非道不立，故必先谋于道。"⑥士君子若要掌握此道或要成德，就必须以谦逊、诚恳的态度礼拜参访贤德之人，如孔子说："［君子］就有道而正焉。"⑦相反，若志道君子不去努力学以致其道，终其一生除了苍白和虚无之外将别无所获。此正如子张所言："执德不弘，信道不笃，焉能为有？焉能为亡。"⑧作为君子，若要让自己生命获得价值或具有意义，就不能仅仅停留在"信道"的地步，更要以极端积极的心态以及刚毅坚韧的品质去勤力弘扬此道。如孔子说："人能弘道，非道弘人。"⑨又曾子说："士不可以不弘毅，任重而道远。"⑩以至于君子始终将内在超越之道作为自己生命的终极奋斗目标，并使两者打成一片、融为一体。孔子说："朝闻道，夕死可矣。"⑪君子经过诸种精神生活的磨炼，他的生命便

---

① 内在超越的"道"也就是孔子所言"天道"。正如陈荣捷所言："他（孔子）所说的天是具有目的性，且为万物之主宰。他一再说到'天命'，意即天之意志或命令。……它已一变而为超越的存有，它只监临在上，而让自己之道德律独立运作。此即'道'，文明由此发展，人由此遵行。此亦即'天道'。"（陈荣捷：《中国哲学文献选编》，杨儒宾等译，第13—14页）
② （宋）朱熹：《四书章句集注》，第71页。
③ 参见陈来《孔子·孟子·荀子：先秦儒学讲稿》，生活·读书·新知三联书店2017年版，第35页。
④ （宋）朱熹：《四书章句集注》，第167页。
⑤ （宋）朱熹：《四书章句集注》，第189页。
⑥ （三国）何晏注，（宋）邢昺疏：《论语注疏》卷四，第254页。
⑦ （宋）朱熹：《四书章句集注》，第52页。
⑧ （宋）朱熹：《四书章句集注》，第188页。
⑨ （宋）朱熹：《四书章句集注》，第189页。
⑩ （宋）朱熹：《四书章句集注》，第104页。
⑪ （宋）朱熹：《四书章句集注》，第71页。

时刻流动贯穿着"道",所以无论是外出交际,还是出仕从政,抑或人物风评,都只以"道"作为行事的最终依据。

就社会交际来说,君子认为主张立场不同的人不要在一起共事商议。如孔子说:"道不同,不相为谋。"① 就出仕从政来说,君子不以天下有道或天下无道而改易操守,始终高尚其志,"守死善道"②;君子若有幸得到国君的重用并委以大任,就有责任和义务"以道事君"③,如若国君不采纳谏言,他甘愿辞职不干。这是因为君子从政的目的是"行义以达其道"④。就人物风评来说,君子对他人的表彰也罢,批评也好,都以"直道"作为评价标准。如孔子说:"吾之于人也,谁毁谁誉?如有所誉者,其有所试矣。斯民也,三代之所以直道而行也。"⑤

这就是说,无论是内在的精神生活,还是外在的社会生活,孔子总教导他的弟子们("君子儒")始终遵循或行走在"道"上,并以此安身立命。孔子说:"谁能出不由户?何莫由斯道也?"⑥ 即,"道"之于士君子是一个须臾不可离的内在超越存在。如何理解孔子所言的"一贯之道"的内容与性质?曾子和孟子的理解,有助于对这一问题的解答。曾子对此说,"夫子之道,忠恕而已矣"⑦。孟子则说:"孔子曰:'道二,仁与不仁而已矣。'"⑧ 朱熹《论语集注》引程子之话说:"以己及物,仁也;推己及物,恕也。违道不远是也。"⑨ 证之于孔子之言,可以说这样的解释大致无误。孔子说,"夫仁者,己欲立而立人,己欲达而达人"⑩,又说,"己所不

---

① (宋)朱熹:《四书章句集注》,第169页。
② (宋)朱熹:《四书章句集注》,第106页。
③ (宋)朱熹:《四书章句集注》,第128页。
④ (宋)朱熹:《四书章句集注》,第173页。
⑤ (宋)朱熹:《四书章句集注》,第166页。
⑥ (宋)朱熹:《四书章句集注》,第88页。
⑦ (宋)朱熹:《四书章句集注》,第72页。
⑧ (宋)朱熹:《四书章句集注》,第277页。
⑨ (宋)朱熹:《四书章句集注》,第72页。
⑩ (宋)朱熹:《四书章句集注》,第92页。

欲，勿施于人"①，他将"仁"的两个面向"忠"和"恕"已表达无余。可以说，道的根本要义就是仁。至于"道"的性质问题，从其内容来看，可以判定它以善或德为根本，同时也包含美、真。因为无论是孔子说的"一贯之道"还是"君子之道"，都以道德为其根核。

（二）君子志于学问，以此修养人格

孔子作为君子学者的培养者、引领者，可以说是"他那个时代中可能最为博学的人"②。孔子的勤奋好学与博学多闻，既表现在他自信的态度上，也体现在时人对他的评论上。就前者而言，孔子自我评价说："十室之邑，必有忠信如丘者焉，不如丘之好学也。"③ 就后者而论，达巷党人评论说："大哉孔子！博学而无所成名。"④ 孔子有这样的自信是毫不奇怪的。因为他在十五岁时就幡然醒悟并有志于学问⑤，爱好古典文化并勤敏求取⑥。不仅如此，孔子还认为，君子在学习过程中，态度应该庄重不苟，不耻下问，学而不厌，学无常师。更难能可贵的是，孔子矢志学问的精神劲头一直延续到生命最后一刻都没有丝毫松懈之态，为后世士人树立了"活到老也要学到老"的典范。孔子自道说："其为人也，发愤忘食，乐以忘忧，不知老之将至云尔。"⑦ 汉儒王充对孔子的好学精神不仅大为感动而且极力表彰，他说："孔子病，商瞿卜期日中。孔子曰：'取书来，比至日中何事乎？'圣人之好学也，且死不休，念在经书，不以临死之故，弃忘道艺，其为百世之圣，师法祖修，盖不虚矣！"⑧

然而君子所学何为？梁漱溟先生说儒家孔门之学本质上说是

---

① （宋）朱熹：《四书章句集注》，第132页。
② 陈荣捷：《中国哲学文献选编》，杨儒宾等译，第14页。
③ （宋）朱熹：《四书章句集注》，第83页。
④ （宋）朱熹：《四书章句集注》，第109页。
⑤ 原文为："子曰：吾十有五而志于学。"[（宋）朱熹：《四书章句集注》，第54页]
⑥ 原文为："子曰：好古，敏以求之者也。"[（宋）朱熹：《四书章句集注》，第98页]
⑦ （宋）朱熹：《四书章句集注》，第98页。
⑧ （汉）王充撰，黄晖校释：《论衡校释》卷十三，中华书局2018年版，上册，第524页。

"反躬修己"①。梁启超先生指出,"孔子所谓'学',是要学来养成自己的人格"②。"君子学以致其道"体现在为学上就是要修养德性、养成人格。用现今的话来说,学习是为了提升人文精神。如何理解此"反躬修己"之学?分疏来说,"反"是"君子求诸己"③,"躬"指"躬行君子"④,"修己"即"古之学者为己"⑤。整合来说,"反躬修己"是指君子学者既要从内心用力,又要有躬行工夫,以实现道德与学问的双重提升,尤重道德人格的修养。李长之先生曾评价说,孔子的真价值就在于其"反躬修己"的为学性格。他说:"其实孔子的真价值,却毋宁在他那刚强、热烈、勤奋、极端积极的性格。这种性格却又有一种极其特殊的面目,即是那强有力的生命力并不是向外侵蚀的,却是反射到自身来,变成一种刚强而无害于人,热烈而并非幻想,勤奋而仍然从容,极端积极而丝毫不计成败的伟大雄厚气魄。"⑥

以孔子对君子学者的培养和教导来说,颜回和子路是两种完全不同的君子类型。颜回无疑是孔门中的好学君子典范,与孔子在精神上契合无间,时常得到老师表彰。如孔子说:"有颜回者好学,不迁怒,不贰过。"⑦又说:"贤哉,回也!一箪食,一瓢饮,在陋巷,人不堪其忧,回也不改其乐。贤哉,回也!"⑧宋明儒者将此称为"孔颜之乐"。以上所引之语,切实表达了躬行"为己之学"的君子所达到的人格修养境界。与颜回"好学德高"的形象形成强烈对比的是子路"不学德蔽"的形象。子路认为政治历练本身就是学问,又何必读书才算是学问,结果遭到孔子佞辩的批评。⑨还有

---

① 梁漱溟:《梁漱溟全集》第7卷,山东人民出版社2005年版,第497页。
② 梁启超:《梁启超论儒家哲学》,商务印书馆2018年版,第126页。
③ 孟子说:"行有不得,皆反求诸己。"[(宋)朱熹:《四书章句集注》,第278页]
④ (宋)朱熹:《四书章句集注》,第101页。
⑤ (宋)朱熹:《四书章句集注》,第155页。
⑥ 李长之:《迎中国的文艺复兴》,商务印书馆2013年版,第114页。
⑦ (宋)朱熹:《四书章句集注》,第84页。
⑧ (宋)朱熹:《四书章句集注》,第87页。
⑨ 原文为:"子路曰:有民人焉,有社稷焉,何必读书,然后为学?子曰:是故恶夫佞者。"[(宋)朱熹:《四书章句集注》,第129页]

一次，孔子耳提面命地教导并裁成追求君子人格却不注重学习的子路，谆谆告以"六蔽"①之言。对此，刘宝楠评论说："可知人之成德达材必皆由学矣。"② 可见，学习是修身进德之基石。

（三）君子亲师取友，以此责善辅仁

君子要修养人格，除"反躬修己"外，"唯一的方法就是亲师取友"③。孔子及其弟子非常注重良师益友在修养人格、涵养德性方面的价值功用。《论语》开篇首章就指出朋友的到访为君子的精神生活增添了无限快乐。④ 志同道合的君子在进德修业方面总是能够互相吸引并相互切磋。就前者而言，孔子说："德不孤，必有邻。"⑤ 何晏注曰："方以类聚，同志相求，故必有邻，是以不孤。"邢昺疏云："有德则人所慕仰，居不孤特，必有同志相求与之为邻也。"⑥《诗经·小雅·鹤鸣》有言："它山之石，可以攻玉。"⑦ 士君子在与它山之石的朋友相互责善和相互切磋的过程中往往会收到"道益明""德日进"⑧ 的良好效果。如孔子说："切切偲偲，怡怡如也，可谓士矣。朋友切切偲偲，兄弟怡怡。"⑨ 又曾子说："君子以文会友，以友辅仁。"⑩ 就孔子而论，他自己就是一个尊师重友的君子人格。尊师方面，孔子说："三人行，必有我师焉。择其善者而从之，其不善者而改之。"⑪重友方面，孔子说："友直，友

---

① 原文为："子曰：好仁不好学，其蔽也愚；好知不好学，其蔽也荡；好信不好学，其蔽也贼；好直不好学，其蔽也绞；好勇不好学，其蔽也乱；好刚不好学，其蔽也狂。"[（宋）朱熹：《四书章句集注》，第178页]

② （清）刘宝楠：《论语正义》卷一，第22页。

③ 梁漱溟：《梁漱溟往来书信集》上卷，上海人民出版社2017年版，第3页。

④ 原文为："子曰：有朋自远方来，不亦乐乎？"[（宋）朱熹：《四书章句集注》，第47页]

⑤ （宋）朱熹：《四书章句集注》，第74页。

⑥ （三国）何晏注，（宋）邢昺疏：《论语注疏》卷四，第59—60页。

⑦ （宋）严粲：《诗缉》卷十九，李辉点校，中华书局2020年版，第531页。

⑧ （宋）朱熹：《四书章句集注》，第140页。

⑨ （宋）朱熹：《四书章句集注》，第148页。

⑩ （宋）朱熹：《四书章句集注》，第140页。

⑪ （宋）朱熹：《四书章句集注》，第98页。

谅，友多闻，益矣。"① 此外，《尸子》还记载了孔子善于从其六位弟子身上取益以砥砺学问人格的故事。②

君子，不仅是一个可以相互切磋学问的益友，也是一个善于责善辅仁的诤友，同时还是一个体贴厚道的义友。当朋友生计困顿，以致无法生活下去时，君子会及时施以援手给予救济，并帮助他渡过难关。如孔子说："君子周急不济富。"③ 当自己发达容身时，也会想到与朋友一起分享福分。如子路说："愿车马、衣轻裘、与朋友共。敝之而无憾。"④ 当朋友先自己孤独终老时，他会周到地料理后事。如孔子说："朋友死，无所归，曰：'于我殡。'"⑤

（四）君子依仁尚义，以此锻造人格

遍览《论语》文本可知，与"君子"话题密切关涉的两个德目是"仁"与"义"。孔子说，"依于仁"⑥，又说，"君子义以为上"⑦。将两个德目整合起来，用一个词语表达就是君子"依仁尚义"。也就是说，"仁义"之于君子人格的锻造之功，如同鸟之两翼、车之双轮，两者相辅相成、缺一不可。有学者研究指出，两个原则（指"仁义"）构成一个十字形，"仁"是一条下降（或上升）的纵线，"义"是一条向两端伸展的横线。在精神之域中，下降的纵线内含宇宙自性，个人有体与宇宙的极深处以此同一，即所谓"天地之心"。伸展的横线处于人类层度，尤在心思之域。⑧ 即，"依仁尚义"从纵深和横贯两个维度将君子人格十字打开、挺立撑起，使其成为

---

① （宋）朱熹：《四书章句集注》，第171页。
② 尸子说："仲尼志意不立，子路侍；仪服不修，公西华侍；礼不习，子贡侍；辞不辨，宰我侍；亡忽古今，颜回侍；节小物，冉伯牛侍。曰：'吾以夫六子自厉也。'"［（清）汪继培辑，朱海雷译注：《尸子译注》，上海古籍出版社2006年版，第83—84页］
③ （宋）朱熹：《四书章句集注》，第85页。
④ （宋）朱熹：《四书章句集注》，第82页。
⑤ （宋）朱熹：《四书章句集注》，第122页。
⑥ （宋）朱熹：《四书章句集注》，第94页。
⑦ （宋）朱熹：《四书章句集注》，第182页。
⑧ 参见徐梵澄《孔子古微》，李文彬译，华东师范大学出版社2015年版，第180—181页。

一个顶天立地的"大写之人"。以上是就大体情况来论仁义之于君子人格的关系，下面将结合具体的文本语境来阐明两个德目之于君子内涵的拓展与深化。

先就君子与"仁"的关系来作考察。"君子"之所以能称其为"君子"，关键就在于其不论何时何地，或身处何种境遇，都能够毫不动摇地"依仁"而行止。孔子说："君子去仁，恶乎成名？君子无终食之间违仁，造次必于是，颠沛必于是。"① 可见，仁实在是君子人格的根荄。君子要成为"仁者"或具备仁的精神品质就需要从"好仁"与"恶不仁"两个层面努力躬行实践。如孔子说："好仁者，无以尚之；恶不仁者，其为仁矣，不使不仁者加乎其身。"② 以致有学者称，"在大多数的例子里，孔子认为仁人即完人，即真正的君子"③。那么作为仁者或仁人，具体体现了哪些道德品质？通过梳理《论语》中相关言论，可发现作为"总德"之"仁"至少统摄包含了诸如"忠、恭、敬、恕、刚、毅、木、讷、爱人、勇、宽、信、敏、惠"十四种道德品质，然而每一种都很难说是"仁"本身，只能说它们"分有"了仁的道德品质。

再就君子与"义"的关系来作说明。孔子说："君子义以为质，礼以行之，逊以出之，信以成之。君子哉！"④ 就是说，君子在为人处世过程中，始终以"义"为底色或原则，然后依礼节的方式实行它，用谦虚的言语说出它，用诚实的态度达成它。能够这样去做，就可以称得上君子。又如，孔子说："君子之于天下也，无适也，无莫也，义之与比。"⑤ 对于这句话历来有不同注解。陈荣捷先生研究指出，"'适'与'莫'，可解释成亲近、赞誉百姓与疏远、压迫百姓，先儒当中不乏采取这种解释的。但大多数人都是采纳朱子的注解，我个人也赞同朱说。朱子的重点，乃在君子处事的态度；但张栻却认为孔子所说，是指君子的心境"⑥。这句话和上

---

① （宋）朱熹：《四书章句集注》，第70页。
② （宋）朱熹：《四书章句集注》，第70页。
③ 陈荣捷：《中国哲学文献选编》，杨儒宾等译，第14页。
④ （宋）朱熹：《四书章句集注》，第165页。
⑤ （宋）朱熹：《四书章句集注》，第71页。
⑥ 陈荣捷：《中国哲学文献选编》，杨儒宾等译，第24—25页。

面所引一样，表达的都是君子"以义为上"的处事原则。这种处事原则体现于君子生活的方方面面：入仕从政方面，如孔子说"君子之仕也，行其义也"①；价值追求方面，如孔子说"君子喻于义，小人喻于利"②；价值判断方面，如孔子说"君子义以为上，君子有勇而无义为乱，小人有勇而无义为盗"③，如此等等。

以上主要阐发了仁与义两种道德精神在锻造君子人格中的关键作用。但同时也要注意，"依仁尚义"并不能包括君子人格精神谱系中的所有德目。

（五）君子希贤希圣，以此完善人格

就《论语》中的道德人格境界而言，虽有圣人、仁人、贤人、善人、成人、君子等不同说法，但仔细寻思后可知"君子"与诸种人格概念之间既有相通之处，也有不同之点。就相通而言，"君子"概念可以视作以上诸种人格概念的"共名"。如皇侃疏云："然君子之称，上通圣人，下至片善。"④ 就相异而言，以下将结合具体文本语境来分别考察其不同次第的人格境界。

先说君子。《论语》中既有孔子以"君子"自称的例子，也有他人以"君子"称呼孔子的例子。⑤ 孔子既以"君子"谦称，自然不会说自己是圣人或已达到了圣人境界。如孔子说："若圣与仁，则吾岂敢？"⑥ 但是，同时代人及某些弟子却硬要将孔子推上圣人的神坛之上。"太宰问于子贡曰：'夫子圣者与？何其多能也？'子

---

① （宋）朱熹：《四书章句集注》，第185页。
② （宋）朱熹：《四书章句集注》，第73页。
③ （宋）朱熹：《四书章句集注》，第182页。
④ （梁）皇侃：《论语义疏》卷四，第173页。
⑤ 孔子自称君子的资料有："子曰：躬行君子，则吾未之有得。"[（宋）朱熹：《四书章句集注》，第101页]"子闻之，曰：'太宰知我乎！吾少也贱，故多能鄙事。君子多乎哉？不多也。'"[（宋）朱熹：《四书章句集注》，第110页] 他人称呼孔子君子的资料有："仪封人请见，曰：'君子之至于斯也，吾未尝不得见也。'从者见之。"[（宋）朱熹：《四书章句集注》，第68页]"孔子退，揖巫马期而进之，[陈司败]曰：'吾闻君子不党，君子亦党乎？'"[（宋）朱熹：《四书章句集注》，第100页]
⑥ （宋）朱熹：《四书章句集注》，第101页。

贡曰：'固天纵之将圣，又多能也。'"① 作为伟大的平民教师，孔子最大的愿望就是在弟子中多多栽培"君子儒"，并乐于看到他们成德成才。在《论语》一书中，能够被孔子誉为君子的仅有四位，他们分别是宓子贱、南宫适（南容）、蘧伯玉及郑子产，其中前两个是孔子的学生，因其德行而为老师所喜爱，更有趣的是他让南宫适成为其兄长的乘龙快婿。② 后面两位人物，则是与孔子约略同时代的有道君子，故受到孔子的瞩目和敬重。蘧伯玉与孔子颇有私人交谊。孔子认为卫国的蘧伯玉作为君子，身上有两种品质值得鉴取学习：一是对做官能平淡视之，一是对过错极为自省。③ 从孔子和蘧伯玉的深厚交谊来看，他极有可能在人格修养上对这位老友有所取益，或至少受到过他的某种影响。对此，我们可从《论语》中找到如下两条证据：

子谓颜渊曰："用之则行，舍之则藏，惟我与尔有是夫！"④
子曰："加我数年，五十以学易，可以无大过矣。"⑤

至于郑国的执政者子产，孔子称道他的品行合于"君子之道"："子谓子产有君子之道四焉：其行己也恭，其事上也敬，其养民也惠，其使民也义。"⑥ 此外，还称誉子产是位"惠人"⑦。以至于当

---

① （宋）朱熹：《四书章句集注》，第110页。
② 原文为："子谓南容，邦有道，不废；邦无道，免于刑戮。以其兄之子妻之。"［（宋）朱熹：《四书章句集注》，第75页］"南宫适问于孔子曰：'羿善射，奡荡舟，俱不得其死然。禹稷躬稼而有天下。'夫子不答。南宫适出，子曰：'君子哉若人！尚德哉若人！'"［（宋）朱熹：《四书章句集注》，第149页］"子谓子贱，君子哉若人！鲁无君子，斯焉取斯？"［（宋）朱熹：《四书章句集注》，第75页］
③ 原文为："蘧伯玉使人于孔子。孔子与之坐而问焉，曰：'夫子何为？'对曰：'夫子欲寡其过而未能也。'"［（宋）朱熹：《四书章句集注》，第155页］"子曰：君子哉蘧伯玉！邦有道，则仕；邦无道，则可卷而怀之。"［（宋）朱熹：《四书章句集注》，第163页］
④ （宋）朱熹：《四书章句集注》，第95页。
⑤ （宋）朱熹：《四书章句集注》，第97页。
⑥ （宋）朱熹：《四书章句集注》，第79页。
⑦ （宋）朱熹：《四书章句集注》，第150页。

孔子得知他过世的消息时，不无伤感地称赞子产是"古之遗爱"①。

再说贤人。孔子对待贤人的态度是友好交往并敬重学习。如孔子说，"见贤思齐焉"②又"事其大夫之贤者"③。由此可推知，君子在与贤者的密切交往中极大提升了人格境界或道德人格。在《论语》中，孔子明确称赞的贤人有三位：伯夷、叔齐、柳下惠。兹将相关资料摘录于下：

[冉有]曰："伯夷、叔齐何人也？"[孔子]曰："古之贤人也。"④

子曰："伯夷、叔齐不念旧恶，怨是用希。"⑤

齐景公有马千驷，死之时，民无德而称焉。伯夷叔齐饿死于首阳之下，民到于今称之。其斯之谓与？⑥

子曰："不降其志，不辱其身，伯夷、叔齐与！"⑦

子曰："臧文仲其窃位者与！知柳下惠之贤而不与立也。"⑧

柳下惠为士师，三黜。人曰："子未可以去乎？"曰："直道而事人，焉往而不三黜？枉道而事人，何必去父母之邦？"⑨

孔子称述伯夷、叔齐兄弟是贤者，其德行必有值得君子学习鉴取的地方。我们认为，这两位古贤身上洋溢散发着三种高贵品德：其一，"不念旧恶"说的是宽容大度；其二，"不降志辱身"说的是耿介清洁；其三，"饿死首阳"说的是守节德高。至于柳下惠这位贤者，《论语》认为他作为典狱官，最大的品质在于不徇私枉

---

① 杨伯峻编著：《春秋左传注》，中华书局2009年版，第4册，第1422页。
② （宋）朱熹：《四书章句集注》，第73页。
③ （宋）朱熹：《四书章句集注》，第163页。
④ （宋）朱熹：《四书章句集注》，第96页。
⑤ （宋）朱熹：《四书章句集注》，第81页。
⑥ （宋）朱熹：《四书章句集注》，第173页。
⑦ （宋）朱熹：《四书章句集注》，第185页。
⑧ （宋）朱熹：《四书章句集注》，第164页。
⑨ （宋）朱熹：《四书章句集注》，第183页。

法、正直奉公；虽遭到三次罢黜，却能无怨言。继孔子之后，孟子也对三位贤者的人格风骨有高度评价。

关于仁人，确为孔子所罕言而不轻许人。但毕竟他表彰过殷纣时的三位仁者，分别是微子、箕子及比干。"微子去之，箕子为之奴，比干谏而死。孔子曰：'殷有三仁焉。'"① 何晏集解曰："仁者爱人。三人行异而同称仁，以其俱在忧乱宁民。"② 朱熹集注云："三人之行不同，而同出于至诚恻怛之意，故不咈乎爱之理，而有以全其心之德也。"③ 也就说，这三位仁者身为人臣，行为事迹虽各不相同，却因至诚仁爱之心而同具忧世忧民的高尚节操，对于世风大有教化之益。

至于圣人，孔子的态度则是敬畏而仰慕。④ 但是，孔子也不无遗憾地说他所身处的时代并没有圣人，如"圣人，吾不得而见之矣"⑤。圣人作为君子追求的理想人格只有在过往历史中去寻找。就《论语》来看，配得上圣人令名的大概只有尧、舜、禹、周公几位古代圣王。首先论帝尧之德。孔子认为，尧德配天地，功绩崇高，礼仪美好，以致百姓都不知道该如何称赞他。⑥ 对于帝舜之德。孔子认为他能"恭己正南"⑦，堪为臣民表率；也能用人得当，"而天下治"⑧。不仅如此，虞舜贵为帝王，治理天下能一心为公，从不为自己作打算。孔子评价说："巍巍乎，舜禹之有天下也，而不与焉。"⑨ 对于治理洪水，三过家门而不入的大禹，孔子更是极尽表彰。孔子赞扬说："菲饮食，而致孝乎鬼神；恶衣服，而致美乎黼冕，卑宫室，而尽力乎沟

---

① （宋）朱熹：《四书章句集注》，第182页。
② （三国）何晏注，（宋）邢昺疏：《论语注疏》卷四，第289页。
③ （宋）朱熹：《四书章句集注》，第183页。
④ 原文为："孔子曰：君子有三畏：畏天命，畏大人，畏圣人之言。"[（宋）朱熹：《四书章句集注》，第172页]
⑤ （宋）朱熹：《四书章句集注》，第99页。
⑥ 原文为："子曰：大哉尧之为君也！巍巍乎！唯天为大，唯尧则之。荡荡乎，民无能名焉。巍巍乎其有成功也，焕乎其有文章！"[（宋）朱熹：《四书章句集注》，第107页]
⑦ （宋）朱熹：《四书章句集注》，第162页。
⑧ （宋）朱熹：《四书章句集注》，第107页。
⑨ （宋）朱熹：《四书章句集注》，第107页。

洫。禹，吾无间然矣。"① 在孔子看来，尧舜禹三位圣王在修养上差不多达到了"德配天地""大公无私"的人格境界，故值得君子去敬畏仰慕。但同时，他也说即使圣王也还没有完全做到"博施于民而能济众"②的理想境地。对于奠定周朝根基的周公，孔子似乎有种特殊的钦慕敬仰之情。孔子说："甚矣吾衰也！久矣吾不复梦见周公也！"③ 这表达了孔子从年少之际起就期望像周公一样"制礼作乐，道化流行"④，如今年老力衰无复实现人生志业，内心不无遗憾。

至于"善人"和"成人"，由于在《论语》中没有与之对应的人物原型，故不易在人格境界序列给予准确定位。这里只能参考经典注疏来推测其人格次第。《论语》论及"善人"的章次有四：

> 子曰："善人，吾不得而见之矣；得见有恒者，斯可矣。"⑤
> 子张问善人之道。子曰："不践迹，亦不入于室。"⑥
> 子曰："'善人为邦百年，亦可以胜残去杀矣。'诚哉是言也！"⑦
> 子曰："善人教民七年，亦可以即戎矣。"⑧

何晏、邢昺，皆认为善人就是君子。⑨ 皇侃基本认为善人即贤人。⑩ 朱熹集注认为善人是质美而未学者。⑪ 综合三家注疏之见，基本可以认为在人格境界次第中，善人相当于君子，又接近或等同于贤人。由于《论语》中关于"成人"的资料仅有一条，且根据注疏

---

① （宋）朱熹：《四书章句集注》，第108页。
② （宋）朱熹：《四书章句集注》，第91页。
③ （宋）朱熹：《四书章句集注》，第94页。
④ （梁）皇侃：《论语义疏》卷七，第156页。
⑤ （宋）朱熹：《四书章句集注》，第99页。
⑥ （宋）朱熹：《四书章句集注》，第127页。
⑦ （宋）朱熹：《四书章句集注》，第144页。
⑧ （宋）朱熹：《四书章句集注》，第148页。
⑨ 参见（三国）何晏注，（宋）邢昺疏《论语注疏》，第106、173、204、212页。
⑩ 参见（梁）皇侃《论语义疏》，第173、333、347页。
⑪ 参见（宋）朱熹《四书章句集注》，第127页。

也极难判定其位置,故暂不将其列入人格境界的次第序列。

综上所论,可知孔子为君子人格的成长与完善铺设了一条不断向上并最终通向圣人之境的道路。它按照人格境界由低到高的次序,大致可化为这样一个公式:

君子 = 善人 ≤ 贤人——仁人 ≤ 圣人。

(六)君子从容中道,以此圆满人格

圣人是君子不懈追求的理想人格,它并不离开日用常行但其修养已达"至德"① 或"中庸之德"② 的境界。"大哉圣人之道!洋洋乎!发育万物,峻极于天。优优大哉!礼仪三百,威仪三千。待其人而后行。故曰苟不至德,至道不凝焉。故君子尊德性而道问学,致广大而尽精微,极高明而道中庸。"③ 正如清儒刘宝楠所言,"君子者,所以用中而达天下者也"④。"中庸"亦可称"中行"或"中道",指君子在精神生活和社会生活中所表现出的高超人生智慧,其特点是"从容"而"时中"。如子思曰:"从容中道,圣人也。"⑤ 又孟子说:"孔子,圣之时者也。"⑥ "从容",说的是圣人因其对自己有办法,生命能够常常自足、自在、自由、妥帖、和谐,而非凡俗之人因对自己没有办法,生命常常陷入紧张、冲突、矛盾、分裂;"时中",说的是圣人为人处世无论在什么时候都能处置得宜、合理,没有过与不及。"从容"侧重于圣人做人做事的精神;"时中"侧重于圣人做人做事的效果。精神上的从容决定了效果上的时中,所以从容更为根本。徐梵澄先生对孔子"从容中道"的生命境界有较深体悟,他说:"在明悟之中,生与死,成功

---

① (宋)朱熹:《四书章句集注》,第102、108页。
② (宋)朱熹:《四书章句集注》,第91页。
③ (宋)朱熹:《四书章句集注》,第35页。
④ (清)刘宝楠:《论语正义》卷十六,第541页。
⑤ (宋)朱熹:《四书章句集注》,第31页。
⑥ (宋)朱熹:《四书章句集注》,第315页。

与失败，赞誉与责备，所有构成人类苦难与痛苦的矛盾对立都消失了。而这一定是孔子寻求全般结合与'一'的结果。"① 孔子在"与天地合其德"或"与天地精神往来"中觉解或明悟了"一贯"即"中道"，"中道"即"一贯"。以下扼要从精神生活和社会生活两个层面来理解孔子从容中道的人生智慧。

从精神生活来说，君子既有内在的朴实，也需外在的文采，所谓"文质彬彬，然后君子"②；既能安于贫贱生活有乐趣，也可创造富贵生活而好礼③；既能好人而知其恶，也能恶人而知其好④；既能安享生命，又不畏惧死亡⑤；既能严于律己，亦能宽以恕人⑥；既能成就自己，也愿成就别人⑦；既勤敏学习，又善于思考⑧；既能博学多识，又有一贯之道⑨；既有道德修养，也有艺术修养⑩，

---

① 徐梵澄：《孔子古微》，李文彬译，第45页。
② （宋）朱熹：《四书章句集注》，第89页。
③ 原文为："子曰：可也；未若贫而乐，富而好礼者也。"[（宋）朱熹：《四书章句集注》，第52页]"子曰：富而可求也，虽执鞭之士，吾亦为之。如不可求，从吾所好。"[（宋）朱熹：《四书章句集注》，第96页]
④ 原文为："子曰：唯仁者能好人，能恶人。"[（宋）朱熹：《四书章句集注》，第69页]"子曰：吾之于人也，谁毁谁誉？如有所誉者，其有所试矣。"[（宋）朱熹：《四书章句集注》，第166页]
⑤ 原文为："子曰：朝闻道，夕死可矣。"[（宋）朱熹：《四书章句集注》，第71页]"子曰：志士仁人，无求生以害仁，有杀身以成仁。"[（宋）朱熹：《四书章句集注》，第163页]
⑥ 原文为："子曰：躬自厚而薄责于人，则远怨矣。"[（宋）朱熹：《四书章句集注》，第165页]
⑦ 原文为："子曰夫仁者，己欲立而立人，己欲达而达人。"[（宋）朱熹：《四书章句集注》，第92页]"子曰：君子成人之美，不成人之恶。"[（宋）朱熹：《四书章句集注》，第137页]。"子曰：其恕乎！己所不欲，勿施于人。"[（宋）朱熹：《四书章句集注》，第166页]
⑧ 原文为："子曰：学而不思则罔，思而不学则殆。"[（宋）朱熹：《四书章句集注》，第57页]"子曰：吾尝终日不食，终夜不寝，以思，无益，不如学也。"[（宋）朱熹：《四书章句集注》，第167页]
⑨ 原文为："子曰：'赐也，女以予为多学而识之者与？'对曰：'然，非与？'曰：'非也，予一以贯之。'"[（宋）朱熹：《四书章句集注》，第161页]
⑩ 原文为："子曰：知者乐水，仁者乐山。"[（宋）朱熹：《四书章句集注》，第90页]徐复观先生发表观点说，他"领悟到孔子所说的'仁者乐山，智者乐水'的艺术与道德合一的意境"。（徐复观：《偶思与随笔》，九州出版社2013年版，第210页）

如此等等。

从社会生活来看，君子既可这么做，也可不这么做①；虽不易取悦，却器重信任他人②；既能竞争技艺，又善谦恭礼让③；既能自尊自重，亦能敬人远辱④；既能尊贤嘉善，又能容众矜不能⑤；既能出仕行道，也能卷怀舍藏⑥；既善于违众，也可从众⑦；既能和谐相处，也能尊重差异⑧；既不逾规矩，又从心所欲⑨；既有文事，亦有武备⑩，如此等等。

三 余论：孔子何以能对"君子"概念革故鼎新？

至于孔子为何能够对西周以来所流传的"君子"概念革故鼎新，我们可从好学不厌、志道救世以及诲人不倦三个方面给出合理解释。

---

① 原文为："子曰：君子之于天下也，无适也，无莫也，义之与比。"［（宋）朱熹：《四书章句集注》，第71页］"子曰：我则异于是，无可无不可。"［（宋）朱熹：《四书章句集注》，第186页］

② 原文为："子曰：君子易事而难说也。说之不以道，不说也；及其使人也，器之。"［（宋）朱熹：《四书章句集注》，第148页］

③ 原文为："子曰：君子无所争。必也射乎！揖让而升，下而饮。其争也君子。"［（宋）朱熹：《四书章句集注》，第63页］

④ 原文为："定公问：'君使臣，臣事君，如之何？'孔子对曰：'君使臣以礼，臣事君以忠。'"［（宋）朱熹：《四书章句集注》，第66页］"子曰：所谓大臣者，以道事君，不可则止。"［（宋）朱熹：《四书章句集注》，第128页］

⑤ 原文为："子张曰：异乎吾所闻：君子尊贤而容众，嘉善而矜不能。"［（宋）朱熹：《四书章句集注》，第188页］

⑥ 原文为："子谓颜渊曰：用之则行，舍之则藏，唯我与尔有是夫！"［（宋）朱熹：《四书章句集注》，第95页］"子曰：天下有道则见，无道则隐。"［（宋）朱熹：《四书章句集注》，第106页］"子曰：邦有道，则仕；邦无道，则可卷而怀之。"［（宋）朱熹：《四书章句集注》，第163页］

⑦ 原文为："子曰：麻冕，礼也；今也纯，俭，吾从众。拜下，礼也；今拜乎上，泰也；虽违众，吾从下。"［（宋）朱熹：《四书章句集注》，第109页］

⑧ 原文为："子曰：君子和而不同，小人同而不和。"［（宋）朱熹：《四书章句集注》，第147页］

⑨ 原文为："子曰：七十而从心所欲，不逾矩。"［（宋）朱熹：《四书章句集注》，第54页］

⑩ 原文为："卫公孙朝问于子贡曰：'仲尼焉学？'子贡曰：'文武之道，未坠于地，在人。贤者识其大者，不贤者识其小者。莫不有文武之道焉。'"［（宋）朱熹：《四书章句集注》，第192页］

（一）好学不厌的学问家

如前所述，孔子是他那个时代最为博学多识的学问家。他能赢得如此美誉，从根本上说与其自少年时就志于学问并喜好学问的人生追求有关。孔子是位既善于自主学习又学无常师，且"默而识之，学而不厌"①的君子学者，学习时常常达到物我两忘的精神状态，"发愤忘食，乐以忘忧，不知老之将至尔"②。

就当时学习条件来说，孔子通过自修广泛学习了他所能看到的一切古代文献，主要是夏商周三代的礼、乐、诗、书等。孔子对三代文化充满了温情与敬意，称自己是"述而不作，信而好古"③，以及"好古，敏以求之"④的人。譬如，孔子在研究夏、商两代文化时，既有"文献不足"⑤的遗憾，也有"韶武之乐"⑥的赞叹。孔子对于周代文化，不仅赞美之情溢于言表，且追随之志甚为坚决，"周监于二代，郁郁乎文哉！吾从周"⑦。总之，孔子对三代文化的喜爱已经到了爱不释手、如痴如醉的境地，"子所雅言，诗、书、执礼，皆雅言也"⑧。甚至于当匡人对他的生命构成威胁时，仍然习礼不已、弦歌不辍，以承传文化，教育学生为己任。"子畏于匡，曰：'文王既没，文不在兹乎？天之将丧斯文也，后死者不得与于斯文也；天之未丧斯文也，匡人其如予何？'"⑨可以说，孔子对"君子"概念的创新正是基于他对三代文化尤其是诗、书的好学不厌精神，由此打开了"返本开新"的局面。孔子对三代文化革故鼎新的功绩得到了太史公的表彰。司马迁说："古者诗三千余篇，

---

① （宋）朱熹：《四书章句集注》，第93页。
② （宋）朱熹：《四书章句集注》，第98页。
③ （宋）朱熹：《四书章句集注》，第93页。
④ （宋）朱熹：《四书章句集注》，第98页。
⑤ （宋）朱熹：《四书章句集注》，第63页。
⑥ 原文为："子谓韶，尽美矣，又尽善也。谓武，尽美矣，未尽善也。"［（宋）朱熹：《四书章句集注》，第68页］
⑦ （宋）朱熹：《四书章句集注》，第65页。
⑧ （宋）朱熹：《四书章句集注》，第97页。
⑨ （宋）朱熹：《四书章句集注》，第110页。

及至孔子，去其重，取可施于礼义，上采契、后稷，中述殷、周之盛，至幽厉之缺，始于衽席，故曰'关雎之乱以为风始，鹿鸣为小雅始，文王为大雅始，清庙为颂始'。三百五篇孔子皆弦歌之，以求合韶武雅颂之音。"① 证之《论语》，其评论是中肯的。孔子说："《诗》三百，一言以蔽之，曰：'思无邪。'"② 孔子以极为好学且喜欢钻研的学问品格，对三代文化进行了系统整理与深入研究，为他革新旧有君子意涵以及赋予其新义，最终实现由"位"到"德"的转化做了理论思想上的准备。

（二）志道救世的思想家

孔子所处时代的文化生态环境，用太史公的话来说就是"周室微而礼乐废，诗书缺"③。周代自平王东迁以后，王室的权威和地位就大为下降，以致代表周天子身份的"礼乐征伐"常常"自诸侯出"。在在反映了当时"天下无道"的政治混乱局面。孔子一生身处或遭遇的正是"礼崩乐坏""民无所措手足"的价值失序社会。在这种君也不君，臣也不臣，父也不父，子也不子，"仁义充塞"的局面下，孔子发心要恢复西周自文王、周公以来所奠基的礼乐文化，不仅为其注入如前所述以"仁""义"为核心的价值系统或人文精神，而且坚毅承当起弘道救世的神圣使命。孔子虽屡屡遭到隐者的讽刺，甚至被调侃为"累累若丧家之狗"④，他仍然以"知其不可而为之"⑤的志道救世精神，"席不暇暖"地奔走于列国之间，从不放弃任何能够实现人生理想的机会。可以说，无论是从孔子的家族身世，还是成长境遇，抑或人生理想来说，时代最终选择了孔子这位博学多识且志道救世的思想家，为它诊断把脉、开具药方。即，为士君子的安身立命和社会的秩序重建提供一套行之有效且影响深远的价值系统。而由孔子所建立以仁义为核心道德精神的价值系

---

① （汉）司马迁：《史记》卷四十七《孔子世家》，第6册，第1936页。
② （宋）朱熹：《四书章句集注》，第53页。
③ （汉）司马迁：《史记》卷四十七《孔子世家》，第6册，第1935页。
④ （汉）司马迁：《史记》卷四十七《孔子世家》，第6册，第1921页。
⑤ （宋）朱熹：《四书章句集注》，第158页。

统，从思想内涵上的的确确对原有君子概念给予了革故鼎新。

（三）诲人不倦的教育家

陈荣捷先生说："他（孔子）开创私人教育，为全体民众打开了教育之门，提出了为修养而非为职业的教育。环绕其周遭的是一群君子学者（由此开启了士人体系，此体系影响中国的历史、社会甚巨）。"① 确如陈氏所言，孔子是中国历史上首位平民教育家，由他开放私学并收徒讲学。孔子说："自行束修以上，吾未尝无诲焉。"② 其"诲人不倦"③ 的奉献精神、"有教无类"④ 的平等理念、"因材施教"的教学艺术以及"不愤不启，不悱不发"⑤ 的教学方法，吸引了当时各个诸侯国中不同年龄阶段的布衣士人和下层百姓前来归附并求教于他。当时教学盛况正如司马迁所言，"孔子以诗书礼乐教，弟子盖三千焉，身通六艺者七十有二人"⑥。孔子的教育目的是培养一批"君子学者"，带领他们一起周游列国，四处寻求出仕机会并借以实现救世的人生理想。当孔子师徒途经卫国一个叫"仪"的边地时，守官很是赏识和推崇孔子，并对跟随弟子说了句意味深长的话，"天下之无道也久矣，天将以夫子为木铎"⑦。身逢无道之世，上天降大任于你们这位先知先觉者的老师身上，选择他作为我们这个时代的醒世"木铎"⑧，肩负起培养君子学者，拨

---

① 陈荣捷：《中国哲学文献选编》，杨儒宾等译，第 14 页。
② （宋）朱熹：《四书章句集注》，第 94 页。
③ （宋）朱熹：《四书章句集注》，第 93 页。
④ （宋）朱熹：《四书章句集注》，第 168 页。
⑤ （宋）朱熹：《四书章句集注》，第 95 页。
⑥ （汉）司马迁：《史记》卷四十七《孔子世家》，第 6 册，第 1938 页。
⑦ （宋）朱熹：《四书章句集注》，第 68 页。
⑧ 这就如同西方大哲学家苏格拉底以自己是神灵恩典给城邦的牛虻一样。苏格拉底说："雅典公民们，我现在进行申辩，并不是为了我自己，像大家想象的那样，更多的是为了各位，使你们可以不至于给我定罪，从而错误地对待神灵赐给你们的恩典。你们如果置我于死地，是很不容易找到另外一个人来顶替的，这个人附在城邦上，打个不恰当的比方说，好像牛虻附在马身上，这匹骏马由于太大太肥，年龄未老就行动迟缓，需要叮一叮才能焕发精神。我想是神灵把我拴在城邦上的，具有这样一种资格，可以走来走去，激发、催促和责备你们每一个人，整天不停地到处紧跟着你们。"（[古希腊]柏拉图：《柏拉图对话集》，王太庆译，商务印书馆 2019 年版，第 44 页）。

乱反正，教化百姓，拯救人心的重大使命。

　　本文聚焦《论语》中"君子"一词，通过分析其文本构造及思想内涵，可发现孔子君子学说的贡献主要有两点：一是他对西周以来流行的"君子"概念给予转化，体现在由"位"到"德"的话语革新；一是他对话语革新后的"君子"概念给予发展，体现在从善道、学问、师友、仁义、圣贤、中道等方面的内涵拓展。而对"君子"概念的内涵拓展又体现了孔子要在"礼崩乐坏"的春秋时代造就君子学者（"君子儒"）的良苦用心，以期为他们的安身立命以及社会的秩序重建提供一套行之有效且影响深远的价值系统，这就从根本上回答了君子学说的真实用意。然而孔子何以能对君子概念进行革故鼎新，可从好学不厌、志道救世以及诲人不倦三个方面给出合理解释。

论《中庸》的逻辑向度[*]

代玉民

摘　要：《中庸》常被视为本体论哲学，其实，这源于宋代以来的《中庸》本体论诠释。若要探寻《中庸》本义，需发掘《中庸》的方法。回到《中庸》的先秦语境，"忠恕"实为一种以"类"为据的推理方法，即推类方法。作为中国逻辑的代表，推类方法将看似无序的《中庸》章节整合为有序的理论体系。（1）以"道"为起点。"造端乎夫妇"的"道"可推类为"察乎天地"的"至道""达道"，递进式地为儒家伦理生活提供了行动原则和道德规范。（2）以"诚"为进阶。"诚"将"道"的推类深化到个人内在体验层面，推类的极致为"至诚"，可使人参赞天地、推知未来。（3）以"中庸"为宗旨。"道"与"诚"的推类最终会归于"中庸"，依"中庸"推类可分辨圣人、君子与小人，这为实现儒家成圣理想指明了方向、提供了助力。因此，从逻辑方法角度看，《中庸》是以"道"为起点，以"诚"为进阶，以"中庸"为宗旨的理论体系。

关键词：中庸；本体论；忠恕；推类；逻辑

---

[*] 本文系国家社科基金青年项目"冯友兰对陆王心学的现代诠释研究"（项目编号：21CZX035）、高校哲学社会科学研究一般项目"冯友兰与中西哲学会通研究"（项目编号：2020SJA0006）的阶段性成果。

作者简介：代玉民，南京大学哲学系准聘助理教授（江苏南京210023）。

当前，《中庸》常被诠释为一种本体论哲学。其实，此观点由来已久，纵观《中庸》诠释史，宋代以来的智圆、契嵩、程颐、朱熹、王阳明、罗汝芳、牟宗三、徐复观等人的《中庸》诠释，不同程度上都有本体论倾向。那么，《中庸》表达的是一种本体论哲学吗？不可否认，《中庸》确实具有本体论的诠释维度，但这是宋代以来的哲学家们不断塑造的结果。也就是说，本体论并非《中庸》的本义。那么，《中庸》的本义是什么呢？这是一个值得深入探讨的问题，以冯友兰先生为代表的20世纪的中国哲学家借助逻辑分析方法将中西哲学进行会通，取得了一系列的典范性成果。在冯先生的影响下，我们也可以从逻辑分析的角度展开探讨，至少可以断定，《中庸》的本义具有逻辑向度，即依照"推类"这一中国哲学逻辑方法形成的理论体系。

在推类方法的助力下，《中庸》诸章节构成逻辑清晰的推理序列，即以"道"为起点，以"诚"为进阶，以"中庸"为宗旨。为论证《中庸》的逻辑向度，我们将从三部分进行探讨：（1）反思《中庸》的本体论诠释史，以消解对《中庸》的本体论诠释的固化理解；（2）归纳《中庸》的逻辑方法，即提炼出以"忠恕"为代表的推类方法；（3）呈现《中庸》的逻辑向度，从推类方法的角度，呈现以"道""诚"与"中庸"为核心的《中庸》理论体系。

一 《中庸》的本体论诠释史

宋代以来，佛教以援佛入儒的方式开启了《中庸》的本体论维度，这种维度随之拓展到儒家的理学、气学、心学等方面。20世纪以来，以现代新儒家为代表，吸收西方哲学开显《中庸》的形而上本体，成为学界的主流趋势。作为结果，《中庸》逐渐被建构为一种本体论哲学。

(一) 佛教对《中庸》的本体论诠释

宋初天台宗的智圆认为"释之言中庸者,龙树所谓中道义也"①,中道是大乘中观学派的一种缘起学说,中道缘起否定有无、生灭等各种对立,以不偏不倚的观点诠释万物缘起、世界现象。② 从形式上看,这与儒家无过与不及的"中庸"正相契合。此外,天台宗的"中道"还具有"妙有""如如""如来藏""实相"等义,代表即空即假即中的诸法实相。③ 其实,智圆以龙树之"中道"诠释"中庸",也为将"中道"蕴含的本体论意义引入"中庸"提供了契机。进而,契嵩提出"庸,道也。道也者,出万物也,入万物也,故以道为中也"④,明确地以本体论的"中道"诠释中庸,开启了儒家中庸的本体论维度。

两宋之际,大慧宗杲主张"天命之谓性,便是清净法身;率性之谓道,便是圆满报身;修道之谓教,便是千百亿化身"⑤,相较于"中道",以三身说能够更具体地诠释"中庸"的本体论维度。与此类似,觉浪道盛以"本来常住法身"的"正因佛性"诠释"天命之谓性",以"自性现量之德"的"了因佛性"诠释"率性之谓道",以"日用常行之事"的"缘因佛性"诠释"修道之谓教"。⑥ 宗杲的"三身"、道盛的"三因佛性"采取以佛教"中道"比拟儒家"中庸"的诠释模式,深化了《中庸》的本体论诠释。然而,元代天

---

① (宋)智圆:《闲居编》,《卍新纂续藏经》,东京:株式会社国书刊行会1975—1989年版,第56册,第894页上。
② 参见方立天《佛教哲学》,宗教文化出版社2013年版,第154页。
③ 参见赖永海《中国佛性论》,中国青年出版社1999年版,第188页。
④ (宋)契嵩:《镡津文集》,《大正藏》,东京:大藏出版株式会社1988年版,第52册,第666页中。
⑤ (明)夏树芳辑:《名公法喜志》,《卍新纂续藏经》,第56册,第348页中。
⑥ (明)道盛:《天界觉浪盛禅师全录》,《嘉兴大藏经》,台北:新文丰出版公司1987年版,第34册,第780页中。

目明本与晚明云栖袾宏认为以三身说诠释《中庸》属于"一时善权方便"①,"一时比拟之权辞"②,不过,就以佛教"中道"比拟儒家"中庸"而言,这种诠释虽是"方便""权辞",但也显示出佛教《中庸》本体论诠释的程度在不断深入。

(二)儒家对《中庸》的本体论诠释

北宋初,周敦颐吸收太极图的宇宙论,将"诚"视为"五常之本,百行之源也。静无而动有,至正而明达也"③。这样,作为道家宇宙论、本体论根基的"太极"或"道"进入儒家之"诚"的诠释体系。进而,张载深化了"诚"的本体论诠释,他提出"诚则实也,太虚者天之实也。万物取足于太虚,人亦出于太虚,太虚者心之实也"④,通过气之"实"这一中介,"诚"与"太虚"相契,成为贯通天地人心的本体性存在。此后,程颐由"气"转"理",提出"中者是大中也,庸者是定理也。定理者,天下不易之理也"⑤,这种观点突破了周敦颐、张载《中庸》本体论诠释的模糊性,明确地以"理"本体诠释《中庸》,正式开启了宋代儒家《中庸》本体论诠释的端绪。

两宋之际,张九成延续了这种本体论的诠释,主张"天命之谓性,此指性之本体而言也"⑥。南宋时期,朱熹以"命,犹令也。性,即理也"诠释《中庸》首章之"命"与"性"⑦,以"天理之当然"解释"道之不行也"之"道"⑧,以"圣人之德之实"理解"至诚"等⑨,都是这种本体论诠释思路的继承与发展。进入明代,

---

① (元)明本:《天目明本禅师杂录》,《卍新纂续藏经》,第70册,第744页上。
② (明)袾宏:《竹窗随笔》,《嘉兴大藏经》,第33册,第61页中。
③ (宋)周敦颐:《元公周先生濂溪集》,岳麓书社2006年版,第56页。
④ (宋)张载:《张载集》,中华书局1978年版,第324页。
⑤ (宋)程颢、程颐:《二程遗书》,上海古籍出版社2000年版,第207页。
⑥ (宋)张九成:《中庸说》,《张九成集》,杨新勋整理,浙江古籍出版社2013年版,第37页。
⑦ (宋)朱熹:《四书章句集注》,中华书局1983年版,第17页。
⑧ (宋)朱熹:《四书章句集注》,第19页。
⑨ (宋)朱熹:《四书章句集注》,第32—33页。

王阳明认为在《中庸》语境中"道即性即命,本是完完全全,增减不得,不假修饰的"①,王畿提出"天命者,无欲之体"②,罗汝芳将"未发之中"视为"吾人本性常体"③等,则体现出明代哲学家在延续宋代以来的《中庸》本体论诠释时,侧重将《中庸》之本体由客观的"理"转向主观的"心",这种心学转向的出现,很大程度上标志着《中庸》本体论诠释进一步深化。

(三) 现代学界对《中庸》的本体论诠释

20世纪以来,以现代新儒家为代表,吸收西方哲学来解读、诠释、重构中国哲学的"反向格义"④成为学界主流趋势。反映到《中庸》诠释方面,受康德哲学影响,牟宗三将《中庸》之"天命"视为"天命流行之体""形而上之实体"。⑤唐君毅以《中庸》为择善固执的尽善之教,并将此"善"视为"无不善之可能之必然定然的绝对善"⑥。高柏园专门著有《中庸形上思想》,将"性"等视为"实践之超越根据",阐释《中庸》的形而上学。⑦此外,还有学者认为《中庸》在形而上学方面涉及了宇宙维度,比亚里士多德的中道观更为彻底。⑧以西方哲学的概念、方法诠释《中庸》的反向格义,尽管难以完全揭示《中庸》的内涵,但西方哲学的引入却使宋代以来的《中庸》本体论诠释进入了现代形而上学阶段。

其实,本体论诠释的现代化,似乎并非《中庸》的简单重现,

---

① (明)王阳明:《传习录》,岳麓书社2004年版,第116页。
② (明)王畿:《王畿集》,凤凰出版社2007年版,第178页。
③ (清)黄宗羲:《明儒学案》,中华书局1985年版,第783页。
④ "反向格义"是刘笑敢提出的一个概念,有广义与狭义之分。广义的"反向格义"指自觉地以西方哲学的理论方法和思维框架来研究中国哲学的方法,狭义的"反向格义"则指自觉地用现成的西方哲学概念来对应、定义中国哲学观念、术语的方法。(刘笑敢:《反向格义与中国哲学方法论反思》,《哲学研究》2006年第4期)
⑤ 牟宗三:《心体与性体》,台北:联经出版事业有限公司2003年版,第1册,第245页。
⑥ 唐君毅:《中国哲学原论》,中国社会科学出版社2005年版,第41页。
⑦ 高柏园:《中庸形上思想》,台北:东大图书有限公司1988年版,第90页。
⑧ 参见 Young Ran Chang, "The Principles of Differentiation and the Metaphysical Basis of Aristotle's the Mean and Confucianism's ZhongYong",《哲学与文化月刊》2018年第10期。

而是宋明《中庸》本体论诠释传统的现代发展。这样看来，宋代至今的《中庸》本体论诠释，始于佛道哲学的引入，发展于宋明哲学家的探索，升华于现代哲学家对西方哲学的借鉴。作为结果，形成了一种广为接受的《中庸》的本体论传统。不可否认，《中庸》的本体论传统有其独特的学术价值。不过，在肯定《中庸》本体论传统的同时，也应承认本体论并非《中庸》本义。在此，钱穆《中庸新义申释》中的一段话颇值得玩味：

> 朱子所释性即理也，此更显然是宋儒语，先秦时代人决无此观念。《韩诗外传》有曰：圣人何以不可欺也？曰：圣人以己度人者也。以心度心，以情度情，以类度类，古今一也。类不悖，虽久同理，故性缘理而不迷也。①

钱先生否定朱熹关于《中庸》的本体论诠释为先秦时期的《中庸》本义，很大程度上，不仅朱熹的本体论诠释如此，宋代以来对《中庸》的本体论诠释，亦并非《中庸》本义。进而，钱先生引用《韩诗外传》暗示，以"类"为依据的推理方法，是实现儒家圣人理想的方法。其实，这种推理方法是《中庸》固有的逻辑方法，厘清这种方法是还原《中庸》本义的关键。

二 《中庸》的逻辑方法

以"类"为据的推理方法若是《中庸》的逻辑方法，那么，这种方法在《中庸》中如何体现呢？因为在《中庸》文本中难以找到有关"类"的论述。实际上，虽然《中庸》没有直接论述"类"，但在方法论方面却无形中渗透着较为浓厚的推类色彩，开启了《中庸》的逻辑向度。

---

① 钱穆：《中庸新义申释》，《中国学术思想史论丛》，台北：东大图书有限公司1977年版，第2册，第311页。

论《中庸》的逻辑向度

从方法论角度看,"忠恕"是推类方法在《中庸》中的体现。何为"忠恕"?所谓"忠",孔颖达表示"忠者,内尽于心"①,段玉裁认为"忠,敬也。敬者,肃也。未有尽心而不敬者"②,孔、段二人都注意到"忠"有"尽心"之义。进一步讲,此处的"尽心"是指尽己之心,即不欺自心,诚敬地面对自己。很大程度上,这种诚己的"忠"是推理的一种典型模式。例如,《国语·周语》载有"考中度衷为忠","中能应外,忠也"等释义,都表明"忠"字具有一种推度、推理的含义,而这种推度、推理恰以诚敬自身、不欺自心为根据。"忠"既如此,那么,"恕"是否有这种推理的向度呢?

从字形来看,"恕"字上"如"下"心",《说文》认为此字从"心","如"声。③ 就此,姚孝遂认为《论语》"毋友不如己者"的"如"当读作"恕"。④ 这表明,"恕"字以"如"字为本,从段玉裁引《白虎通》"凡相似曰如"⑤可知,"如"字有相似、类似之义。从字源上看,"如"即"恕",二字本身含有比拟、类同的向度,进而可引申出"恕"字的推度、推理的含义。这一点可从古籍中寻得证据:

> 其恕乎?己所不欲,勿施于人。⑥
> 以心度物曰恕。⑦
> 恕者,外不欺物。恕,忖也。忖度其义于人。⑧

---

① (汉)郑玄注,(唐)孔颖达正义:《礼记正义》,上海古籍出版社1997年版,第1431页。
② (汉)许慎撰,(清)段玉裁注:《说文解字注》,上海书店出版社1992年版,第502页。
③ (汉)许慎撰,(清)段玉裁注:《说文解字注》,第504页。
④ 姚孝遂:《〈论语〉"毋友不恕己者"解》,载吕绍纲编《金景芳九五诞辰纪念文集》,吉林文史出版社1996年版,第712页。
⑤ (汉)许慎撰,(清)段玉裁注:《说文解字注》,第620页。
⑥ (宋)朱熹:《四书章句集注》,第166页。
⑦ (清)朱骏声:《说文通训定声》,武汉古籍书店1983年版,第427页。
⑧ (汉)郑玄注,(唐)孔颖达正义:《礼记正义》,第1627页。

以己量人谓之恕。①
推己之谓恕。②

这些从先秦至南宋的古籍，在如此大的时间跨度中依然保存着"恕"字的忖度、量度、推理、推论等含义。很大程度上，这些含义即"恕"字的本义。同时，"恕"字的小篆文和金文分别是🉐与🉐，字形均为上"中"下"心"，与"忠"字相同。这种字形的相同，更加印证了"忠"与"恕"在字义上的一致性。考虑到"忠""恕"都以推度、推理为本义，所以，它们可以连用成词，即"忠恕"。对此，胡适表示"忠恕两字意义本近，不易分别"③。胡适承认二字的字义相近而非相同，但并未阐明二者的区别。对此区别，冯友兰曾有所说明，他认为"忠恕都是推己及人，不过忠是就推己及人的积极方面说，恕是就推己及人的消极方面说"，所谓"推己及人的积极方面"，是将自己所喜好的推己及人，即"己之所欲，亦施于人，是忠"；而"推己及人的消极方面"，是不将自己不喜好的推己及人，即"己所不欲，勿施于人，是恕"。④ 至此，"忠""恕"的异同关系已显明。

归纳言之，"忠恕"是一种推己及人的推理方法，它包括"忠"与"恕"两个推理向度：一是以己所欲为根据的推己及人，即"忠"的推理；二是以己所不欲为根据的推己及人，即"恕"的推理。

那么，作为一种推理方法，"忠恕"的推理依据是什么呢？追本溯源，"忠恕"的推理依据是"仁"。也就是说，"忠恕"是以"仁"为据的推己及人。对此，许慎、段玉裁指出：

恕，仁也。孔子曰：能近取譬，可谓仁之方也矣。孟子

---

① 王心湛：《贾子新书集解》，广益书局1936年版，第89页。
② （宋）朱熹：《四书章句集注》，第72页。
③ 胡适：《中国古代哲学史》，北京大学出版社1998年版，第232页。
④ 冯友兰：《新世训》，《三松堂全集》卷四，河南人民出版社2001年版，第360页。

曰：强恕而行，求仁莫近焉。是则为仁不外于恕，析言之则有别，浑言之则不别也。①

在此，孔子、孟子都主张"忠恕"是为仁、求仁的方法。与此类似，《中庸》也认为"忠恕违道不远，施诸己而不愿，亦勿施于人"。那么，"忠恕"何以能够推行"仁"？答案就在"伐柯"的典故之中。《中庸》引《诗经》"伐柯伐柯，其则不远"后，提出"执柯以伐柯，睨而视之，犹以为远"，拿着斧子去砍一个新的斧柄，那个新斧柄的原型就握在手里，只要按照自己手里的斧柄砍出一个斧柄即可，所以说"其则不远"。将伐柯的道理引用到儒家伦理生活语境，这种"其则不远"的伐柯精神即"违道不远"的"忠恕"。如果一个人要想推行仁，不必好高骛远去追求仁，而是与伐柯的活动类似，以自己的仁为依据进行反思，可推知自己所喜好的别人也会喜好，此种推己及人为"忠"的推理；自己所厌恶的别人也会厌恶，此种推己及人为"恕"的推理。由此可见，"忠恕"推理是以"仁"为依据进行的。

进一步看，以"仁"为据的"忠恕"推理，实际上是以"类"为据的推类方法。"忠恕"推理是儒家伦理生活语境下由自我到他人的人际推理，其成立的关键在于"仁"，而"仁"是贯通自我与他人的共同点。对此，有学者指出：

> 实践"仁"的方法是"能近取譬"……"能近取譬"涉及的是"自己"与"他人"这两个彼此匹配的类似事例，其核心内容是由"自己"到"他人"的思考与实践过程。……"能近取譬"这种"参校彼此，推己及人"的过程，明显含有以己与人的类似性为依据的推论，即推类。②
>
> 恕即是推论（inference），推论总以类似为根据。③

---

① （汉）许慎撰，（清）段玉裁注：《说文解字注》，第504页。
② 崔清田：《推类：中国逻辑的主导推理类型》，《中州学刊》2004年第3期。
③ 胡适：《中国古代哲学史》，第78页。

可见，《论语》中的"能近取譬"在功能上与《中庸》中的"忠恕"具有一致性，它们都以"仁"为依据来展开由己到人的伦理推理。实际上，"仁"是保障"忠恕"推理得以成立的"类"。也就是说，"忠恕"是以"类"为据进行推理的推类方法。

那么，推类方法何以是一种逻辑方法呢？逻辑是关于推理的科学，推类则属于其中的类比推理。对此，可从两方面来看。（1）以"类"为推理依据。中国哲学的推类方法的运用，以两种事物、情景或情感之间的类同为依据，按照黄朝阳的说法，"当且仅当两个对象类同，从某个对象具有什么属性，可以推知另一个对象也具有该属性"①，这种以类为依据的推类与类比推理的逻辑形式具有一致性。（2）推类具有或然性。逻辑的内在机制在于"必然地得出"②，不过，类比推理似乎并不能够总是满足"必然地得出"的要求，因为类比推理的前提为真时，其结论仍可能为假。与此类似，推类也无法保证由前提到结论的推理必然真，因而属于或然性推理。这样，从以类为据与或然性两个角度看，推类属于逻辑中的类比推理，或按崔清田的说法，"推类有类比推理的性质"③。

探讨至此，就《中庸》而言，"忠恕"以"仁"为据的推理，即一种以"类"为据的推类方法。作为《中庸》的固有方法，推类使看似无序的《中庸》诸章节构成了逻辑清晰、体系严密的理论体系。

三 《中庸》的逻辑向度

《中庸》以推类为固有的方法，那么，在推类方法下，《中庸》的理论体系如何？从方法论角度看，《中庸》形成了以"道"为起点，以"诚"为进阶，以"中庸"为宗旨的理论体系。

---

① 黄朝阳：《中国古代逻辑的主导推理类型——推类》，《南开学报》（哲学社会科学版）2009年第5期。
② 王路：《论"必然地得出"》，《哲学研究》1999年第10期。
③ 崔清田：《推类：中国逻辑的主导推理类型》，《中州学刊》2004年第3期。

论《中庸》的逻辑向度

（一）道

在先秦哲学语境中，"道"非道家之专利，《中庸》亦常常谈及"道"。从方法论角度看，《中庸》之"道"在推类方法的助力下形成了儒家伦理生活的较为系统的行动原则与道德规范，开启了《中庸》逻辑向度的端绪。例如，《中庸》记载了孔子对"君子之道"的剖析：

> 君子之道四，丘未能一焉：所求乎子，以事父未能也；所求乎臣，以事君未能也；所求乎弟，以事兄未能也；所求乎朋友，先施之未能也。（《中庸》第13章）

作为君子之道的四个方面，以子事父、以臣事君、以弟事兄、以朋友先施之这些情况，是将自己所欲之事将心比心地推及他人，按冯友兰的说法，这属于忠恕推类中的"忠"，即"忠恕皆主推己及人，故往往举一可以概二。如此所说'所求乎子'，即'以事父'；'所求乎臣'即'以事君'等，实只讲忠"①。同时，这也表明，在儒家伦理语境中，"道"不是一个形而上的本体，而是在推类方法的助力下，以己之心度人之心，在类同的逻辑基础上了解他人的需求，从而为个人的伦理生活提供行动原则和道德规范。那么，《中庸》之"道"如何在推类方法下展开呢？

《中庸》之"道"始于微观的个人生活，终于宏观的天地之域。回到先秦儒学语境，《中庸》之"道"为"不远人之道"，它不脱离经验，始于个人的日常生活，故"夫妇之愚，可以与知焉"。个人按照推类方法践行《中庸》之"道"的过程，恰是率性而为的过程，此即"率性之谓道"。体现在个人的生活行为方面，《中庸》之"道"可推类为"素富贵，行乎富贵；素贫贱，行乎贫贱"，"在上位不陵下，在下位不援上"的生活原则与行为规范。

---

① 冯友兰：《中国哲学史》（上），《三松堂全集》卷二，第581页。

进而,"道"在政治治理方面可推类为"为政在人,取人以身,修身以道,修道以仁",以及"所以行之者一也"的知、仁、勇"三达德"与治理天下国家"九经"等为政之方。最后,《中庸》之"道"在推类方法下的极致状态,是"天地位焉,万物育焉"的"达道"与"发育万物,峻极于天"的"至道"境界。这样看来,从"莫见乎隐,莫显乎微"的微观领域到"天地位焉,万物育焉"的宏观领域,均是"造端乎夫妇;及其至也,察乎天地"的《中庸》之"道"的推类范围。同时,得益于推类方法,以"道"为据的率性实践成就了儒家的道德伦理教化,即"修道之谓教"。

(二)诚

在推类方法的助力下,《中庸》之"道"形成了层次鲜明的递进式序列,为儒家伦理生活提供了行动原则与道德规范。进而,《中庸》之"诚"将这种儒家伦理生活推进到个人的内在体验层面。

据《说文解字》《广雅》,"诚"字有"信""敬"之义。从字义上看,"诚"表示一种不自欺的坦然态度,就此而言,"诚"近似于"忠恕"之"忠",即忠于内心、敬于自身。这样,"诚"与"忠恕"式的推类方法便有了内在关联。那么,"诚"如何依据推类方法展开呢?对此,《中庸》有言:

> 诚者物之终始,不诚无物。是故君子诚之为贵。诚者非自成己而已也,所以成物也。成己,仁也;成物,知也。性之德也,合外内之道也,故时措之宜也。(《中庸》第 25 章)

与"道"类似,"诚"的推类也始于个人层面,终于天地境界。个人诚于自身的"成己"状态是推类的出发点,因为"成己"能够使个人获得进行推类的逻辑共相,即"仁",此为"成己,仁也"。在"成己"之后,个人可将"仁"推类到与人相关的他物,此为"成物"。这表明,《中庸》所言之"物"并非与人无关的纯粹自然事物，而是借助推类赋予伦理价值的"物"，所以，能够做到"诚"的人是"物之终始"，这正是"不诚无物"的原因。同时，由"诚"而成就的"物"不仅是个人身边事物，随着"诚"的深化与推类方法的延展，可以推扩到天地万物的宏观境界。对此，《中庸》表示：

> 唯天下至诚，为能尽其性；能尽其性，则能尽人之性；能尽人之性，则能尽物之性；能尽物之性，则可以赞天地之化育；可以赞天地之化育，则可以与天地参矣。（《中庸》第22章）

与"道"的推类侧重儒家伦理生活的外在方面不同，《中庸》之"诚"将推类深化到个人生命的内在层面。当"诚"的推类突破个人的内在体验的边界，使人与他物乃至天地万物的生化流行融为一体时，"诚"随之升华为"至诚"，"至诚"的范围可囊括包括人在内的天地万物。也就是说，随着"诚"深化到"至诚"，推类的范围随之由个人的微观层面扩展到天地的宏观境界。进而，以"至诚"为基点，《中庸》多次出现"尽己之性—尽人之性—尽物之性—参赞天地化育"的推类，如"其次致曲，曲能有诚，诚则形，形则著，著则明，明则动，动则变，变则化，唯天下至诚为能化"，"至诚无息。不息则久，久则征，征则悠远，悠远则博厚，博厚则高明。博厚，所以载物也；高明，所以覆物也；悠久，所以成物也"等。进而，"至诚"的推类反映到了国家治理方面，如"唯天下至诚，为能经纶天下之大经，立天下之大本，知天地之化育"，"至诚之道，可以前知。国家将兴，必有祯祥；国家将亡，必有妖孽"等，这些都表示君主可以按照"至诚"的推类逻辑，将心比心地治理国家，甚至预测国家的兴亡命运。

（三）中庸

从方法论的角度看，《中庸》之"道"在推类方法的助力下递进式地展开了儒家伦理生活的外在方面，《中庸》之"诚"则将推类深入个人的内在层面。进而,《中庸》的内、外之维在方法论上会归于以"中庸"为宗旨的推类。

从字义上看,按《礼记注疏》的说法,"庸"有"用"与"常"二义:

> 名中庸者,以其记中和之为用也。庸,用也。
> 庸,常也,用中为常道也。①

由此可见,"中庸"以"中"为常道,这种常道并非脱离经验世界、先验静态的绝对本体,而是日常生活中动态变化的实际应用。从方法论上看,作为常道的"中",是"中庸"推类得以成立的逻辑共相。以"中"为据进行的"中庸"推类,可分辨小人、君子、圣人等儒家人格。比如,"君子中庸,小人反中庸"的论断,是以"中"为类来分辨君子与小人。能够始终保持"时中"状态的人为君子,表面上中庸而实际肆无忌惮的人为小人。进而,以"中"为据可推理出"素隐行怪,后世有述"的情况不符合"中庸"的常道,相比之下,"依乎中庸"的君子符合"中庸"的要求,若能避免半途而废,做到"遁世不见知而不悔",便是"中庸"的极致,君子可成为圣人。此外,"中庸"推类不局限于儒家人格的判断,还涉及"强"的分辨,如"宽柔以教,不报无道"的"南方之强"和"衽金革,死而不厌"的"北方之强",都不符合"中"的状态,因而不是《中庸》所倡导的"强"。若以"中"为据进行推类,"和而不流""中立而不倚"的"强"才是《中庸》所认同的"强"。以上种种情况表明,"中庸"推类可使人们在不同情境中进行推理判断,有助于指导实践,以时时保持"中"的状态,正如颜回"择乎中庸,得一善,则拳拳服膺而弗失之"。

那么,以"道""诚"为据的推类何以会归于以"中庸"为据的推类?实际上,三者并非相互独立,而是在推类方法的层面构成

---

① (汉)郑玄注,王锷点校:《礼记注》卷十六,中华书局2021年版,第674页。

了相互协调的有机体系。首先,"道"的推类是起点。遵循人之仁性而行动即"道",《中庸》之"道"的展开是"辟如行远必自迩,辟如登高必自卑"的渐进的推类过程,当推类到极致,个人维度的"道"便转变为天地范围的"至道""达道"。其实,从微观的个人层面到宏观的天地领域,"道"的推类基于有形可见的儒家伦理生活,这开启了《中庸》逻辑向度的端绪。进而,"诚"的推类是进阶。与"道"类似,"诚"的推类也是由近及远、由己及人的推扩过程,但不同的是,"诚"始于个人的内在体验,将外在的"道"推类深化至个人的内在层面。同时,"诚"依推类发展到极致为"至诚","至诚"契合于"道",使从已知推出未知的"前知"成为可能,此即"至诚之道,可以前知"。最后,"中庸"推类是宗旨。"道"的推类与"诚"的推类虽在外在与内在层面各有侧重,但目的都在于使人在从微观到宏观的各种情境中能够保持中庸。如"道之不行也,我知之矣,知者过之,愚者不及也;道之不明也,我知之矣,贤者过之,不肖者不及也",通过反对过与不及的方式保持"道"的中庸状态;"诚者不勉而中,不思而得,从容中道",则揭示"诚"的目标在于从容地保持中庸。可见,"道"与"诚"的推类都以"中庸"为终极目标,与"中庸"的推类相契合,此为"极高明而道中庸"。因此,从方法论角度看,《中庸》是依推类方法展开,以"道"为起点,以"诚"为进阶,以"中庸"为宗旨的逻辑哲学。

四 检讨与反思

经探讨可知,本体论并非《中庸》本义,而是源于宋代以来的《中庸》本体论诠释。回到先秦哲学语境,以"类"为据的推类是《中庸》的逻辑方法,将看似无序的诸章节整合为以"道"为起点,以"诚"为进阶,以"中庸"为宗旨的理论体系。需要说明的是,《中庸》的逻辑向度与宋代以来《中庸》的本体论哲学并不冲突。前者是先秦语境下的《中庸》本义,后者是宋代以来三教融合、中西会通的成果，这是《中庸》在不同时期的损益发展。

那么，《中庸》的逻辑向度与《中庸》的道德教化是否矛盾呢？逻辑向度是从方法论角度考察《中庸》本义的结果，而道德教化是从哲学内容角度考察《中庸》本义的结论。二者都立足于先秦时期的《中庸》本义，但入手处不同，因而显示了《中庸》的不同面向。其实，这两种观点看似矛盾，实则相辅相成。一方面，从方法论角度看，推类方法凸显了"道""诚""中庸"等范畴之间的逻辑关系以及《中庸》的推理序列，这有助于《中庸》诸范畴的道德教化内容更加清晰、有力地呈现，使看似散乱无序的《中庸》义理成为整然有序的理论体系；另一方面，从哲学内容角度看，推类方法下的《中庸》虽然清晰有序，但因注重推类的逻辑形式而忽略了内容，道德教化的《中庸》义理恰可以充实这种逻辑哲学的"空架子"。

进一步讲，依推类方法展开的并非仅有《中庸》，先秦儒家哲学亦如此。除《中庸》之"忠恕"外，《论语》之"能近取譬"、《大学》之"絜矩之道"、《孟子》之"善推其所为"与《荀子》之"以类度类"等，都是推类方法的体现。可见，这种逻辑方法广泛应用于先秦儒家哲学。在推类方法助力下，《论语》之"己欲立而立人，己欲达而达人"，《大学》之"上老老而民兴孝，上长长而民兴弟，上恤孤而民不倍"，《孟子》之"老吾老，以及人之老；幼吾幼，以及人之幼"与《荀子》之"以类行杂，以一行万"等儒家道德教化，皆具有清晰的逻辑推理形式。这表明，推类方法强化了先秦儒家哲学的一贯性与延续性，同时在哲学论证上更具有效性，更有说服力。

《东方哲学与文化》稿约

　　《东方哲学与文化》是由老子道学文化研究会、南京大学道学与东方文化研究中心共同主办的学术集刊。每年出版两辑，向国内外发行。

　　本刊旨在繁荣和推进包括中国传统文化在内的东方学研究，构建具有鲜明特色的东方哲学与文化研究的学术平台，开展专题和比较研究，发掘东方文明的精神内涵与时代价值。

　　本刊常设栏目包括：理论前沿、专题研究（道学研究、佛学研究、儒学研究、印度哲学研究、犹太学研究、日本哲学研究等）、比较研究、书评讯息等。

　　本刊来稿以1万—1.5万字为宜，要求观点明确、论证严谨、语言流畅。来稿请附中英文题目、中英文摘要（200—300字）、中英文关键词（3—5个），作者简介及地址、邮箱、电话等联系方式，国外学者须注明国籍。

　　本刊来稿请采用夹注和脚注两种注释方式，引文、注释务必校对无误，参考文献请附文末。

　　1. 夹注，适用于在正文中征引常见古籍，格式如（《庄子·逍遥游》）。

　　2. 脚注，请使用①、②、③……标示，每页重新编号。

　　（1）引用古籍示例：（清）姚际恒：《古今伪书考》卷三，光绪三年苏州文学山房活字本，第9页a。

　　（2）引用专著示例：朱伯崑：《易学哲学史》，北京大学出版

社 1986 年版，第 100 页。（国外作者加国籍，译著在书名后加译者，西文专著书名用斜体）

（3）引用期刊论文示例：陈国符：《〈道藏〉经中若干可供研究中国古代自然科学与技术之史料》，《自然科学史研究》1983 年第 3 期。（西文期刊论文加引号，期刊名用斜体）

（4）引用文集中文章示例：杜维明：《从"文化中国"的精神资源看儒学发展的困境》，载《杜维明文集》第 5 卷，武汉出版社 2002 年版，第 469 页。

本刊实行匿名审稿制，审稿期限一般为三个月。三个月后如未接到采用通知，作者可自行处理。因本刊人力所限，恕不办理退稿，请自留底稿。

来稿文责自负，切勿一稿多投，本刊不承担论文侵权等方面的连带责任。对采用的稿件本刊有权删改，不同意删改者请申明。

本刊不收取任何版面费用，并对采用的文章支付相应的稿酬，对高水平文章稿酬从优。本刊电子邮箱：orientalstudies@126.com。

本刊通信地址：江苏省南京市栖霞区仙林大道 163 号南京大学哲学系 313 室《东方哲学与文化》编辑部，邮编：210023，联系电话：025 – 89681610。

《东方哲学与文化》编辑部